国际工程总承包
EPC交钥匙合同与管理

张水波 陈勇强 编著

中国电力出版社
CHINA ELECTRIC POWER PRESS

EPC 交钥匙合同模式是国际工程承包市场越来越流行的一种建设模式。本书从 EPC 合同的角度出发，论述了如何管理好国际 EPC 项目所涉及的各个方面，包括 EPC 合同的形成过程、合同双方的主要义务和责任、设计管理、采购管理、施工与试运行管理、分包管理、支付管理、风险与保险管理、索赔与争端管理以及 EPC 项目经理和关键职员应具备的素质等。在编写结构上，首先论述国际 EPC 合同中的常见规定并对此进行分析，然后提出 EPC 承包商相应管理的要求、程序以及应重点注意的问题，并配有相关案例。本书具有一定的理论性和较强的应用性，对国际工程承包实践具有很强的指导性。

本书可供从事国际工程管理的项目经理以及其他关键职员学习和使用，也可供从事国内工程总承包的项目人员作为参考资料，同时也可以供我国高校工程管理专业的师生参阅。

图书在版编目（CIP）数据

国际工程总承包 EPC 交钥匙合同与管理 / 张水波，陈勇强编著. —北京：中国电力出版社，2008（2019.4 重印）
ISBN 978-7-5083-7615-8

Ⅰ. 国… Ⅱ. ①张…②陈… Ⅲ. 对外承包—承包工程—经济合同—管理 Ⅳ. F752.68

中国版本图书馆 CIP 数据核字（2008）第 150606 号

中国电力出版社出版发行
北京市东城区北京站西街 19 号　100005　http://www.cepp.com.cn
责任编辑：王晓蕾　　责任印制：杨晓东　　责任校对：王开云
北京博图彩色印刷有限公司印刷・各地新华书店经销
2009 年 1 月第 1 版・2019 年 4 月第 7 次印刷
700mm×1000mm　1/16・14.75 印张・287 千字
定价：**39.80** 元

版 权 专 有　侵 权 必 究
本书如有印装质量问题，我社营销中心负责退换

前　　言

　　写一本有关国际工程 EPC 交钥匙合同与管理的书是我们多年的一个愿望，原因是近年来 EPC 交钥匙合同模式在国际工程承包市场上越来越流行，我国的工程建设业也在积极推广工程总承包模式。在这一背景下，我们不断地收到实业界人士就国际 EPC 合同提出的种种咨询问题的信件，许多问题不能用几句话就能说清楚。因此，我们希望通过撰写本书为实业界提供较为全面、系统的参考。

　　EPC 为英文 Engineering-Procurement-Construction 的缩写，在这种合同模式下，业主要求承包商不但要承担项目施工工作，而且还要承担设计、采购、试运行工作。这种模式起源于 20 世纪 70 年代末美国的石油化工行业，后来逐渐在全世界范围内推广，并在电力、矿业、水处理设施等工业项目和公用设施领域得到了广泛应用。其在建筑工程项目中通常被称为"设计—建造"（Design-Build）模式。这种模式的广泛使用是国际工程建设业多年来工程管理经验的积累，也是从"分体化"（Fragmentation）向"一体化"（Integration）项目管理发展的一种体现。

　　EPC 合同模式在国际工程界虽然采用了近 30 年，即使在 FIDIC（国际咨询工程师联合会）出版了标准的 EPC 交钥匙合同条件后，其在实践中也千差万别，特别是在微观层面。有的业主前期工作比较深入，可能只要求承包商做设计深化；有的则十分简单，仅仅靠一页招标公告和业主对工程基本要求的说明就直接与承包商谈判；许多项目前期工作是承包商在跟踪项目期间提出的，业主在双方谈判时将其纳入业主要求。在本书中我们尽量反映出 EPC 项目的一般特点和共性内容，但因专业不同和具体项目业主的做法差别较大，请读者在阅读时甄别。

　　本书的写作以 EPC 合同的规定为主线，在此基础上展开讨论国际 EPC 项目各种职能下的管理，包括业主与 EPC 承包商之间的管理程序以及 EPC 承包商内部的各种管理程序等。本书前四章介绍和论述了国际 EPC 交钥匙合同的背景知识、EPC 合同的形成、EPC 合同文件的组成以及业主与 EPC 承包商在 EPC 合同中基本的权利和义务，之后用三章分别论述 EPC 合同中的设计管理、采购管理与施工/试运行管理。随后的四章分别论述了 EPC 合同下的分包管理、支付管理、风险管理、索赔及合同争议管理。理论研究和实践经验证明，EPC 项目的实施是否顺利与 EPC 项目经理的水平高低有很大的相关度，因此本书的第 12 章单独论述了 EPC 项目经理的素质要求。本书最后附有五个附录，主要为国际 EPC 交钥匙项目合同文件示例和一些参考性知识。

从 20 世纪 90 年代开始，本书两位作者先后在中美、非洲、中东以及我国境内参加水电站、石油、化工、房建、核电站等多项 EPC 总承包项目的实践和咨询，经历了从理论层面的认识到实践中应用的过程，体会到 EPC 合同模式既给与了承包商赢得高额利润的机会，同时也在管理上，尤其在风险管理和综合管理方面对承包商提出了挑战。对我国对外承包工程行业来说，国内技术标准的国际化与学习国际惯例是当前承揽 EPC 项目遇到的瓶颈问题，本书试图为其提供一些借鉴。

本书的写作从构思到材料准备，再到行文和修改，前后历经三年多，积累了数十个 EPC 合同实例，并进行了大量的项目调研。写作的辛苦和外界事务的繁忙使我们不时心生倦意。我们的恩师天津大学何伯森教授不断地督促和鼓励，才使本书最终得以完成。在写作过程中我们还得到了很多人的无私帮助。我们的同事天津大学管理学院吕文学博士为本书的编写提供了很好的建议。我们的研究生杨秋波、隋海鑫、梁学光、刘向伟等协助作者翻译附录、制作本书中的图表，并进行了文字校对，在此对他们一并表示感谢。

在写作的过程中，英国拉夫堡大学（Loughburg University）土木建筑工程系廖美薇（Anita MM Liu）教授以及香港大学建筑学院副院长 Richard Fellows 教授提供了关于国际上其他国家总承包商情况的一些信息，并给出了很好的写作意见，作者在此表示感谢。本书在撰写过程中，参考了大量国内外同仁的论文或著作，在此特致谢意，衷心希望工程管理的理论与实践能够更好的相互促进，共同发展。

国际工程 EPC 合同管理涉及众多的知识领域，包括法律、技术、商务、管理等，要成为一个优秀的合同专家，除了具备合同知识之外，还必须对其他知识有所了解。限于作者的知识、认知以及实践经验的不足，书中有些方面写得尚不充分，甚至可能会出现不妥之处，衷心地希望广大读者提出宝贵意见，以便再版修正，作者在此预致谢意。读者可发邮件至：zhangshuibo@tju.edu.cn 或 symbolpmc@vip.sina.com。

张水波，陈勇强

2008 年 8 月于天津大学

目　　录

前言
第1章　绪论：国际工程建设模式与 EPC 总承包 …………………… 1
　　1.1　国际工程建设模式 …………………………………………… 1
　　1.2　国际工程总承包模式及其发展趋势 ………………………… 7
　　1.3　国际工程合同的概念与类型 ………………………………… 11
　　1.4　小结 …………………………………………………………… 14
第2章　国际 EPC 交钥匙总承包合同的形成过程 …………………… 15
　　2.1　业主选择 EPC 承包商的原则与方式 ……………………… 15
　　2.2　业主选择 EPC 承包商的过程 ……………………………… 17
　　2.3　EPC 承包商的投标 ………………………………………… 26
　　2.4　EPC 合同的谈判与签约 …………………………………… 32
　　2.5　小结 …………………………………………………………… 34
　　本章附录 …………………………………………………………… 35
第3章　国际 EPC 交钥匙总承包合同框架分析 ……………………… 37
　　3.1　国际 EPC 交钥匙合同概述 ………………………………… 37
　　3.2　国际 EPC 合同协议书 ……………………………………… 40
　　3.3　EPC 合同条件 ……………………………………………… 41
　　3.4　EPC 合同中"业主的要求" ………………………………… 45
　　3.5　小结 …………………………………………………………… 47
第4章　国际 EPC 交钥匙工程合同双方的义务 ……………………… 48
　　4.1　概述 …………………………………………………………… 48
　　4.2　业主的义务 …………………………………………………… 48
　　4.3　EPC 承包商的义务 ………………………………………… 52
　　4.4　小结 …………………………………………………………… 56
第5章　国际 EPC 交钥匙工程的设计管理 …………………………… 57
　　5.1　设计管理概述 ………………………………………………… 57
　　5.2　EPC 合同下业主对承包商设计工作的控制 ……………… 58
　　5.3　EPC 承包商内部的设计管理 ……………………………… 63
　　5.4　小结 …………………………………………………………… 69

第 6 章　国际 EPC 交钥匙工程的采购管理 … 70

6.1　采购管理概述 … 70
6.2　国际 EPC 合同中的采购规定 … 70
6.3　EPC 承包商内部的采购管理 … 74
6.4　国际工程物资采购案例讨论 … 81
6.5　小结 … 84

第 7 章　国际 EPC 交钥匙工程的施工管理 … 85

7.1　施工管理概述 … 85
7.2　EPC 合同关于施工的规定 … 85
7.3　EPC 承包商内部的施工管理 … 90
7.4　小结 … 98

第 8 章　国际 EPC 交钥匙工程的分包管理 … 99

8.1　EPC 总承包项目的分包策略 … 99
8.2　EPC 合同关于分包的规定 … 100
8.3　分包商的类型与选择标准 … 102
8.4　分包合同与分包工作管理 … 105
8.5　小结 … 109

第 9 章　国际 EPC 交钥匙工程的支付与资金管理 … 110

9.1　概述 … 110
9.2　EPC 合同关于价格和支付的规定 … 110
9.3　EPC 合同的资金管理 … 120
9.4　小结 … 125

第 10 章　国际 EPC 交钥匙合同的风险与保险 … 126

10.1　国际 EPC 项目风险概述 … 126
10.2　国际 EPC 合同风险类别与风险分担原则 … 126
10.3　国际 EPC 合同的风险分析以及应对 … 133
10.4　国际 EPC 项目的保险 … 135
10.5　小结 … 141

第 11 章　国际 EPC 交钥匙合同的索赔与争议解决 … 142

11.1　概述 … 142
11.2　工程索赔的合同基础 … 142
11.3　承包商的索赔管理 … 143
11.4　费用索赔和工期索赔的计算 … 145
11.5　索赔报告编写 … 149
11.6　合同争议解决 … 151

11.7　小结 ·· 158
第12章　国际EPC工程项目经理 ······················· 159
　12.1　国际EPC承包商项目管理团队的角色 ········· 159
　12.2　EPC项目经理的任命方式与条件 ··············· 160
　12.3　EPC项目经理的管理工作 ······················· 161
　12.4　优秀项目经理个体素质特征 ···················· 168
　12.5　优秀项目经理是怎样炼成的 ···················· 170
　12.6　小结 ·· 174
附录1　EPC合同协议书格式（后附参考译文） ········ 175
附录2　联合国工业发展组织交钥匙合同文本 ········· 183
附录3　国际EPC交钥匙工程管理文件清单 ··········· 216
附录4　国际知名工程总承包合同范本清单 ··········· 221
附录5　国际工程常用技术标准 ························ 223
主要参考文献 ··· 225

第1章 绪论：国际工程建设模式与EPC总承包

本章介绍国际工程建设的基本模式与合同的基本概念，使大家在详细学习EPC工程总承包合同之前，对国际工程建设中的组织关系与合同的基本含义有一个清晰的认识。

1.1 国际工程建设模式

在项目开始建设之前，项目业主一个重要的工作就是对工程建设的组织方式进行策划，从而确定工程项目建设模式与合同策略。确定建设模式和合同策略需要考虑的因素包括：

(1) 项目规模大小以及技术复杂性。
(2) 项目资金来源情况。
(3) 项目咨询顾问的建议。
(4) 项目管理经验。
(5) 业主内部的项目管理人力资源。
(6) 相关法律规定以及公众利益。

美国土木工程师学会将"工程项目建设模式"（Project Delivery System）定义如下[1]：

"工程项目建设模式指项目参与方为了实现业主的目标与目的，完成预定的工程设施而组织实施项目的系统方式。"（Project delivery system describes how the project participants are organized to interact, transforming the owner's goals and objectives into finished facilities.）

在国际工程建设领域，工程项目的建设模式一般划分为以下四大基本类型：

(1) 传统建设模式。
(2) 管理型建设模式。
(3) 工程总承包建设模式。
(4) BOT建设模式。

---

[1] 参见：ASCE, Quality in the Constructed Project: A Guide for Owners, Designers and Constructors (Second Edition), American Society of Civil Engineers, Reston, Virginia, 2000, 16.

但这四种模式也不是完全相互排斥的，如：管理型的模式可以在采用传统模式或者采用工程总承包模式的项目上同时使用。对于 BOT 项目，项目公司（业主）在项目建设中通常采用 EPC 交钥匙总承包模式。

1. 传统建设模式（Traditional Approach）

这类模式即设计—招标—施工（Design-Bid-Build，DBB）模式。在该模式下，业主在项目立项后先雇用一家设计事务所完成项目的设计，然后依据完成的设计对工程进行施工招标，最后在监理工程师的监督管理下由施工承包商具体完成项目的建造。在这种模式下，业主分别与设计单位以及施工单位签订设计和施工合同。由于在西方这类模式应用的时间最长，也最为成熟，因此被称为传统建设模式。又由于该模式下将工程项目分为若干独立段来组织实施，又被称为分体模式（Fragmented Approach）。这一模式在 19 世纪中期就已经形成，并广泛应用于工程建设领域❶。

传统模式下的项目参与各方组织与合同关系示意图如图 1-1 所示。

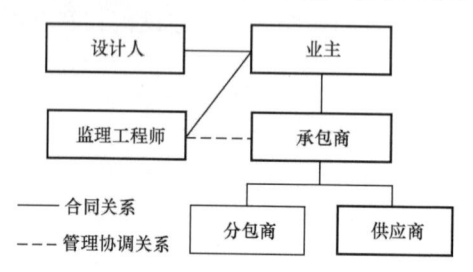

图 1-1 传统建设管理模式各方关系示意图

此模式优点主要有：

（1）该模式为项目参与各方所熟悉，有比较成熟的管理程序、管理方法以及合同范本。

（2）业主分别与设计方和施工方签订合同，可以对各方直接监控，尤其对设计要求控制较为容易。

（3）设计完成后再进行施工招标，总体工作流程相对简明。

此模式缺点主要有：

（1）其"线性"的工作流程使得项目的建造周期较长。

（2）项目合同方较多，业主的管理负担较重。

（3）出现质量事故时，设计方与施工方责任不易分清，容易造成推诿责任的现象。

2. 管理型建设模式（Management Contracting Approach）

这类模式指承包商受业主委托，对工程项目的全过程进行全方位的策划、管理和控制。具体的工作一般包括：在项目前期阶段协助业主进行前期的各项工作，包括在项目定义阶段选择工艺技术和专利商，编制项目估算以及招标书，组织招标，选择承包商，确定技术方案和设计方案，确定主要设备和材料的规

---

❶ 参见：RobertF. Cushman et al. Design-Build Contracting Handbook（Second Edition），Aspen Law & Business, New York, 2001, 6.

格与数量，组织完成基础设计；并在项目实施阶段负责全过程的进度、费用、质量、安全、材料、合同、文件、人力资源、HSE 等方面的管理。但上述内容并不一定全部委托给一个管理承包商，业主也可以分段聘用管理承包商。

在国际上，此类管理型建设模式的典型形式有美国的"建设管理"（Construction Management，CM）模式❶；英国的"管理承包"（Management Contracting）模式❷、"项目管理"（Project Management）模式❸以及在石化领域的国际工程项目管理承包（Project Management Contracting，PMC）模式❹。我国推行的工程项目管理模式以及"代建制"模式也可以归纳到这一管理型建设模式中。

虽然上述形式下的项目运作不完全相同，各类管理承包合同下管理承包商的风险大小也不尽相同，业主对项目管理承包商的授权也有差别，但其主要特点都是管理承包商不承担具体的工程实施工作，只负责项目的总体管理与组织实施。一般来说，业主选择管理型建设模式的原因主要有：

（1）项目的规模大，技术含量高。

（2）项目组织结构复杂，现场有众多施工承包商同时作业、若干设计单位需要协调。

（3）业主机构内部没有足够的管理项目的能力和资源。

管理型建设模式下的参与项目各方组织与合同关系示意图如图 1-2 所示。

此模式优点主要有：

（1）管理型建设模式能从项目开始到结束的整个过程中充分利用

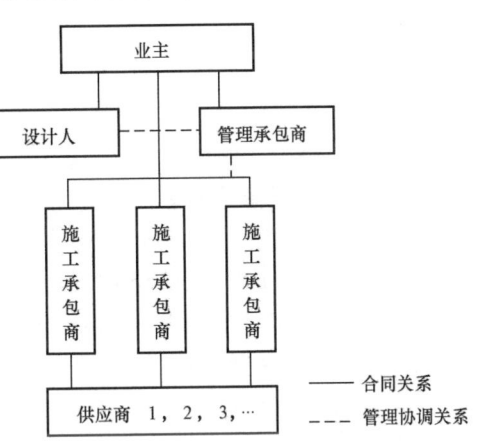

图 1-2 管理型建设模式各方关系示意图❺

---

❶ 这种 CM 模式在美国又分代理型（Agency CM）与"风险型"（CM at Risk），参见：MichaelC. Loulakis, et al. Construction Management: Law and Practice., Wiley Law Publications, New York, 1995, 14.

❷ 参见：张水波，何伯森. 管理承包：一种工程建设新型承包模式. 中国港湾建设，2002（5）：50~53.

❸ CIOB. Code of Practice for Project Management (Second Edition), Longman, Harlow, England, 1996.

❹ 参见：刘家明，陈勇强，戚国胜. 项目管理承包——PMC 理论与实践. 北京：人民邮电出版社，2005.

❺ 这里的示意图只反映了"代理型"管理合同的合同与组织关系，即：管理承包商与施工承包商只是管理关系，没有合同关系。有时候，业主只与管理承包商签订合同，而让管理承包商与施工承包商签订合同，此时的管理承包属于"风险型"的，如美国的 CM at Risk 模式。

管理承包商专业人员的能力，并作为团队来服务于业主，为业主创造最大价值。

（2）管理型建设模式更宜于利用管理承包商的经验和专业水平提高设计和施工规划水平，更宜于管理设计变更。

（3）管理型建设模式更能激励业主方做出及时的决定，这样可以保证设计信息的畅通，满足施工需求。

此模式缺点主要有：

（1）在这类合同下，有关法律对各方承担责任的规定尚不完善，当出现问题时可能难以处理。

（2）在业主的项目管理体系中，雇用管理承包商就意味着增加了一个管理层，对项目而言，也就增加了间接费。

（3）管理承包商与设计单位之间的目标差异可能影响他们之间的协调关系。

3. 工程总承包建设模式（D-B/EPC Turnkey Approach）

这一概念在国际上还没有统一的定义❶，但其主要特征是业主将工程的设计、采购、施工、试运行全部或核心工作都交给承包商来组织实施，在项目完成后，业主只需"转动"（turn）总承包商交给自己的"钥匙"（key），项目就可以启动运行了。因此，这类模式也称为"工程建设一体化模式"（Integrated Approach）。在该模式下，工程总承包商按合同约定对整个项目承担总体责任（Single Point Responsibility）。我国建设主管部门在参照国际惯例的基础上，结合我国的具体情况，在2003年原建设部颁发的30号文"关于培育发展工程总承包和工程项目管理企业的指导意见"中给出了工程总承包的一个正式定义，基本上体现了国际工程管理界对这一概念的共识。该定义如下：

"工程总承包是指，通过投标或议标的形式，接受业主委托，按照合同的规定，对项目的设计、采购、施工、试运行全过程实施承包，并对工程的质量、安全、工期与费用全面负责的一种项目建设的组织模式。"

从国际实践来看，对应于我国"工程总承包"的概念，通常使用的主要术语为："设计—建造（Design-Build）"，"设计—采购—施工（Engineering-Procurement-Construction，常缩写为EPC）"以及"交钥匙（Turnkey）"。有时对此类术语的使用有一定的差异（见1.2节）。

---

❶ 参见：何伯森等译，张水波校. FIDIC 设计—建造与交钥匙工程合同条件. 北京：中国建筑工业出版社，1996，6.

EPC 交钥匙工程总承包建设模式的参与项目各方组织与合同关系示意图如图 1-3 所示。

图中的"业主代表"有时是业主组织内部派出的项目管理队伍；有时则是业主从外部聘请的项目管理公司派遣的管理队伍；有时是混合式的，是业主内部人员与外部项目管理公司的人员一起组成了业主的项目管理队伍，来管理 EPC 总承包商的履约。

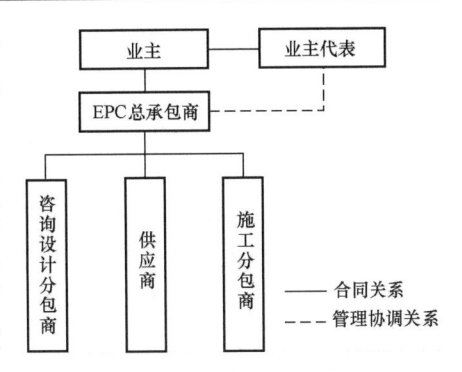

图 1-3 EPC 交钥匙总承包模式各方关系示意图❶

此模式优点主要有：

（1）"单一责任制"使得工程出现质量事故时责任明确，容易追究。

（2）缩短整个工程项目的工期，使工程可以较早投入使用。

（3）减少业主多头管理的负担，特别是大大降低了协调设计方与施工方的工作量。

（4）有助于业主提前掌握相对确定的工程总造价。

此模式缺点主要有：

（1）由于没有完成设计就进行招标，业主准确定义项目工作范围的难度加大，双方对项目的工作范围容易产生争执。

（2）业主对项目设计的控制力降低。

（3）EPC 总承包商前期的投标或议标费用较大。

（4）设计—采购—施工的一体化以及交叉作业对 EPC 承包商的管理水平提出了更高的要求。

（5）EPC 总承包商的合同责任增大。

交钥匙工程总承包建设模式在实践中有各种各样的变型，详细论述见 1.2 节。

4. BOT 建设模式（Build-Operate-Transfer）

BOT 建设模式是 20 世纪 80 年代在东南亚以及环太平洋地区出现的一种建设模式。出现这类模式的原因主要是政府部门没有足够的财政资金进行该国的项目开发，尤其是基础设施的开发，其目的就是吸引国内外私人资本，用于本土的工程建设。BOT 的基本运作方式是，政府机构作为特许权授予部门（Concession

---

❶ 本图只是一个示意图，在实践中，业主代表有时是业主从外部聘请的专业项目管理公司，根据合同代表业主管理项目，此时与业主是合同关系；有时是业主从机构内部抽调人员组成的项目管理管理队伍，代表业主管理项目，此时业主代表与业主之间仅仅是行政管理关系。

Grantor）将一个项目的特许经营权（Concession）授予一家私营项目公司（Private Project Company），由该公司负责建设项目，在特许期（Concession Period）内通过运营项目获得收益，并在特许期结束时将该项目无偿移交给政府❶。BOT模式还有其他变型，如：BOO（建造—拥有—运营），BOOT（建造—拥有—运营—移交），BT（建造—移交）等。目前，BOT这种私人融资建设模式在英国被广泛地称为PFI（Private Finance Initiative，私人主动融资模式）以及更广义的PPP（Private Public Partnership，私人与公共合伙融资模式）❷。我国出现的"项目法人招标"的项目，其本质也属于BOT项目。由于BOT模式的核心工作不仅涉及工程建设本身，而且还包括复杂的融资工作，因此人们有时将这种模式也称为项目融资模式。

严格地讲，BOT模式与前面三类模式不是一种并列关系，而是比上述三种模式高一个层次。在BOT建设模式大框架下，项目业主可以采用其他三类模式建设。一般来说，BOT项目公司（Project Company）通常采用工程总承包模式选择总承包商来完成BOT项目的建设。

BOT建设模式下的参与项目各方关系示意图如图1-4所示。

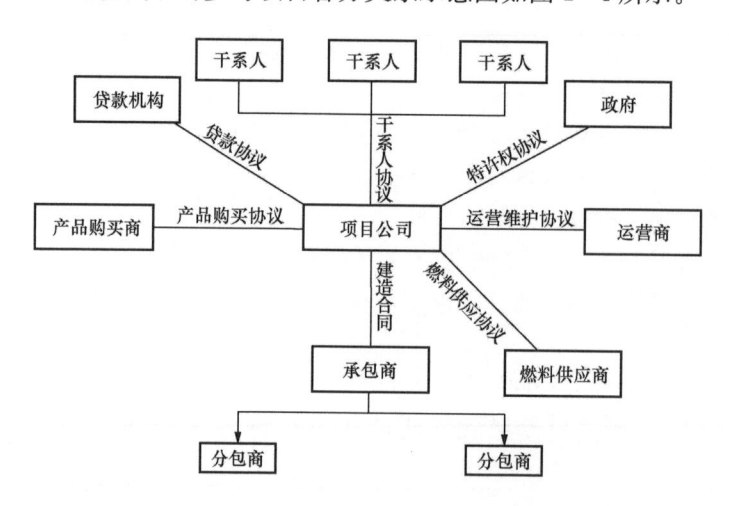

图1-4 BOT模式下各方关系典型框架示意图❸

---

❶ 严格地讲，这种模式更是一种项目融资模式，由于BOT模式的应用在我国日益广泛，且其与其他工程建设模式密切相连，在此将其作为一种工程建设模式来论述。同时参见：Jeffrey Delmon（2000）．BOO/BOT Projects: A Commercial and Contractual Guide. Sweet and Maxwell, London.

❷ 参见：任波，李世蓉．公共项目私人融资新途径．重庆建筑大学学报，2000，12（5）：90～94．

❸ 本图来源：Joseph A. Huse. Understanding and Negotiating Turnkey and EPC Contracts. London: Sweet & Maxwell, 2002, 43.

上述四类建设模式并不是相互独立的，而是相互关联的。它们只是在项目组织关系结构与合同关系上侧重点不同。这种建设模式归类的目的主要是有助于我们更深刻地认识项目建设过程的基本规律，从而根据不同项目自身的具体情况以及各类模式的特点选择适合的建设模式，从而高效率地完成项目。项目建设模式策划流程如图1-5所示。

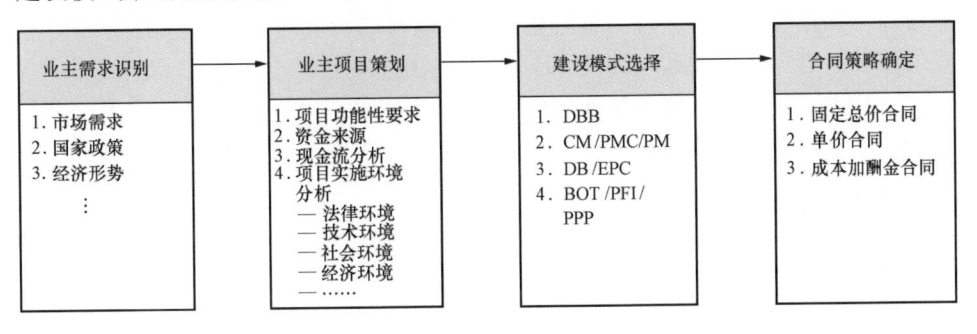

```
┌─────────────┐   ┌─────────────┐   ┌─────────────┐   ┌─────────────┐
│  业主需求识别 │   │  业主项目策划 │   │  建设模式选择 │   │  合同策略确定 │
│             │──▶│             │──▶│             │──▶│             │
│ 1. 市场需求  │   │ 1. 项目功能性│   │ 1. DBB      │   │ 1. 固定总价合同│
│ 2. 国家政策  │   │    要求     │   │ 2. CM/PMC/PM│   │ 2. 单价合同  │
│ 3. 经济形势  │   │ 2. 资金来源  │   │ 3. DB/EPC   │   │ 3. 成本加酬金│
│  ……         │   │ 3. 现金流分析│   │ 4. BOT/PFI/ │   │    合同     │
│             │   │ 4. 项目实施环│   │    PPP      │   │             │
│             │   │    境分析   │   │             │   │             │
│             │   │  — 法律环境 │   │             │   │             │
│             │   │  — 技术环境 │   │             │   │             │
│             │   │  — 社会环境 │   │             │   │             │
│             │   │  — 经济环境 │   │             │   │             │
│             │   │  ……         │   │             │   │             │
└─────────────┘   └─────────────┘   └─────────────┘   └─────────────┘
```

图1-5 项目建设模式策划流程

1.2 国际工程总承包模式及其发展趋势

1.2.1 工程总承包相关术语

如前所述，在国际上，工程总承包的典型形式主要有"设计—建造模式"（Design-Build）与"设计—采购—施工模式"（以下称为EPC模式），有时也联合或单独使用"交钥匙"（Turnkey）这一术语，但国际上研究总承包的学者大都将其视为类似或同一模式[❶]。

从实践中看，"设计—建造"这一术语主要用于房屋建筑工程与其他土木工程领域，"设计—采购—施工"这一术语一般用于含有大量非标生产设备的石油、化工、电力、电信、矿业等工程项目领域，而"交钥匙"（Turnkey）这一术语多用于设备供货与安装项目，如世界银行的 Supply and Installation of Plant and Equipment under Turnkey Contract（装置与设备的供货和安装交钥匙合同），但"国际咨询工程师联合会"（FIDIC）从合同风险分担以及使用环境的角度对"设计—建造"与EPC模式进行了区分，我们将在后面第10章进行详细

---

❶ 参见：

(a) Joseph A. Huse. Understanding and Negotiating Turnkey and EPC Contracts, London: Sweet & Maxwell, 2002, 5.

(b) G. William Quatman. The Architect's Guide to Design-Build Services, Hoboken, New Jersey: John Wiley & Sons, Inc., 2003, 336.

讨论。这一总承包模式还有其他叫法与变型，如：设计—施工（Design and Construct）、设计深化—施工（Develop and Construction）、一揽子方式（Package Deal）、设计—管理（Design-Manage）等。有时还习惯在设计建造与 EPC 模式后面加上"交钥匙"（Turnkey）这一术语。在具体合同中，若被称为"交钥匙"，此时该项目总承包的工作范围一般包括全部试运行，竣工的工程在移交时可以达到正常运行的状态。有时业主根据项目的情况对承包的范围在 EPC 模式的基础上进行一些微调，因此 EPC 合同在实践中也有若干变型，如：

（1）设计—采购—施工管理（EPCm）。此情况下，总承包商负责工程项目的设计、采购和施工管理，不负责具体工程施工，但对工程的进度、质量等进行全面管理。施工承包商和业主另外签订合同。

（2）设计—采购—施工监理（EPCs）。此情况下，总承包商负责工程项目的设计、采购和施工监理。业主和施工承包商另外签订合同。施工监理费一般不包含在总承包价中，按实际工时计取。

（3）设计—采购—施工咨询（EPCa）。此情况下，总承包商负责工程项目的设计、采购和施工阶段向业主提供施工咨询服务，但不负责施工的管理和监理。业主与施工承包商签订合同。施工咨询费不包括在总承包价中。

本书将主要使用"EPC 交钥匙总承包"、"设计—建造总承包"和"工程总承包"[1]这三个术语，并将它们视作具有同一含义。

1.2.2　工程总承包模式的国际发展背景

在西方国家，尤其是英国和美国，设计—采购—建造一体化的现代工程总承包模式于 20 世纪 80 年代初在私人投资项目中出现。根据美国佛罗里达工程总承包模式研究小组的研究结果以及英国工程管理专家的观点[2]，其出现的背景如下：

（1）在传统模式下，业主对工程监理方，如建筑师、工程师，在控制预算和工期方面信心不足。

（2）在传统模式下，在工程出现质量事故后责任方不易清楚辨别，设计单位与施工单位往往相互推诿责任，导致业主的利益得不到充分保障。

（3）在传统模式下，由于是在设计基本完成后才开始进行施工招标，这对

---

[1] 在我国，实业界将一个承包商承揽项目全部施工工作的项目习惯上称为施工总承包，将包含设计—施工的总承包称为工程总承包，本书所说的"总承包"指的是工程总承包。

[2] 参见：

(a) Florida Institute of Consulting Engineers. Design/Build for Design Firms, published by American Consulting Engineers Council, 1991.

(b) Mosey, David. Design and Buildin Action, Chandos Publishing, England, 1998.

于工期紧的项目十分不利。

（4）在传统模式下，在工程施工过程中，由于设计失误或设计配合等问题，经常发生争端，从而影响施工的正常进行，降低工作效率。

（5）在传统模式下，在工程施工过程中，业主方由于各种原因不能及时向承包商提供施工图纸和其他文件，导致承包商向业主索赔工期和费用。

在这种背景下，业主希望能有一个新型建设模式来解决这些问题，于是工程总承包模式于20世纪80年代初在西方的工程建设实践中逐渐出现。

近20年来，随着国际工程承包市场的发展，工程总承包模式由于其自身的特点受到项目业主的青睐，并且近年来随着某些新型项目的增加，如电信项目，由于这类项目本身技术含量高，各部分之间联系密切，业主更希望由一家承包商完成项目的设计、采购、施工和试运行。因此，工程总承包模式得到越来越广泛的应用。根据美国设计建造学会（DBIA）的预测，到2015年，工程总承包模式在市场上被采用的份额将达到55%，超过传统建设模式。

工程总承包模式的快速发展，除了该模式本身的优点之外，从操作层面而言，西方学者将其主要归于以下原因❶：

（1）现代投资环境要求项目建设工期更快、质量更高，而业主对原有的项目组织与执行模式在管理效率以及执行绩效方面缺乏信心。

（2）近年来政府投资项目对工程总承包的采用。无论在发达国家和地区（如英国、美国、加拿大以及我国的香港特别行政区），还是在发展中国家（如墨西哥、中国以及部分中东国家），政府部门投资的项目越来越广泛地采用了工程总承包模式来建设。

（3）学术界的理论研究促进了人们对工程总承包模式优点的进一步认识。从20世纪90年代开始，国际理论界对工程总承包的实证研究成果揭示出，采用工程总承包模式的项目总体执行效果要高于其他模式。其中研究贡献最大的是美国设计建造学会（DBIA）、美国建筑业学会（CII）、美国科罗拉多大学（University of Colorado）、香港大学、香港理工大学、英国皇家特许测量师学会（RICS）、英国雷丁大学（University of Reading）的工程管理学者。从研究的结果来看，基本上印证了工程总承包模式倡导者的观点，即：采用总承包模式建设的项目，与其他建设模式（主要是传统模式）相比，的确在工期、费用、质量等方面有一定的优势。截至目前，在众多的研究中，其中规模最大、研究内容最全面、数据最为客观、研究方法最可靠的为美国宾夕法尼亚州立大学的Konchar博士和Sanvido教授在这方面的研究，其研究成果在国际工程管理界著

---

❶ 参见 R. F. Cushman, M. C Loulakis. Design-Build Contracting Handbook (Second Edition), Aspen Law and Business., New York, 2001, 3~5.

名学术期刊——美国的《建设工程与管理》(Construction Engineering and Management) 上发表。工程总承包的大量研究成果为此模式在实践中的进一步广泛应用提供了坚实的理论基础。

（4）逐渐成熟的管理程序与完善的合同范本。一个好的工程建设模式除了必须得到项目参与各方的认知和接受之外，还必须有好的合同范本与项目管理程序以及管理文件作为支撑，才能发挥该模式的优势。随着工程总承包模式的应用，许多工程管理专业学会和机构陆续编制了相应的合同范本与管理程序，这些协会包括国际咨询工程师联合会（FIDIC）、美国建筑师学会（AIA）、美国设计建造学会（DBIA）、美国承包商联合会（AGC）、英国土木工程师学会（ICE）、日本工程促进协会（ENAA）、加拿大皇家建筑学会（RAIC）、世界银行（the World Bank）和亚洲开发银行（ADB）等。

1.2.3 工程总承包模式的国际应用现状

虽然工程总承包模式近年来总体发展迅速，但从各国应用情况来看其发展并不均衡。《国际建设智能化》(International Construction Intelligence, Vol. 16, No. 6) 杂志 2004 年发表的最新调查报告从下列 6 个方面给出了工程总承包在欧洲、美洲和太平洋地区的 22 个主要国家（包括中国）的应用现状与发展趋势：

（1）工程总承包模式在该国是否普遍采用。
（2）工程总承包模式在私营部门的市场份额估计。
（3）工程总承包模式在公共部门的市场份额估计。
（4）工程总承包模式在私营部门应用的发展趋势。
（5）工程总承包模式在公共部门应用的发展趋势。
（6）该国是否存在标准的工程总承包合同范本。

具体数据见表 1-1。

表 1-1　　　　　　　　工程总承包应用现状与发展趋势

工程总承包应用现状与发展趋势问卷调查结果汇总					
设计建造合同使用是否普遍	私营部门设计建造合同使用率估计	公共部门设计建造合同使用率估计	私营部门使用设计建造合同的趋势	公共部门使用设计建造合同的趋势	是否有设计建造合同范本
欧洲					
奥地利　否	3%	2%	↑	↑	否
比利时　否	5%	5%	↑	↑	否
丹麦　　是	30%～50%	10%～30%	↑	↑	是

续表

工程总承包应用现状与发展趋势问卷调查结果汇总

	设计建造合同使用是否普遍	私营部门设计建造合同使用率估计	公共部门设计建造合同使用率估计	私营部门使用设计建造合同的趋势	公共部门使用设计建造合同的趋势	是否有设计建造合同范本
芬兰	是	10%～15%	0%～5%	↑	↑	否
法国	是	85%～95%	85%～95%	↔	↔	是
英国	是	40%～50%	25%～35%	↔	↑	是
希腊	是	50%	70%	↔	↓	否
爱尔兰	否	2%～3%	2%～3%	↔	↔	否
意大利	否	0%～10%	几乎为0	↔	↔	否
挪威	是	85%	15%	↔	↑	否
俄罗斯	是	30%～40%	10%～15%	↓	↔	否
西班牙	否	30%	10%	↑	↔	否
瑞典	是	40%～50%	20%～35%	↓	↔	是
美洲						
巴西	是	30%	0%	↔	不适用	否
加拿大	是	不适用	不适用	↔	↔	是
墨西哥	否	60%	40%	↔	↓	是
美国	是	25%～35%	5%	↑	↑	是
亚太地区						
澳大利亚	是	30%～40%	20%～30%	↔	↓	是
中国	是	5%	1%	↑	↑	是
日本	是	30%～35%	0%	↑	↑	否
新西兰	否	5%～10%	2%	↔	↔	否
泰国	是	50%	30%	↔	↔	否

图例：↔表示稳定，↑表示上升，↓表示下降。

从上表中可以看出，工程总承包模式在法国、希腊、英国、丹麦、挪威、瑞典、俄罗斯、澳大利亚、日本、美国等工业化国家以及在泰国、巴西等国家比较普遍，在私营部门的项目中应用比在公共部门的项目中应用广泛，而且总体上仍处于上升趋势。

1.3 国际工程合同的概念与类型

在上述工程建设模式下，为了规范工程建设过程中各参与方的权利、义务、责任以及工作流程，需要在各参与方之间签订相应的合同。

1.3.1 国际工程合同的概念

按一般理解，国际工程指的是，在前期咨询、融资、采购、施工、试运行等各个阶段，项目的参与各方来自不同的国家或地区，并按国际上通行的项目管理模式来进行管理的工程，而国际工程合同就可以定义为："在国际工程中，来自于不同国家的有关法人为实现该国际工程项目中的特定目的而签订的并用来确定双方权利、义务的协议。"

与一般合同相比，国际工程合同具有以下特点：

（1）国际工程合同十分复杂。这主要是由于合同描述的标的是"工程项目"，其时间跨度大、环境不确定、技术复杂、工程量大，因此工程合同在规范建设过程各项活动时，必须尽可能全面、具体、精确，从而导致合同的复杂性。国际工程合同一般由若干卷组成。

（2）国际工程合同形成的过程长。由于工程的复杂性以及参与各方之间相互不太熟悉，无论采取招标或议标形式，一般都需要很长的谈判过程，做各类技术澄清和商务澄清以及交易条件的讨价还价，从项目跟踪到签订合同一般经历数月乃至数年。

（3）合同适用的法律环境复杂。工程合同的适用法律一般为工程施工所在国的法律或第三国的法律，而各国关于工程建设合同的规定千差万别，不容易熟悉和掌握。国际工程建设领域缺乏像国际贸易中通行的国际多边公约和公认的规则，因此在实践中许多方面受制于法律规定的制约，增加了工程合同的执行难度。

（4）国际工程合同对于参与方人员的语言与跨文化沟通的要求较高。由于来自不同的国家，业主与承包商等参与方在沟通时可能都要采用非母语来沟通，如在东南亚、西亚、非洲各国，合同各方需要用用英语来沟通，加上各国文化的不同，使得项目沟通比较困难，因此项目成员要有较高的语言与国际文化素养才能保障项目信息沟通通畅，从而提高工作效率。

1.3.2 国际工程合同的类型

不同的合同类型具有不同的性质，其运作规律与法律后果也有所区别。划分不同的工程合同类型，有助于我们认识合同的内容，加深对合同的理解，从而把握执行合同的关键点。虽然国际上并没有统一的划分方法，但人们通常将国际工程合同按下列方式划分。

（1）按工程建设的行业划分，工程合同可以分为：

1）房屋建筑合同（Building Contract）。
2）土木工程合同（Civil Engineering Contract）。
3）机电工程合同（Mechanical & Electrical Engineering Contract）。

4) 其他类型（Others）。
(2) 按工作范围划分，工程合同可以分为：
1) 施工合同（Construction Contract）。
2) 安装合同（Installation/Erection Contract）。
3) 项目管理合同（Management Contract）。
4) 工程咨询合同（Contract for Consulting Services）。
5) 设计—建造/EPC 交钥匙合同（Design-Build/EPC Turnkey Contract）。
(3) 按合同关系划分，工程合同可以分为：
1) BOT 项目公司（业主）与政府之间的特许协议（Concession Agreement）。
2) 业主与承包商之间的主合同（Main Contract）。
3) 总承包商与分包商签订的分包合同（Subcontract）。
4) 总承包商、分包商与供货方签订的供货合同（Supply Contract）。
(4) 按价格支付类型划分，工程合同可以分为：
1) 单价合同（Unit Price Contract）。
2) 总价合同（Lump-Sum Price Contract）。
3) 成本加酬金合同（Cost plus Fee Contract）。

由于价格支付方式对合同管理的方式影响很大，我们在此加以简单说明。

单价合同，也称重新计量合同（Re-measurement Contract）。业主在招标文件的工程量清单中所列的工程量只是"近似工程量"（Approximate Quantities）或称为"估算工程量"（Estimated Quantities），这一信息只是为承包商投标报价时参考使用，合同最终的价格按实际完成的工程量来结算。但合同通常约定，若实际完成的工程量与投标时工程量清单中的工程量差别太大，对合同价格影响很大，则对合同价格做出相应调整，具体方法可以是在结算时对总价总体调整，也可按照某分项工作分别调整❶。除这种最常用的单价合同外，还有两种变型，即纯单价合同（Straight Unit Price Contract）和单价与包干混合合同（Unit Price and Lump-Sum Items Contract）。纯单价合同的做法是：业主在招标时由于种种原因只提供需要承包商完成的工作项，要承包商报出相应单价，而不提供各项工作的工程量，在合同执行时按实际完成工程量支付。单价与包干混合合同的做法是：以单价为基础，但对于不宜计算工程量的分项工程则采用包干价（Lump Sum，在工程量清单中的单位栏中通常简写为 LS），对于可以用某单位计算工程量的均使用单价。这种混合计价方式在大型土木工程中经常使用。

总价合同是指，合同双方在合同中约定一个总价，承包商在这个价格下完

---

❶ 具体做法请参照 FIDIC 1987 年第四版《土木工程施工合同条件》第 52.3 款［变更超过 15%］以及 1999 年新版《施工合同条件》第 12.3 款［估价］。

成合同规定的所有工作。总价合同又可细分为固定总价合同（Fixed and Firm Lump Sum Price）、可调总价合同（Escalation Lump Sum Price）以及固定工程量总价合同（Lump Sum on Firm Bill of Quantities Contract）。固定总价与可调总价合同常常用于 EPC 交钥匙合同，我们将在后面第 9 章详细探讨。固定工程量总价合同的做法是：业主要求投标人在投标时分别报出分项工程单价，并根据工程量清单中的工程量计算出工程总价，完成原定工程项目后，业主以总价为基础支付承包商。这种方式适用于工程量不变化或变化不大的项目，如房建项目等。但若工程量发生变更❶，则一般情况下仍按原定单价来调整总价。实际上这不是一种严格意义上的总价合同。

成本加酬金合同也称为成本补偿合同（Cost Reimbursable Contract）。合同约定，业主向承包商支付完成工程的实际成本，并加上一笔费用作为承包商的管理费与利润。此类合同可以细分为成本加固定酬金合同（Cost plus Fixed Fee Contract）、成本加百分比酬金合同（Cost plus Percentage Fee Contract）、成本加激励酬金合同（Cost plus Incentive Fee Contract）。虽然成本加酬金合同的方式在实践中并不像总价合同与单价合同应用广泛，但对于项目前期设计没有完成、工程量很难确定但又必须尽快开工的项目也是一个比较好的选择。在三种成本加酬金合同中，成本加激励酬金合同应用得比较多。这种合同的做法是：在合同中约定成本的最高封顶价（Ceiling Price）、工期目标、质量目标等，规定承包商在各类目标值下的酬金支付方法。合同规定一个酬金的基数，根据目标完成情况可以上浮或下浮一定的额度。

在采用成本加酬金合同时，应特别注意的是对成本含义的界定，即：承包商在实际工作中什么费用可以包括在成本中，什么费用应纳入到酬金中❷。

1.4 小结

本章介绍了国际工程中的四种主要建设模式，即设计—招标—施工的传统模式、管理型建设模式、工程总承包模式和 BOT 建设模式，并简单介绍了 EPC 工程总承包模式的国际发展趋势；界定了国际工程合同的概念，并简单分析了国际工程合同的类型以及各合同类型的特点。下一章，我们将论述国际 EPC 交钥匙总承包合同的形成过程，即招投标/议标、合同谈判与签订。

---

❶ 在我国的工程建设实践中，有不少类似合同，但合同约定，若实际工程量与原工程量相比的变化幅度在一定范围内，如±5%，对总价不予调整。

❷ 关于这一点，请参阅方志达等译的英国土木工程师学会（ICE）工程施工合同 1995（The Engineering and Construction Contract）选项 E：合同用词及其定义 11.2（p39，p270），中国建筑工业出版社，2000。

第 2 章　国际 EPC 交钥匙总承包合同的形成过程

本章介绍国际 EPC 交钥匙总承包合同的形成过程，包括业主选择 EPC 承包商的原则、方法、承包商的投标、EPC 合同谈判要点及其签订与生效。

2.1　业主选择 EPC 承包商的原则与方式

2.1.1　业主选择 EPC 承包商的原则

如第 1 章所述，EPC 总承包模式虽然具有很多优点，但同时又有一些不足之处。要发挥这些优点避免其不足，一个首要的条件就是要有高水平的项目团队，包括业主、业主的咨询管理人员、总承包商、分包商等项目的参与各方。EPC 承包商在整个项目的组织关系中处于核心地位，与其他各方不但存在合同关系，同时存在管理关系，承担的工作范围不但包括工程施工，而且还包括工程设计和采购。

作为工程项目的业主，其关心的核心问题就是能否选择到报价合理并能保证质量和工期的 EPC 承包商。因此，在工程招标之前，业主必须根据项目的具体情况，针对工程各个方面的要求以及市场情况，确定选择 EPC 承包商的原则。从目前国内外研究与实践来看，这些原则主要包括以下几个方面：

（1）从事类似 EPC 工程总承包的经验以及履约信誉和知名度。

（2）技术能力。这主要表现为承包商设计方面的能力以及施工方面的能力。从国际上来看，业主在选择总承包商时，都十分重视工程总承包公司的综合技术能力，尤其是工程设计优化能力。

（3）管理能力。工程总承包的工作内容与组织关系的复杂性要求总承包商要具有很强的管理能力。从工作内容上看，管理能力具体表现在工期控制能力、成本控制能力、质量控制能力、风险控制能力以及安全等管理能力。从外部组织关系协调来看，若 EPC 承包商进行设计或施工分包，则需要 EPC 承包商具有很强的设计或施工的管理能力以及材料设备供应的管理能力。

（4）财务能力和项目融资能力。良好的财务能力对总承包商顺利实施工程是一种保障。业主往往通过与总承包商相关的银行、分包商、供应商、近期完成的合同额以及在建工程等方面来判断总承包商的财务能力和项目融资能力。

（5）高效率的内部组织。EPC 承包商能够建立高效率的组织机构是实现项目目标的重要保证。高效率的组织结构主要体现在明晰的机构层次，明确的部门以及职员分工，充足的项目人力资源配备，以及职员业务素质高、经验丰富，有充分的授权，有完善的项目管理体系文件。

（6）良好的团队精神。总承包的项目队伍具备合作精神将有利于减少整个项目组织中的"内耗"，并能促进项目的健康开展。这种团队精神体现在正确理解业主的项目要求及对解决项目中存在的问题持建设性态度，尤其是 EPC 承包商项目前期跟踪过程中业主对其形成的总体印象。

上述内容通常构成业主决定 EPC 承包商是否能入选投标人名单的一般原则。具体的原则需要业主根据项目的具体特点以及自身的能力和要求来加以确定。图 2-1 表明了工程项目、业主与选择总承包商原则的关系。

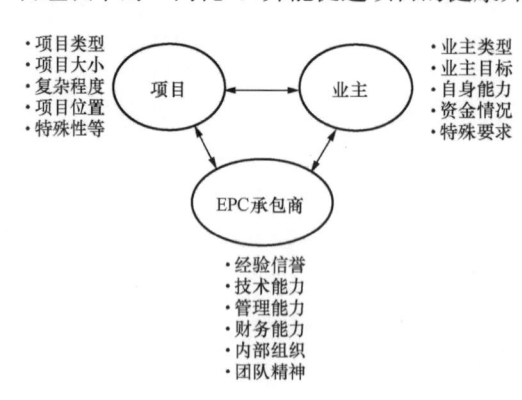

图 2-1　项目、业主与选择总承包商原则的关系

2.1.2　业主选择 EPC 承包商的方式

从竞争机制来看，国际上选择总承包商的方式有三种：公开竞争性招标（Open Competitive Bidding）、邀请招标（Invited Bidding）以及议标（Negotiation）❶。

竞争性招标通常用于技术简单但工程投资又有严格限制的项目，同时业主在招标文件中对工作范围以及技术标准要求比较明确，业主在前期已经对工程设计做到了一定深度，甚至完成了基础（初步）设计，一般在符合招标文件基本要求的情况下采用最低标中标法。

邀请招标主要适用于性质特殊且技术复杂的项目，由业主邀请那些被认为在该类型项目上有经验的大型或专业知名 EPC 承包商，这类 EPC 承包商一般实力雄厚且在工程总承包市场上有良好的信誉。这种做法主要可以减轻业主方在招标阶段的工作负担，便于吸引优秀的公司前来投标。

议标方式也可以认为是邀请招标的一种特殊形式。业主只邀请一到两家

---

❶ 我国的招标投标法只规定了公开招标与邀请招标两种方式，但在国际上，对于 EPC 交钥匙项目议标的情况也为数不少，尤其是承包商融资项目。

EPC 承包商来进行直接谈判，受邀的总承包商一般与业主有过友好的合作经历。使用该方式主要为了缩短确定 EPC 承包商的时间，提高工作效率。

从以上分析可以看出，选择 EPC 承包商的方式与传统的承包模式基本相同，但根据国外经验，在 EPC 总承包模式下，对于公共投资项目使用公开竞争性招标较多，但对于私人投资项目，使用邀请招标与议标选择 EPC 承包商的情况则更为广泛。

2.2 业主选择 EPC 承包商的过程

2.2.1 资格审查 (Request for Qualifications)

EPC 交钥匙总承包区别于施工承包的一个主要特点就是其承担的工作范围很宽，包括工程设计、采购、施工等，甚至包括前期的规划与勘察等工作内容。因此，业主对 EPC 承包商的要求总体较高。在选择潜在的投标者时，无论是否进行资格预审，都对投标者的资格有严格要求，根据美国设计—建造工程总承包学会 (DBIA) 建议，在确定参与投标或议标的候选公司时，应主要考虑以下因素：

(1) 投标人财务与担保能力 (Financial and Bonding Capability)。
(2) 投标人项目团队承担类似项目的经验 (Similar Project Type Experience)。
(3) 过去的设计表现与技术特长 (Record of Design and Technical Excellence)。
(4) 职员的经验 (Staff Experience)。
(5) 承担工程总承包项目的经验 (Design-Build/EPC Experience)。
(6) 投标人的组织与管理计划的完善性 (Organization and Management Plan)。
(7) 投标人质量管理计划的完善性 (Quality Control Plan)。
(8) 投标人过去控制项目预算的表现 (Record of On-Budget Performance)。
(9) 投标人过去控制工期的表现 (Record of On-Schedule Performance)。

在实践中，具体审查投标者资格的方式可以是进行正式的资格预审 (Prequalification) 和资格后审 (Post-qualification)，业主也可以派遣其项目评审团 (Jury) 对潜在的投标人进行细致的实地访问 (In-depth Interview)，以确定其是否有投标或议标资格。

2.2.2 EPC承包商的选择方法 (EPC Contractor Selection Approach)

在确定了潜在投标者的资格后，作为选择EPC承包商的国际惯例，业主要求EPC承包商在投标时既要提交技术标❶（Technical Proposal）又要提交商务标（Commercial Proposal）。技术标主要覆盖EPC承包商工程技术方面的内容，包括设计、施工、管理方法，项目队伍组织与计划等内容。有的业主还要求EPC承包商在技术标中提交完整的基础设计。商务标主要包括工程总报价以及对应技术标各部分工作的价格分解表、支付计划等。

从业主是否要求技术标与商务标同时提交来看，选择EPC承包商的过程大致分为单阶段选择法（Single-Stage Option）与两阶段选择法（Two-Stage Option）。这两种方法基本上可以分别适用于公开招标、邀请招标以及议标三种选择方式。下面以招标为例说明采用单阶段法与两阶段法选择EPC承包商的全过程。

1. 单阶段选择法（Single-Stage Option）

单阶段选择法是指总承包商将技术标与商务标同时提交给业主。根据技术标与商务标是否单独包装，单阶段选择法又分为单信封招标方式（One-envelope Option）与双信封招标方式（Two-envelope Option）。

单阶段单信封招标方式是指总承包商将自己的技术标与商务标包装在一起提交给业主，通常被称为"单信封"方式（One-envelope）。项目开标时，技术标与商务标同时打开，其投标报价连同备选方案当众公开宣读，并加以记录。"单信封"方式一般采用公开竞争性招标方式，经过评比，一般从响应标中选择最低标中标。这种单阶段单信封招标方式通常用于设计相对简单、变化不会太大的情况。因此，土木工程含量大的总承包建设项目以及管线项目、输变电线路项目等通常按此类方式选择总承包商。在这种方式下，通常要求对提交投标书的EPC总承包商先进行资格预审查，以便只邀请那些技术实力强的公司参加。单阶段单信封招标流程如图2-2所示。

单阶段双信封招标方式是指总承包商将自己的技术标与商务标同时提交给业主，但技术标与商务标分别包装在两个单独的信封中，并分别规定技术标与商务标的开标时间。首先开技术标，并加以评比。若某些技术标虽然符合原招标文件要求，但有一定的偏差，业主可以要求投标者对其技术进行修改。投标者同时就修改原技术标造成的价格影响提出相应的价格变动，但这种价格变动只允许针对更改技术标直接涉及的内容，以避免造成对其他投标者不公平的情

---

❶ "技术标"（Technical Proposal）有时也被称为"技术建议书"；下面的"商务标"（Commercial Proposal）有时被称为"商务建议书"。

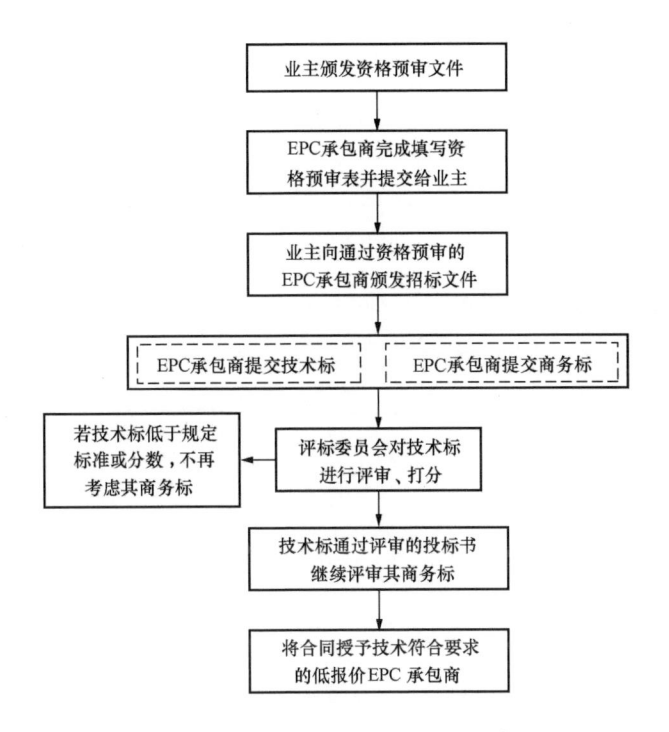

第2章 国际EPC交钥匙总承包合同的形成过程　　19

图2-2 单阶段单信封选择EPC承包商流程

况。这一做法的目的是保证业主收到的技术标符合工程要求的技术标准和业主要求的技术方案。若投标者不愿意按照业主的要求修改其技术标，他可以撤回其投标。在此之后，再进行技术标的评比。若该项目为某金融机构贷款项目，业主可能需要将技术标评比结果报该机构审批，贷款机构批准后业主可对商务标开标，包括投标者提交的原商务标以及因技术标修改提交的附加商务标。根据业主的具体要求，可以采用最低标中标法，也可以采用技术标与商务标综合法，即技术标与商务标总分高者中标。单阶段双信封方式主要适用于含有大量机电设备的项目和工业厂房。因为这些项目对于其中的机电设备的设计方案的选定有很大的灵活性，不同的投标者提出的技术方案不太一样，有的投标者甚至提出替代方案。因此，需要先进行技术评价来确保投标者的技术方案是可行的。在这类方式下，业主采用邀请招标的情况较多，所邀请前来投标的总承包商一般为知名企业，因此很多情况下不进行资格预审，而进行资格后审，即总承包商的资格文件调查表包含在招标文件中，并随招标文件一起颁发给总承包商，总承包商填写后随投标文件一起提交给业主。在评技术标时，先根据资格文件对总承包商的资格进行技术、财务、经验等方面的审查，对于不符合标准的，其投标书不再予以考虑。单阶段双信封招标流程如图2-3所示。

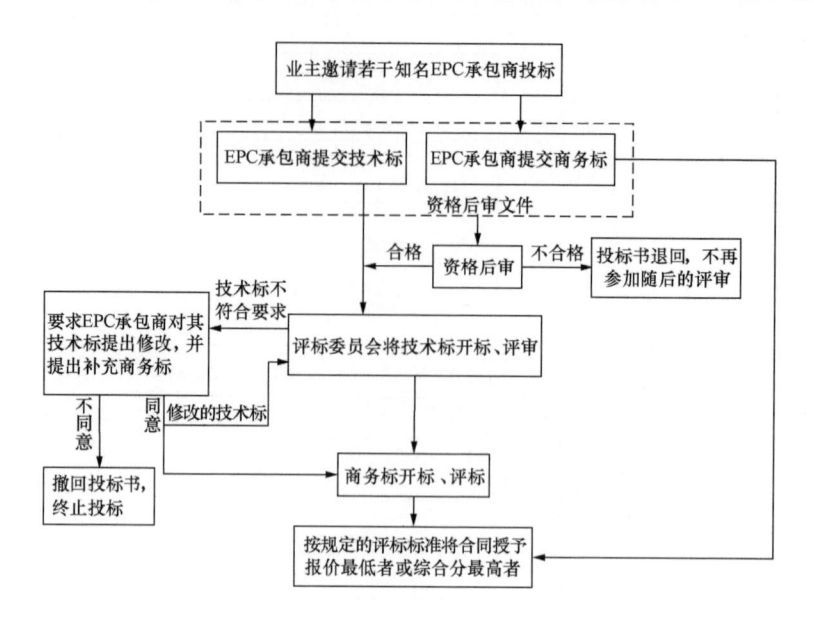

图 2-3 单阶段双信封选择 EPC 承包商流程

在单阶段方式中，业主更重视商务价格，即在 EPC 承包商的技术标满足工程要求的前提下，商务标将成为决定其中标与否的核心因素。

2. 双阶段选择法（Two-Stage Option）

有时，业主的前期工作不太深入，对拟建的项目只有一些基本要求，对项目采用的技术方案与标准也不能确定，因此希望通过招标，利用总承包商的技术力量，让总承包商提供此类标准与技术方案，双阶段选择法通常适用于此类情况。

采用双阶段选择总承包商的具体做法是：业主邀请某些大型知名总承包商先提交技术标，然后对技术标加以评审、比较。由于业主的招标文件对技术方面的要求描述的比较简单，每个投标者对业主要求的理解以及提出的设计方案差异很大，且此类技术标的评审工作会涉及很多的技术澄清会，因此花费的时间比较长。技术标评审结束后，业主从其中选择设计方案最适合的几家总承包商，邀请他们再递交商务标。由于总承包商投标此类项目的工作量很大，投标费用也比较高，因此采用两阶段选择法时，邀请递交技术标的总承包商数目不宜太多，一般为 3~5 家，否则对优秀的总承包商没有太大的吸引力，导致技术标的质量不高。这类选择方法一般不再进行资格预审，甚至连资格后审也不做，因为业主仅仅邀请知名的大型建筑公司前来投标。双阶段选择法的流程如图 2-4 所示。

第 2 章　国际 EPC 交钥匙总承包合同的形成过程　　21

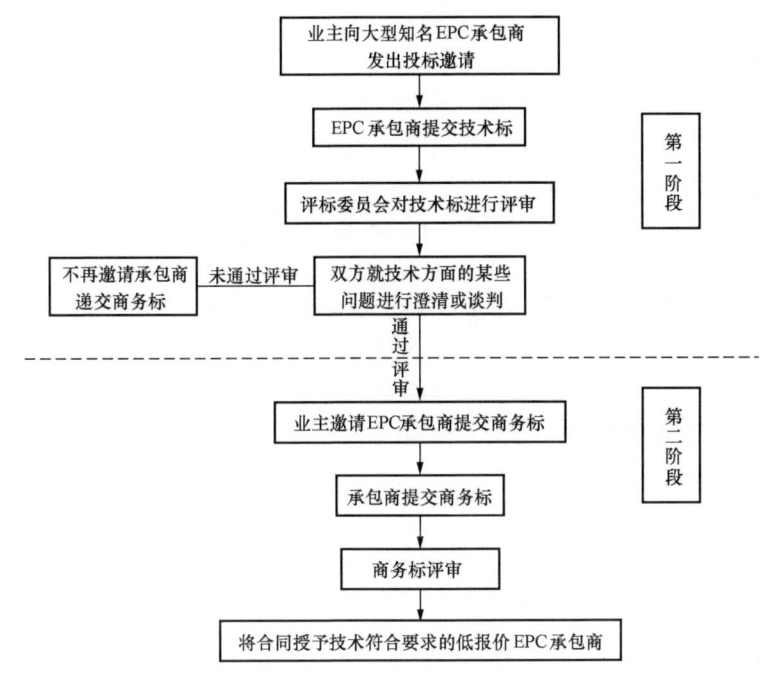

图 2-4　双阶段选择 EPC 承包商流程

2.2.3　EPC 交钥匙项目招标文件

无论是招标还是议标，EPC 交钥匙项目的业主在前期都需要编制一些文件，作为招标或议标的基础。议标的文件常常由业主或业主委托的咨询公司编制，其主要文件是项目的总体功能性要求，然后邀请相关 EPC 承包商依据项目总体功能性要求来提交项目实施方案，包括设计、采购、施工、试运行等，同时双方对各类技术与商务条件进行谈判。对于议标项目，业主前期的文件编制工作相对较少，但后期谈判的过程较为复杂。对于招标的 EPC 交钥匙项目，招标文件的编制相对完整，而后期的合同谈判则相对简单些。

EPC 交钥匙项目招标文件通常由下列各部分构成：

(1) 投标人须知 (Instructions to Bidders)：主要告诉投标者招标文件的组成、编制和递交投标书的注意事项以及开标、评标等程序。

(2) 通用合同条件 (General Conditions of Contract)：这一部分主要告诉投标者，若投标成功，EPC 合同签订时将采用的合同条件。国际上不少 EPC 交钥匙项目直接采用 FIDIC 1995 年或 1999 年的交钥匙总承包合同条件范本。

(3) 专用合同条件 (Particular Conditions of Contract)：这主要是对通用条件相关内容的具体化、补充或修改。也有的 EPC 合同将通用条件与专用条件合二为一。

(4) 业主的要求（Employer's Requirements）：这是 EPC 交钥匙招标文件中的一个核心组成部分，是 EPC 承包商投标的基本依据。它主要提出了业主对项目总体目标的要求，包括主要工作范围、质量要求以及技术标准要求等，所以有时这一部分内容也被分别称为"工作范围"（Scope of Work）和"技术规程"（Specifications）。在实践中，根据业主的前期工作的深度，该文件有时起草的比较详细，有时却十分粗略。亚洲开发银行对编制此部分招标文件给出下列建议：

"在业主的要求中，应准确地规定其完成工程的具体要求，包括范围与质量。若竣工后的工程性能可用定量条件界定，如一制造厂的产出或者一电站的最大发电能力，则在业主的要求中不但明确规定业主要求的确定值，而且还应给出业主可接受的偏差的上下限。同时有必要明确规定竣工检验，以确认竣工工程符合规定的要求。在业主要求中，还应规定承包商提供的相关服务和提供的货物，如培训业主的人员以及提供消耗品或备件。……尽管对业主的要求规定应十分精确，但注意应避免过分细地规定某些细节，以便能够发挥交钥匙方式所能带来的好处与灵活性。❶"

(5) 投标函和附录格式（Letter of Tender and Appendix）：这部分是为承包商编写的投标函和附录一个标准格式，承包商投标时只需按要求简单填写。在议标项目中没有此部分文件。

(6) 建议书格式（Form of Proposals）：这一部分是业主为承包商投标所编制的标准格式，承包商按要求填写。建议书通常分技术建议书与商务建议书。

(7) 各类范例格式（Sample Forms）：这些格式主要是投标或中标后需要承包商提交的各类保函格式，包括投标保函格式（Form of Bid Security）、合同协议书格式（Form of Contract Agreement）、履约保函格式（Form of Performance Security）、预付款保函格式（Form of Advance Payment Guarantee）等。

(8) 各类明细表（Schedules）：这部分主要包括价格表、支付计划表、调价公式表（有的 EPC 合同不允许调价，则招标文件中就会没有此部分）、主要施工机具一览表、关键人员一览表、分包商一览表等。其中价格表表述的是设计、采购、施工等工作的分项价格，又可分为几个子表，如设计图纸与文件价格表、永久设备供货价格表、土木工程及安装与其他服务价格表、备件供应价格表等。在实践中，有的招标文件将此部分纳入技术建议书和商务建议书中，不再单独列出此类明细表。

(9) 图纸与相关项目资料（Drawings and Project Information）：这部分资

---

❶ 原文为英文，作者自译，详见：Asian Development Bank: Design-Build and Turnkey Contracts-Standard Bidding Documents, April, 1999, Section 4-Notes on Preparing Employer's Requirements, p159.

料主要是业主前期工作的一些文件成果。对于 EPC 交钥匙工程来说，工程设计工作主要由承包商负责完成，因此在招标阶段并没有详细设计文件，但有时业主会将前期所做的概念设计图纸（Conceptual Design Drawings）以及相关资料作为一项内容纳入招标文件，作为阐释业主要求的补充内容，从而方便投标者了解业主意图，并有利于 EPC 承包商在实施期间做设计深化。

2.2.4 选择 EPC 承包商的评标因素与标准

无论公共工程项目还是私人投资项目，项目业主都需要通过该项目达到其所确定的目标，满足政治、经济、社会方面的需求。因此，其工程建设过程必须最大限度地将以下方面控制在既定目标之内：一是工程造价；二是工程质量；三是建设工期；四是工程安全；五是环境保护。其中前三个属于业主从自身利益考虑使得项目的投资具有可行性所必须达到的目标，后两个则是从满足社会、法律、环境等因素考虑需达到的目标。在 EPC 总承包模式下，上述目标是通过 EPC 承包商来实现的。业主通过招标以及评标，希望选择出能够达到这些目标的承包商。EPC 承包商的技术水平、投标报价、管理水平等是决定是否达到上述目标的关键因素。业主的目标与评标指标的关系具体如图 2-5 所示。

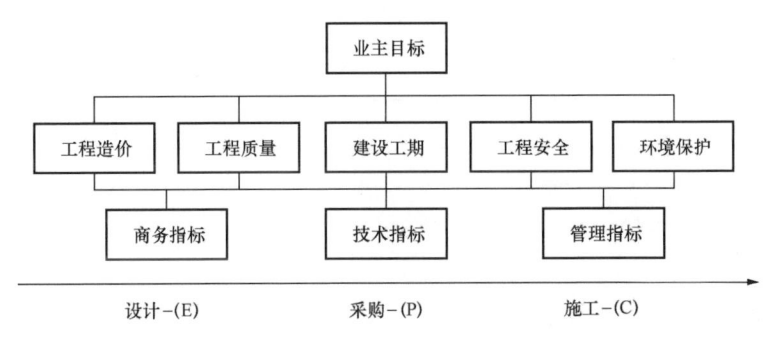

图 2-5 业主的目标与评标指标的关系

1. 商务指标

商务指标的评价以控制业主的工程造价为目的，因此投标报价是业主评判投标书的一个重要因素。对于工程总承包项目，在满足业主招标要求的条件下，投标者的报价可能基于不同的设计方案，因此不但需要考虑投标者的工程报价，而且还应考虑由于不同的设计方案所导致工程完成后在整个寿命周期中的运营费不同，运营费越高，该项指标的得分就越低。此外，还应考虑投标者投标报价组成的合理性，如整个报价可以分解为设计、采购、施工三大项的费用，有的投标者采用不平衡报价，会导致业主支付一定的隐性不合理费用。

商务指标分解示意图如图 2-6 所示。

2. 技术指标

对于 EPC 总承包的投标，招标文件一般要求投标者根据对"业主的要求"（Employer's Requirements）的理解，提出自己的设计方案。判断投标者的设计方案优劣与否，业主关心的因素主要有：设计方案的完整性，是否符合业主的要求；设计方案的创新性以及可建造性；是否有偏差（Deviations）；整体工程设施在现场地区气候和环境条件下的总体适应性；拟使用的设备和仪器的功能、质量、操作的便利性等技术优点；整体工程设施是否达到了规定的性能标准；工程运行期间所需备件的类型、数量、易购性、相应的维修服务等。就施工而言，业主要看总承包商的施工方法是否合理，施工所需要的仪器与机械设备的充分性、适用性、先进性。

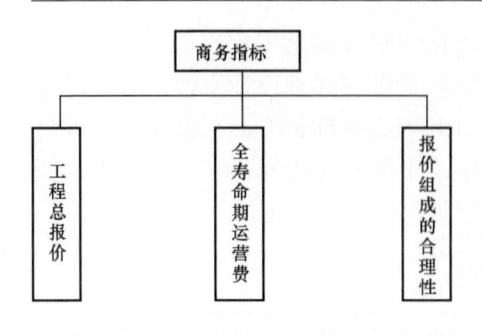

图 2-6 商务指标分解示意

技术指标分解示意图如图 2-7 所示。

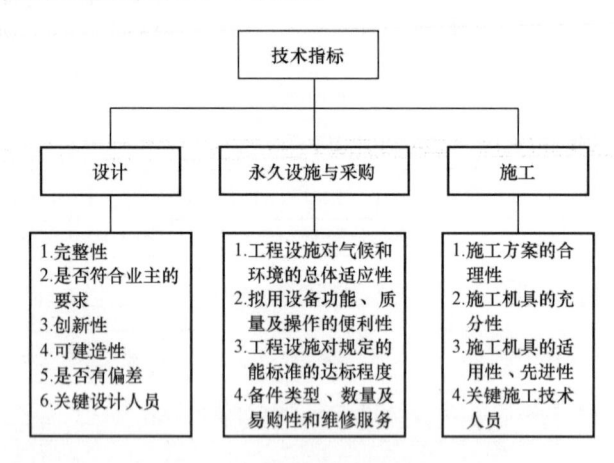

图 2-7 技术指标分解示意

3. 管理指标

在技术方案可行的条件下，总承包商是否能按期、保质、安全并以环保的方式顺利完成整个工程，主要取决于总承包商的管理水平，管理水平则体现在总承包商项目管理的计划、组织和各种控制程序与方法，包括选派的项目管理团队组成、分包计划、整个工程的设计—采购—施工计划的周密性、质量管理体系与 HSE 体系的完善性（公司与项目两个级别）。具体而言，这主要体现在项目人力资源配置的合理性上，尤其是项目经理与其他关键管理人员的综合素质和管理经验。

管理指标分解示意图如图 2-8 所示。

以上图 2-5~图 2-8 分别示意了商务、技术、管理指标与业主目标的关系以及各指标的再分解。在国际工程评标时，按照通行做法，选择设计、咨询单位的标准主要依据的是技术方面的内容（Quality-based Selection），而价格却处于次要地位；而选择施工承包商的依据则相反，在技术方面符合基本要求的情况下，主要依据是投标价格。由于 EPC 交钥匙总承包的招标是将设计、采购、施工、试运行、培训等综合在一起，因此最常用的评标方法是采用加权综合评价法进行评标。

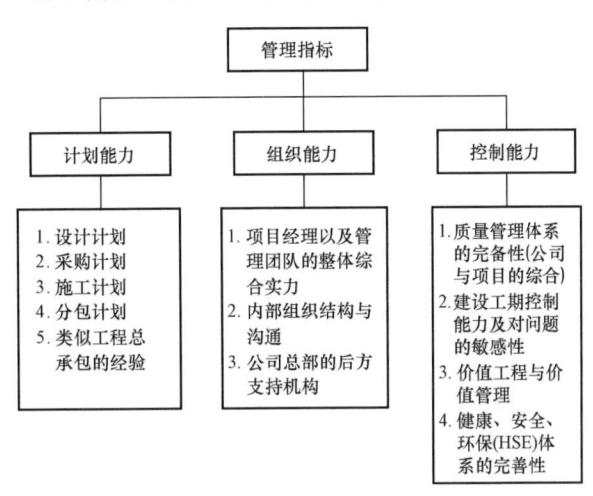

图 2-8 管理指标分解示意

综合评价法简明、直观，如果合理分配各项指标的权重，组建高水平的专家评审委员会，这种方法则为评选最佳 EPC 总承包商的一种有效的手段。

综合评价法的具体步骤是：

1) 首先确定评标指标体系，将评标内容分类归纳为综合指标。

2) 确定指标权重以及每一指标的评分规则（如以百分制计算，60 分以下为不符合本项要求，60~75 分为基本符合，76~90 分完全符合，90 分以上完全符合并有所创新）。

3) 专家打分。

4) 将各项指标的得分乘以相应权重，并累加各指标项得分，确定投标者的综合得分，分高者则中标。

技术标与商务标的权重的设计对评标结果影响很大，业主根据项目的具体情况以及自身的特殊要求赋予每个指标的权重也不相同。一般来说，技术复杂的大型项目，技术标权重会高些，反之则相反。通常权重幅度可以设定为技术标占 20%~50%，商务标占 50%~80%。除了加权综合评价之外，其他常用的方法还有：

（1）最佳价值得分法（Best Value Score）：将技术分除以投标报价，高分者中标。

（2）最佳价值加质量信誉法（Best Value Selection with Quality Credit）。该方法根据技术标的得分，转化为投标者的质量信誉分数（以报价的百分数表示），然后用投标报价减去质量信誉值，按此方法调整后的最低报价中标。

（3）投标价格加时间的资金价值法（Time Value Applied to Price Proposal）。

在业主允许总承包商可以提出自己工期的情况下，以业主原定的工期为基准，在考虑资金时间价值后，对报价进行调整，调整后的最低报价中标。

2.3 EPC 承包商的投标

从国际工程合同的形成过程来看，业主的招标属于"要约邀请"（Invitation to Offer），而承包商的投标属于"要约"（Offer），一旦被业主接受，就构成了合同的一个重要组成部分。因此，承包商的投标过程是合同形成过程的一个核心环节，也是承包商合同管理前期的一项重要工作。

国际 EPC 项目投标流程与其他项目类似，一般包括项目跟踪、项目投标决策、投标组织、招标文件购买与研究、现场考察和市场调查、招标文件质疑与答疑、投标书的编制与递交、投标答辩，但由于 EPC 项目的业主完成的前期工作一般较少，招标文件中提供的项目信息不完整，因此 EPC 项目的投标工作的内容相对复杂，需要关注的问题也比较多。

1. EPC 项目投标决策

项目投标不但耗时，而且需要大量的人力、物力与财力投入。对于国际 EPC 项目的投标投入更多，通常投入会达到投标报价的 0.5%～2%。这是因为有的业主要求 EPC 承包商在投标文件中对设计方案的描述达到初步设计的深度，承包商不得不投入大量的前期现场勘察与市场调研。因此，选择一个合适的项目来投标，是项目成功的第一步。项目投标决策考虑的因素通常包括：

（1）公司发展目标与经营宗旨：该 EPC 项目是否在公司确定发展的区域，是否符合公司的长期市场开拓计划。

（2）企业自身条件：公司自己在技术、资金、管理、经验等方面的优势和劣势，进行 SWOT 分析明确公司是否具备承担该工程的设计、采购、施工等工作的技术与管理能力。

（3）工程项目的具体情况：业主的资信；是否需要 EPC 承包商协助融资；项目规模与技术复杂性；项目实施条件；社会依托与安全/治安等。

（4）竞争对手的情况：参与该项目投标的公司数目；竞争激烈程度；与对手相比自身的优劣。

2. 投标工作组织

良好的组织是编制一个具备竞争力的投标书的保证。在投标工作正式开始时，公司应根据项目的特点成立专门的投标团队。EPC 项目投标团队一般由综合/合同组、技术组以及商务组组成。

（1）综合/合同组：成员来自于公司的项目经理部和法律合同部，负责投标期间的总体协调、组织、安排以及对外法律合同事宜的处理。其具体职责如下：

1) 投标经理兼任综合/合同组长并向公司负责。
2) 负责整个投标阶段的总体管理和协调，编制投标计划供各组遵守。
3) 代表公司与业主方联络，并组织现场考察与标前会议，负责谈判安排。
4) 审查招标文件/合同中双方的权利、义务、担保责任、索赔、仲裁等。
5) 审查条款的均衡性，并对整个合同的风险做出正确的评估，供公司领导决策。
6) 汇总整套投标文件，确保技术标与商务标的一致性以及投标文件的完整性，并向业主提交投标文件。
7) 主持投标阶段内部会议以及中标前的对外合同谈判。

（2）技术组。技术组的成员主要来自于公司设计部、施工部、控制部等与技术相关的部门，负责投标文件中技术标的编制工作并对商务标的编制和对外协调提供技术支持。其具体职责如下：
1) 研究招标文件的技术部分的要求。
2) 会同综合/合同组进行现场考察，并提出相关质疑，要求业主解答。
3) 会同综合/合同组、商务组确定工作范围。
4) 基于上述情况提出总体设计方案，包括工艺技术的选择。
5) 提出工程实施所需的设备、材料、人工时估算。
6) 提出总体施工方案以及施工设备选型和数量。
7) 提出分包项目以及对分包方式的推荐意见。
8) 负责技术标的编写以及初步评审。
9) 派员参加各类内部审核会议以及对外谈判。

（3）商务组。商务组的成员主要来自于控制部、财务部以及采购部等。其主要工作就是在技术标的基础上完成商务标的编制工作，并为整个项目的外部谈判提供支持。其具体职责如下：
1) 基于技术组提出的工作范围、方案、工程实施条件制定设备、材料采购或租赁方案，获得相关价格数据，并进行采购和租赁风险评估。
2) 分析业主价格条款和支付条件，提出付款保证建议。
3) 分析项目的资金筹措情况，并做出现金流分析。
4) 分析项目支付以及开支的货币种类、汇率等，并提出风险防范措施。
5) 通过研究税法和对外咨询确定各项税款，提出合理避税措施。
6) 研究合同保险条款要求和保险市场，提出投保要求和条件，保险询价。
7) 根据综合/合同组对合同风险的建议估算工程风险费。
8) 基于上述工作并考虑利润额度编制初步报价估算。
9) 负责商务标的编制，供全体投标人员内部讨论，并供投标经理和公司领导决策。
10) 派员参加各类内部审核会议以及对外谈判。

若是与其他公司组成联合体（Joint Venture/Consortium）共同投标，则首先考虑联合体分工，并按招标文件的规定签订投标阶段的联合投标协议。联合体各方按联合体协议分别编制投标书，同时定期开会协调投标书的整合以及结合部的处理，以免漏项。

当然，若投标的 EPC 项目简单，其相应的投标组织设计也应简单，反之亦然。投标组织的设立目的就是高效率地完成投标工作，并最终赢得合同。

3. 报价形成过程与风险因素

工程报价的确定是决定承包商能否中标且能否获得利润的重要环节。报价过程不但体现承包商自身的竞争实力，同时也体现其设定利润水平与期望中标之间的平衡与决策艺术。其考虑的基本问题如下：

1) 做什么：工作范围的确定。
2) 什么条件：自然条件、社会条件、商务条件的核实。
3) 怎样做：根据招标要求，项目设计、采购、施工等实施计划的安排，包括分包计划。
4) 做多少：依据已知条件，将工作范围转化为需要投入的工作量。
5) 花多少资金：将投入的工作量转化为资金。
6) 外部因素影响：竞争对手。

根据上述工作以及相关因素的考虑，报价形成的过程如图 2-9 所示。

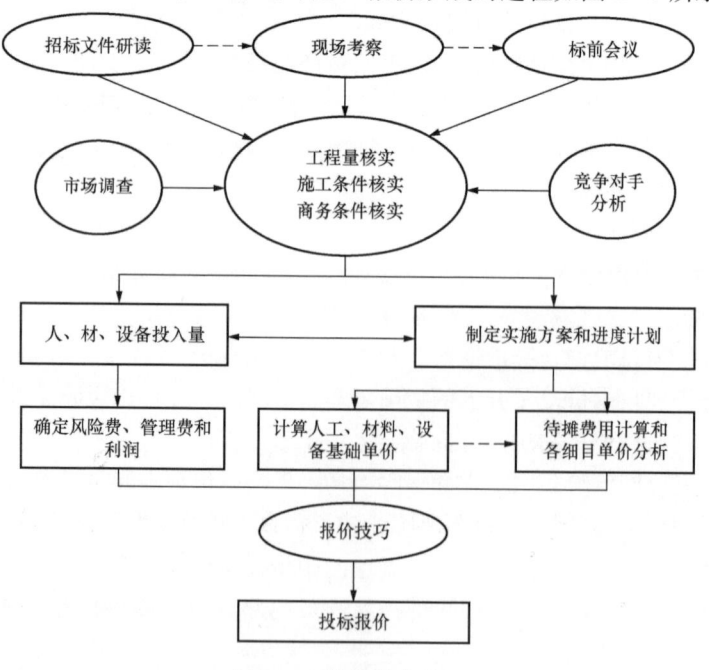

图 2-9 报价形成过程

第2章 国际 EPC 交钥匙总承包合同的形成过程

在形成报价的过程中，要根据招标文件的规定将相关费用因素都考虑进去。EPC 项目的费用构成如图 2-10 所示。

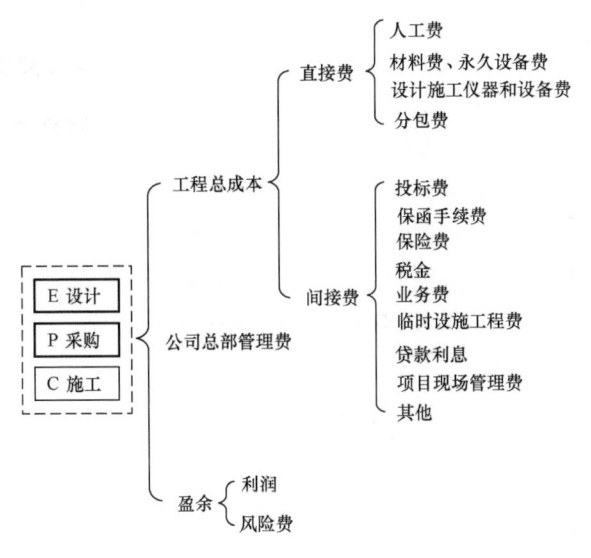

```
                         ┌ 直接费 ┬ 人工费
                         │        ├ 材料费、永久设备费
                         │        ├ 设计施工仪器和设备费
                         │        └ 分包费
              ┌ 工程总成本┤
              │          │        ┌ 投标费
              │          │        ├ 保函手续费
  ┌─────────┐ │          │        ├ 保险费
  │ E 设计  │ │          └ 间接费 ┼ 税金
  │ P 采购  │─┤                   ├ 业务费
  │ C 施工  │ │                   ├ 临时设施工程费
  └─────────┘ │ 公司总部管理费    ├ 贷款利息
              │                   ├ 项目现场管理费
              │                   └ 其他
              │
              └ 盈余 ┬ 利润
                     └ 风险费
```

图 2-10　EPC 项目费用构成

其中，工程总成本的确定主要取决于公司的生产效率与管理效率，利润的确定主要取决于公司的项目策略以及项目竞争激烈程度，风险费的确定主要取决于业主在招标文件中要求承包商所承担的项目风险的多少以及承包商的风险管理水平。与报价直接相关的风险因素通常包括以下方面：

1) 技术风险：技术不够成熟、设计错误和遗漏、条件变化等。
2) 进度风险：各类变更、外部条件拖延、审批不及时等。
3) 设备材料风险：供货来源、运输、涨价等风险。
4) 劳动生产率风险：现场条件、气候、施工组织、劳工素质、施工机具等引起。
5) 分包合同风险：分包商无能力或分包合同引起的风险。
6) 拖期罚款风险：按主合同的规定每天罚款额度以及总限额。
7) 性能保证风险：工艺技术、设备性能引起的风险。
8) 货币兑换率风险：涉及外币支付或采购时发生的货币贬值或升值等。
9) 各类环境风险：政治、社会不稳定、战争、法律（税法、劳动法、环保法）变化等❶。

但对于上述风险，并不是要求承包商报价时都考虑一定的风险费。一般来

---

❶ 详见"第 10 章　国际 EPC 交钥匙合同的风险与保险"。

说，上述风险归为三类：一是承包商自身行为引起的风险，需要承包商完全承担，这类风险必须在报价中予以考虑；二是业主自身行为引起的风险，除个别情况外，一般由业主来承担，这类风险可以在报价中不予以考虑；三是外部风险，即非业主和承包商自身的行为引起的风险，对于这类风险，主要看合同中对风险是怎样分担的，风险费要按分摊给承包商的多少来考虑。关于 EPC 合同风险以及各方分担的详细论述，请参阅后面第 10 章。

4. 投标书的编制、组成以及应注意的事项

在 EPC 招标文件中，一般业主在"投标须知"（Instructions to Bidders）部分对投标书的编制以及提交给出了规定，投标者应严格按照要求编制与提交。对于 EPC 投标书的编制，虽然国际上没有统一的做法，但一般包括下列规定：

(1) 编制投标书使用的语言。

(2) 组成整个投标书的各类文件（见后面详述）。

(3) 投标价格的性质说明。通常规定的是固定总价（Firm and Fixed Lump-sum Price），对于工程中个别工作项可能要求承包商报出固定单价（Fixed Unit Rate）。

(4) 投标报价所使用的货币以及支付所使用的货币。若报价货币与支付货币不同时，投标人一定注意关于货币之间转化时的兑换率的规定。

(5) 投标书的有效期（Tender Validity）。

(6) 若投标书中所提出的内容与招标文件的要求不同，则应在投标书中列出此类"偏差"（Deviation Listing）。

(7) 关于提交"替代方案"（Alternative Bid/Proposal）的规定。对于 EPC 项目，业主前期所做的初步方案可能存在某些不妥或问题。因此，EPC 项目通常允许承包商按招标文件中要求的方案提出报价外，还允许其提出备选的"替代方案"。对投标者而言，一个好的替代方案就会增加其中标的可能性。

(8) 保密要求，即要求投标人对招标文件中的内容以及投标书的内容保密。

(9) 关于提交投标保函（Tender Guarantee）的规定。对于国际 EPC 项目，一般要求承包商投标时提交一个投标保函，保证当业主选定某投标人之后，该投标人按招标文件的规定与业主签订合同。投标保函一般为投标额度的 1% 左右❶。有的大型项目，若投标者在其投标书中描述的很多工作将依赖于母公司的支持，则业主可能要求投标者同时提供母公司担保（Parent Company Guarantee）。

(10) 关于提交投标书形式与签署的规定。一般规定投标书提交的正本与副本的份数，并规定若不一致，正本优于副本。一般正本为一份，副本为多份。

---

❶ 国际 EPC 项目的投标保函比例比一般施工项目的投标保函额度要低些，但就 EPC 项目的投标保函其占投标额度的比例也因项目的大小差异很大。

要求在正本的封面上标记"正本"(Original)字样，副本封面上标记"副本"(Copy)字样。

(11) 投标书的签字人应是投标者恰当授权的人员，并应附上授权函(Power of Attorney)，除了在正式的签字页签署❶外，在每页投标文件上也应小签❷(Initial)。若在打印好的投标书中有修改内容，则在修改的地方也应小签。

投标书的构成与完整性是投标者应十分关注的一个问题。对于一个 EPC 项目投标书，业主通常要求承包商的投标书包括下列内容：

(1) 投标函及其附录。

(2) 商务建议书。

(3) 技术建议书。

(4) 其他补充文件。其中商务建议书一般只需按照业主在招标文件中提供的价格表等要求填写即可，并可增加一些必要的说明，商务建议书通常包括下列内容：

1) 报价汇总表，包括设计、采购、施工。

2) 价格分解表，对 EPC 的各项包干价进行分解。

3) 现金流量分析(Cash Flow Analysis)。

4) 各类报价所涉及的分项明细表，包括设备材料清单、管理人员清单、劳工清单、计日工表、单价表等❸。

对于技术建议书，比较完善的招标文件一般也有规定，若招标文件对技术建议书的内容没有明确要求时，则技术建议书可包括下列内容：

(1) 项目的技术方案(Technical Solutions)。

(2) 项目实施方案(Project Execution Plan)。

(3) 其他技术说明或补充材料。

技术方案通常描述承包商对该工程项目的设计方案以及性能保证等纯技术性质。项目实施方案则主要描述承包商如何实施项目的设计、采购、施工工作，内容包括：①项目的组织机构；②关键资源(人力资源与施工机具资源)；③工程实施进度计划；④分包计划等。若没有进行资格预审，还需要在技术建议书中提交资格证明(Qualifications Statement)。

在编制和提交投标书时，承包商应注意下列问题：

(1) 投标阶段的设计深度问题。国际上业主要求投标者在投标阶段提供的设计深度并无统一规定，有时要求达到基本设计(Basic Design)或初步设计

---

❶ 对于投标书的签署，国际上一般要求有合法的签字人签字即可，也有要求既签字也盖公章(Seal)的。但有时对于一份合同而言，只签字的合同与同时签字又盖章的合同可能产生不同的法律后果。

❷ 中国人的小签是将自己的"姓"签上即可；国外采用字母文件的国家的人，他们的小签则是他们姓名第一个字母的缩写，如：若签字人是 John Brown，则其小签一般为"JB"。

❸ 有的 EPC 合同可能要求这里的某些内容包括在技术标中。

(Preliminary Design)的深度。有时业主在招标文件中对 EPC 承包商所做的设计工作深度没有明确的要求，承包商可根据自己的投标策略来确定。若时间与费用不允许，承包商也可以在投标书中仅仅对设计深化的实施方案加以描述，而不一定在投标前做过多的实际设计工作。

（2）承包商一定要按照招标文件的要求编制，若不能达到招标文件的要求，可以向业主咨询是否可以提出投标偏差（Deviations），有的招标文件则明确规定允许承包商针对业主的要求提出一定的偏差。从国际 EPC 工程实践来看，一般业主允许承包商在投标时提出一些偏差。如：在招标文件附有该项目的供货商名单（Vendor List），要求承包商只能从这些供货商中购买项目所需材料设备，但这些供货商一般都是国际知名厂家，其报价昂贵，有时又不能满足工期。对于我们中国的承包商来说，可以在投标书中提出增加一些我们中国的厂家名单，并承诺若业主同意，承包商可以给出优惠价格或其他条件。

（3）应特别注意税收问题。对于进行 EPC 承包的工程，税收在合同价格中所占比重较高，而 EPC 工程的税收问题比较复杂，有时承包商在投标阶段很难弄清楚。若实在不能查明，也可考虑在投标时只提出自己的不含税价，而对于税金则采用实报实销的方式。

（4）技术方案的优化问题是承包商技术水平的体现，因此承包商的设计方案应能体现工程管理的现代理念，即重视 HSE，特别是项目影响到自然保护区等敏感地区的时候。

（5）技术建议书与商务建议书一致性问题。由于 EPC 工作范围难以确定，在投标期间不断调整，因此技术人员一定要与商务报价人员保持良好的沟通，确保两个建议书的一致性，不能漏项。

（6）有的 EPC 招标文件还要求承包商将原招标文件的部分内容作为单独的一部分包括在投标书中，这些内容包括投标人须知、合同条件、技术规程（Specifications）等。

（7）承包商在提交其项目组织机构时，应考虑尽可能与业主方的项目组织机构设计相一致，这样便于与业主的接口管理，也能证明承包商对项目的透彻理解。

（8）承包商一定要通过自己的投标文件以及投标答辩的机会来体现自己在技术、商务、管理等方面的综合实力。

本章的附录为某国际 EPC 合同投标报价分解示例。

2.4 EPC 合同的谈判与签约

谈判是有关组织或个人对涉及切身权益的分歧和冲突进行反复磋商，寻求解决途径和达成协议的过程。双方在谈判过程中为了达到其目的，互相影响对方，并力图让对方接受己方要求。对于国际 EPC 合同，在签订之前需要进行大量谈判，尤其是采用议标方式来选择承包商的项目，由于业主前期的工作深度有限，要谈判的问题可能更多，谈判过程更为复杂。

EPC 合同签约前谈判的内容通常如下：

(1) 项目融资方案。
(2) 项目范围具体界定。
(3) 技术标准和要求的澄清。
(4) 组织接口问题。
(5) 项目风险的分担与责任限度。
(6) 项目组织与各类管理程序。
(7) 价格与支付问题。
(8) 工程保险。
(9) 争端解决的方法。
(10) 合同生效的条件等。

由于 EPC 工程谈判是一个复杂的过程，所以每次谈判都要有充分的准备。准备的内容如下：

(1) 确定谈判目的。
(2) 依据谈判目的确定谈判目标，如最优目标、可接受目标、最低限度目标，同时分析达到各级目标的可能性。
(3) 根据谈判的内容来确定合适的谈判人选、地点、场地和时间。
(4) 制定谈判方案，如：采用建设性的谈判方式或是进攻性谈判方式？采用什么样的让步方法？
(5) 将谈判准备的结果形成谈判计划，要求参与谈判的人员提前了解整个谈判议题，并对自己负责的内容做到心中有数。
(6) 依据谈判计划与对方商定谈判日程。

在谈判的过程中，主持谈判的人员应按照谈判日程控制好谈判的节奏，把握谈判的时机，正确判断谈判的进程，不要在一些与谈判目标无关的事情上浪费时间。由于文化背景的不同，在谈判中应尊重对方的某些习俗和行为方式，即使双方对某些问题有很激烈的争议，也要保持对对方谈判人员的基本尊重。谈判结束时，应及时形成谈判纪要，对达成的共识以及不同意见进行记录，并由双方授权代表签字。若是阶段性谈判，应在谈判纪要中提出下次谈判的计划和安排。

谈判的基本性质和注意的问题概括如下：

(1) 谈判涉及两个或两个以上的利益主体，即业主和承包商，甚至分包商。
(2) 寻求满足己方需要并与对方达成一致为预期目标。

（3）谈判是就工程项目的各个方面传递信息和交换信息的过程。对于涉外谈判，除了谈判人员对自己领域专业知识的熟悉程度外，谈判人员的语言表达力或翻译水平也可能阻碍信息沟通，对谈判效率和效果有很大影响。

（4）谈判是一个互相让步和妥协的过程（a give-and-take process）。

（5）要达到谈判成功，其前提条件就是让对方认为接受你的要求比放弃与你交易对他更有利，而且认为谈判结果基本是公平的。

在完成谈判后，若是招标项目，业主按招标的规定签发中标函，随后签订合同协议书；若是议标项目可能直接签订合同；对于大型国际 EPC 工程合同，可能还涉及复杂的融资问题；若是公共项目，还需要上级部门的批准。因此，有时业主所签发的中标函不一定是无条件的中标函，承包商收到后应及时答复。对于签订的合同协议书，也不一定从签字日生效，双方也可能会约定生效条件，在相关生效条件满足后合同才生效。

2.5 小结

国际 EPC 交钥匙总承包合同的形成是一个复杂过程，若是招标项目，需要经过发送招标文件（要约邀请，Invitation to Offer）、承包商投标（要约，Offer）、业主签发中标函（承诺，Acceptance）和最终签订协议（Contract Agreement）。本章首先介绍了业主选择 EPC 承包商的原则与方式，包括两阶段招标、单阶段双信封招标和单阶段单信封方式，以及评标原则与标准。随后论述 EPC 合同的投标决策组织过程和报价形成过程，提出了编制和提交投标书应注意的事项。最后介绍了 EPC 合同谈判内容和签约注意的问题。合同的形成即意味着 EPC 合同双方各自承担义务的确定。我们知道，一套工程合同包括的内容十分复杂，既有商务方面，又有技术方面，还有行政管理方面。那么，国际 EPC 交钥匙合同通常由哪些文件组成呢，每个文件的作用是什么呢？我们将在下一章论述这些问题。

本章附录

某国际 EPC 合同投标报价分解示例（后附参考译文）

BREAKDOWN OF CONTRACT PRICE FOR XXX PROJECT

1. Engineering Design

Provisions of all design work, engineering, drawings, specification, calculations and administration expense, including all home office overheads and all related expenses of whatever nature.

Total (1) ·········KD. _____

2. Plant, Equipment and Materials

Provisions of all plant, equipment, and materials required for permanent incorporation in the Work, including the cost of procurement, inspection, packing, freight, customs duty & clearance, port charges, handling, transportation, storage and related expenses of whatever nature.

Total (2) ·········KD. _____

3. Construction, Installation and Commissioning

Provisions of all labour, supervision, construction plant & equipment, temporary work and all other things necessary to construct the Works as described in the Contract including, but not limited to construction, testing & inspection, precommissioning, commissioning & start-up and all related expenses of whatever nature.

Total (3) ·········KD. _____

4. Training

Provisions of all items necessary to conduct Training including, but not limited to expenses of personnel, instructors and training aids.

Total (4) ·········KD. _____

TOTAL FOR EPC LUMP PRICE

(1＋2＋3＋4) ·······························KD. _____

参考译文如下。

某项目合同价格分解

1. 设计

用于所有设计工作、图纸、规范、计算书以及行政管理支出，包括全部总部管理费和任何性质的所有相关费用。

小计（1）………._____科威特第纳尔

2. 生产设备、机械设备和材料

用于形成永久工程所需的各类生产设备、机械设备和材料的支出，包括采办费、检验费、包装费、运费、关税和清关费、进出港手续费、装卸费、交通运输费、仓储费以及任何性质的所有相关费用。

小计（2）………._____科威特第纳尔

3. 施工、安装和试运行

用于工人、监督人员、施工设备、临时工程和其他建造合同项下工程所有必需事项的支出，包括但不限于施工费、检验费、调试费、开车费以及任何性质的所有相关费用。

小计（3）………._____科威特第纳尔

4. 培训费

用于实施培训必要的各项支出，包括但不限于普通人员费、培训人员费和教具费。

小计（4）………._____科威特第纳尔

EPC 总价共计

（1＋2＋3＋4）……………._____科威特第纳尔

第3章 国际 EPC 交钥匙总承包合同框架分析

本章介绍国际 EPC 交钥匙总承包合同的基本框架，并对各个部分的功能进行分析，然后再对国际上知名的 EPC 交钥匙工程总承包合同范本进行介绍，使读者对 EPC 交钥匙工程总承包合同框架、各个组成部分以及各部分的职能有一个总体了解。

3.1 国际 EPC 交钥匙合同概述

经过招标、投标、评标以及谈判，合同双方依据前期的各类文件，包括招标文件、投标文件、来往信函、谈判纪要、谅解备忘录等，最终签订 EPC 合同。一套完善的 EPC 合同文件应能回答下列问题：

(1) 合同目的是什么。
(2) 工作范围是什么。
(3) 哪一方来做。
(4) 以什么方式做。
(5) 以什么标准做。
(6) 双方权利义务是什么。
(7) 合同实施风险如何分担。
(8) 管理规则和程序是什么。

EPC 合同文件就是要尽可能清楚地回答上述问题。由于工程实施的复杂性，EPC 合同也比较复杂，特别是大型项目的 EPC 合同一般由若干卷构成，其目的就是将双方在合同执行过程中权力、义务和管理程序描述清楚，覆盖的方面包括工作范围、技术要求、商务条件、管理程序以及各类附件等。虽然在国际上对 EPC 合同文件的编排结构并没有统一的标准模版，但 EPC 合同包括的内容大同小异，下面是某国际工程 EPC 合同框架结构，共五卷。

封面：
某项目设计—采购—施工合同
(ENGINEERING, PROCURMENT AND CONSTRUCION CONTRACT FOR XXX)
卷一（Volume Ⅰ）

合同格式与合同条件

(Form of Contract and Conditions of Contract)

（Ⅰ）合同协议书（Contract Agreement）

（Ⅱ）合同条件（Conditions of Contract）

（Ⅲ）中标函（Letter of Acceptance）❶

（Ⅳ）授标前会议纪要（Minutes of Pre-award Meeting）

卷二（Volume Ⅱ）

纪要与澄清

(Minutes and Clarifications)

（Ⅰ）技术澄清会议纪要

  （Minutes of Technical Clarification Meeting）

（Ⅱ）技术澄清（Technical Clarification）

（Ⅲ）评标澄清（Evaluation Clarification）

卷三（Volume Ⅲ）

招标文件

(Invitation to Bid（ITB）Document)

第1册（共2册）(Book I of II)

（Ⅰ）第一部分：投标邀请函（本部分删除）

  （Part Ⅰ Invitation to Bid：this part is deleted）

（Ⅱ）第二部分：投标人须知（本部分删除）

  （Part Ⅱ Instructions to Bidders：this part is deleted）

（Ⅲ）第三部分：投标书各类格式（本部分删除）

  （Part Ⅲ Bid Forms：this part is deleted）

（Ⅳ）第四部分：合同（Contract）

(a) 第1章 合同格式（本部分删除）

  （Section 1.0-Form of Contract：this part is deleted）

(b) 第2章 合同条件（本部分删除）

  （Section 2.0-Conditions of Contract：this part is deleted）

(c) 第3章 标准格式

  （Section 3.0-Standard Forms）

(d) 第4章 工作范围

  （Section 4.0-Scope of Work）

---

❶ 习惯上，"中标函"作为合同文件的一部分，一般排在"合同条件"之前，但本合同的中标函为有条件中标函，同时为强调合同条件的重要性，将其排在了"中标函"之前。

(e) 第 5 章 补偿与支付条件
(Section 5.0-Conpensation and Terms of Payment)

(f) 第 6 章 项目总体计划
(Section 6.0-Project Schedule)

(g) 第 7 章 采购
(Section 7.0-Procurement)

(h) 第 8 章 规划、进度计划安排与合同状态报告
(Section 8.0-Planning, Scheduling and Contract Status Reporting)

(i) 第 9 章 质量管理
(Section 9.0-Quality Management)

(j) 第 10 章 健康、安全和环境
(Section 10.0-Health, Safety and Environment)

(k) 第 11 章 合同管理程序
(Section 11.0-Administration of Contract)

(l) 第 12 章 业主供应的物资
(Section 12.0-Owner Supplied Items)

(Ⅴ) 项目信息备忘录（Project Information Memorandum-PIM）

(Ⅵ) 补遗（Addenda）

第 2 册（共 2 册）(Book II of II)

附录 A：图纸（Appendix A-Drawings）

附录 B：规范（Appendix B-Specifications）

  (a) 总体规范（General Specifications）

  (b) 功能性规范（Functional Specifications）

卷四（Volume Ⅳ）

承包商的技术建议书

(Contractor's Technical Proposal)

卷五（Volume Ⅴ）

承包商的商务建议书

(Contractor's Commercial Proposal)

  有的 EPC 合同相对简单，采用的形式是：先是有一个合同协议书，然后其他内容一律作为其附件/展示件（Appendixes/Exhibits），每一个附件是一个相对独立的内容，如下所列：

EPC 合同协议书（EPC Contract Agreement）

附件 A 项目范围文件

(APPENDIX A-Project Scope Document)

附件 B 进度款支付计划
（APPENDIX B-Progress Payment Schedule）
附件 C 性能保证与调整
（APPENDIX C-Performance Guarantee and Adjustments）
附件 D 非歧视要求
（APPENDIX D-Non-discrimination Requirements）
附件 E 履约与完工担保
（APPENDIX E-Performance and Completion Bond）

这种合同形式往往是议标的结果，在上述格式下 EPC 合同协议书的内容比较复杂，除了包括通常的内容外，还包含通常合同条件中的内容，如设计审查、采购、施工、试运行要求等。下面我们综合国际 EPC 合同的规定，对各个核心组成文件加以介绍和论述。

3.2 国际 EPC 合同协议书

作为国际工程合同的一个惯例原则，一般在合同成立和生效之前需要签订一份合同协议书（Contract Agreement）。即使合同适用的法律（Applicable Law）不强制要求签订这样一份文件作为合同成立的一个必要条件，双方签订这样一份文件仍然是一种稳妥的做法。这是因为，前期业主的招标文件、承包商的投标文件、双方来往信函、各类澄清、会谈纪要等文件众多，不但繁琐，而且有可能出现不一致的情况，单凭业主的招标文件、承包商的投标文件以及业主的中标函，不容易将整套合同文件理清楚。许多情况下，EPC 合同是议标形成的，业主不签发中标函，这样双方更是需要这样一份协议书，而且此时的协议书更为复杂，甚至包括很多实质性条件。合同协议书有的简单，有的较为复杂，但习惯上包括的内容是一致的，下面分别加以说明。

（1）签订双方与时间。协议书的开始写明"本协议于××××年××月××日签订"，同时将双方的主要办公地写明。

（2）说明性条款（Whereas Clause）。此部分说明合同签订的背景。先说明业主希望建造一项目，并希望以 EPC 方式按合同约定的条件委托给合格的承包商；然后说明承包商愿意按合同约定条件承担该项目，并具备承担该项目所需的合格人员、资源、技能等条件。

（3）合同文件的组成（Documents Comprising the Contract）。此部分说明组成整个 EPC 合同的文件，并列出各个文件的名称，同时说明所列文件在合同解释时的优先次序。

除列出的文件外，以前双方所形成的其他文件不具备合同效力，都被此处

第3章　国际EPC交钥匙总承包合同框架分析

所列文件取代。

（4）其他关键事项。除了所列组成合同的文件外，有时还列出其他核心事项的简单描述。这些内容可能包括：

1）工作范围的简单描述。
2）项目竣工交付时间以及关键里程碑。
3）甲方供材。
4）拖期赔偿费的每日费率以及最高限额。
5）合同责任限额。
6）合同价格和支付方式❶。
7）合同生效的条件❷。

这些内容在协议书中通常采用交叉引用方式（Cross-reference）来予以说明，在简单说明后一般标明"具体见合同×××部分"。有的合同协议书本身十分简单，对于这些核心事项采用附录的形式来说明。某些内容可能在合同条件中规定，如合同责任限额等。

（5）双方签字盖章。协议书的最后一部分是双方的签字盖章栏。对于国际工程合同，通常由双方法人代表或正式授权代表在协议书上签字即可，同时要求对构成合同的一切文件的各页上进行小签（Initialed）。有的EPC合同除签字外还需要同时盖章。应注意，在某些合同适用的法律下，加盖公章可能承担的合同责任大些。

有些合同的签订，除了签字人外，还需要双方各派一个见证人，并在合同协议见证人一栏（In the presence of）签字。这些见证人一般是某方面的权威人士或公司的其他高官。

具体的协议书格式样例请参见本书附录1（中英文对照）。

3.3　EPC合同条件

合同条件是工程合同中最核心的一部分文件，如前面第2章所述，一般分为通用合同条件和专用合同条件，但在实践中也通常将二者合并一起，统称合同条件。EPC合同条件规定了合同双方在设计、采购和施工等方面的权利、义务以及管理程序。从规定的内容来看，涉及的是概念和关键术语的界定、项目人力资源和组织关系、工期、质量、HSE（健康、安全、环境）、风险与保险、

---

❶ 有的合同价格在中标函中写明，而不在协议书中写明。
❷ 这一部分内容通常见于需要承包商融资或承包商协助融资的EPC合同，所生效的条件主要包括贷款银行、保险公司等对合同的审查和批准，项目资金到位，对于大型项目甚至包括有关行政主管部门审批等。

变更和索赔规定、争端解决方法等。从编制的方式来看，有的 EPC 合同条件比较简单，只有十几条，很多内容是"虚写"，主要是采用交叉引用的方式，就规定的内容指向其他具体的相关合同文件的规定，如工作范围、技术规程、支付计划以及各类附件；有的合同条件则比较复杂，多达几十条，多是"实写"。两种编制方法各有优劣，这主要取决于合同起草者的编制思想。但只要合同的完整性好、内在逻辑结构清楚以及具备很好的可读性，从编制方式上说就是一个好的 EPC 合同。下面我们分析 EPC 合同条件的主要框架内容❶。

1. 总体规定

这一部分常包括定义（Definitions）、合同的目的（Intent of the Contract）以及工作性质（Nature of the Work）等。

定义的术语通常是合同中使用的关键术语，但由于合同双方的背景不同，可能对该术语的理解不一致。为了避免歧义，在使用这些术语前通常对其含义予以界定❷。这些关键术语包括：合同文件、合同双方和其他关键人员、合同价格、日期、工作范围、各类物资、各类计划和管理程序等。

合同的目的就是笼统地规定合同双方的义务，并通常说明组成合同的文件之间是相互关联和互为补充的（Correlative and Complementary）。有的 EPC 合同对承包商的工作规定比较严格，在这部分内容中往往规定，若在合同中出现就同一工作规定不同标准的情况，按最严格的标准执行。即使在合同中没有明确，若执行 EPC 合同时必需任何工作、材料、设备等，也由 EPC 承包商执行和提供。

工作性质主要规定承包商承诺其对履行 EPC 合同的法律、社会、自然环境已经了解，对实施的工作性质和条件也已清楚。

上述规定体现了 EPC 合同的固定总价（Firm and Fixed Lump-sum Price）以及承包商承担工作范围方面风险的特性。

2. 合同价格和支付

这一部分主要说明 EPC 合同价格的性质以及支付方法。一般规定 EPC 合同价格是固定不变的总价合同（Firm and Fixed Lump-sum Price）❸，承包商的投标价格是充分的，包括各类税金❹。除合同明文规定的情况之外，合同价格不因

---

❶ 在实践中，某些 EPC 合同的合同条件与协议书合并在一起，因此可能在该合同中并没有出现"合同条件"这一部分。

❷ 关于合同定义的详细解释，请参阅：张水波，何伯森. FIDIC 新版合同条件导读与解析. 北京：中国建筑工业出版社，2003，3～4.

❸ 在近年来的国内外工程实践中也出现了 EPC 合同采用成本加酬金的方式，见第 9 章 "9.2.1 EPC 合同的价格类型" 的具体说明。

❹ 对于某些 EPC 项目，若业主从政府那里获得了相关免税政策，则可能在合同中规定 EPC 承包商也同样享有这些政策，特别是海关税等。

变化的情况而进行调整。

支付条件规定合同款项的支付方法，包括预付款、进度款和最终结算款支付的时间和条件，详见第 9 章。

3. 设计、采购、施工（EPC）各项工作

在合同条件中，通常只规定设计管理方法、采购管理方法和施工、试运行的管理方法。具体实施此类工作时，需要依据工作范围（Scope of Work）与技术规范（Specifications）、图纸等具体文件的规定。

关于设计，合同条件规定的内容包括：设计实施的地点；承包商设计需要遵循的最低标准（这些标准通常在规范和工作范围中规定）；设计工作流程和业主方对承包商的设计审查程序（有时具体体现在项目管理协调程序文件中），详见第 5 章。

关于采购，合同条件中规定的主要内容包括：承包商就工程所需要的各类物资承担采购责任；业主对采购所基于的规程、图纸等进行审查；货源的限制；承包商采购管理程序；特殊材料设备的采购管理；采购周期长的非标设备制造过程中的检查与检验；试运行以及竣工后某一特定期内工程所需备件的采购规定；采购运输规定；现场接收和储存规定；若合同规定某些物资由业主提供，则规定这些甲方供材（Employer's Supplied Items）交接方法、时间、地点，详见第 6 章。

关于施工，合同条件通常从人员资质、施工方法、法律法规、规范、现场施工的谨慎义务、避免对毗邻财产损害和对人员干扰等方面来规定，但多数情况下并没有集中的条款来专门论述"施工"，而是分散在承包商的进度管理、质量管理、HSE 方面的管理中。若工作范围包括试运行和培训，则在合同条件中可能对试运行和培训的条件、组织、程序以及各方的责任有所规定。

4. 工期管理

合同条件在规定工期管理时，一般是规定合同双方在工期方面的责任。规定的内容包括：竣工时间以及设计、采购、施工的里程碑计划；承包商进度计划的提交；工程开工日期、工程暂停和复工、进度延误；赶工；工期的延长；竣工验收；拖期赔偿费；缺陷通知期（质量保证期）等事宜。

业主对承包商的进度管理是依据合同条件的规定，而承包商具体进度管理的依据则是其根据合同条件各项规定而编制的进度计划。

关于进度管理的进一步论述，详见第 7 章。

5. 质量管理

在合同条件中，一般对质量管理的规定比较简单，这方面的规定通常包括：承包商在实施工程的过程中，在材料设备选用、施工工艺等方面，应依据合同与法律的规定严格遵守相应的技术标准。若合同与法律没有明确的规定，则应

按照良好的国际惯例来实施。承包商应负责相应的质量检查和试验，业主有权在合理的时间对工程进行检查和监督承包商的各项试验工作，对不合格的工作有权要求承包商返工。对于许多项目，如电力、石油化工以及其他工业项目，EPC 合同条件中还有性能保证方面的规定，并进行性能检验（Performance Tests）来证明。此类性能检验一般在工程竣工后期试运行开始并且运行稳定后来进行，以此来测定竣工工程的各项重要参数是否达到合同的规定。

除了合同条件的相关内容外，承包商质量管理工作的具体依据还有项目的总体规范和技术规范、工作范围和图纸等。

6. HSE 管理

近年来，在 EPC 合同中对健康（Health）、安全（Safety）和环境（Environment）（以下简称 HSE）的规定越来越严格。合同的规定一般体现在下列几个方面：

（1）EPC 承包商应就其雇用的项目人员的健康、安全和环境保护方面遵守工程所在国的法律以及 EPC 合同的约束。

（2）EPC 承包商根据法律和合同的要求建立自己的项目 HSE 管理体系，并在业主批准后在项目实施期间严格执行。

（3）EPC 承包商应对项目实施期间有关项目人员、公众的人身和财产安全负责。

（4）EPC 承包商应做好项目的治安（Security）防护工作，并雇用一定数量的专业保安人员。

（5）EPC 承包商应与当地的医疗卫生部门合作，预防流行病及各类传染性疾病的发生，并提供一定的医疗人员和医疗设施，为项目人员提供必要的医疗服务。

（6）EPC 承包商应在项目实施期间采取合理措施，防止对周围环境造成大气、噪声、水等污染，并保证项目的排污指标不超过项目规范和法律规定的最高值。

7. 风险、保险与工程变更

由于工程项目本身的不确定性及其对项目实施带来的费用、工期甚至质量方面的影响，EPC 合同中通常对业主与 EPC 承包商之间的风险责任予以界定，EPC 合同的风险分担原则一般如下：

（1）对于业主自身原因造成的影响，业主承担全部责任，包括工期延长、费用和利润的补偿。

（2）对于 EPC 承包商自身原因造成的影响，承包商承担全部责任，业主方不给予任何补偿。

（3）对于非业主和承包商自身原因造成的影响，在 EPC 合同中约定风险分摊方法（Risk Distribution）。

（4）作为风险管理的一种方法，EPC 合同通常规定对工程进行保险，包括投保方、保险金额、保险条件等内容。

（5）工程变更是对 EPC 合同中所规定的工程特性进行的变动，只有业主下达变更命令（Change/Variation Order）或批准承包商的变更建议书（Change Proposal），承包商才能实施变更，变更的后果责任由业主承担。

这部分的具体内容详见第 10 章。

8. 索赔与争端处理方法

索赔是一种权利主张。EPC 合同中一般对承包商索赔的程序进行了规定。索赔与合同中风险的分担和管理密切相连，只有发生了业主负责的风险事件并对承包商造成了影响，承包商才有权提出索赔。若双方对索赔产生争议，应按争议解决程序处理。

这部分的具体内容详见第 11 章。

除了上述核心内容外，EPC 合同条件中的其他内容还有：适用法律和主导语言、知识产权、履约保函、分包管理。我们将在后面的章节中逐一讨论。

具体的 EPC 合同条件样例请参见本书附录 2。

3.4 EPC 合同中"业主的要求"

在前面的第 2 章 2.2.3 节中，我们对"业主的要求"这一部分内容做了简单介绍。总体来看，这部分内容一般涵盖四方面的内容，即工程目的和工作范围、技术要求、项目控制程序、图纸清单❶。

对于工作范围，主要是需要 EPC 承包商完成的工作内容，其各项工作内容一般按工种列出，并对各工作内容的要求进行描述。在"业主的要求"中，对工程范围的描述有的较为详细，有的则十分粗略，这主要取决于业主前期的工作深度。下面是一个 EPC 项目"工作范围"大纲示例。

1) 序言（Introduction）。
2) 总体工作范围（General Scope of Work）。
3) 工艺作业（Process Activities）。
4) 安装前的现场土建工程（Site Works Pre-installation）。
5) 机械工程（Mechanical Works）。
6) 电气工程（Electrical Works）。
7) 仪表工程（Instrumentation Works）。
8) 控制系统工程（Control Systems Works）。

---

❶ 有的项目包含图纸清单，有的没有。是否列出图纸以及列出多少，取决于业主前期的设计深度。

9）土方、结构和房建工程（Civil，Structural and Building Works）。

10）饮用水供水设施（Potable Water Distribution）。

11）防火与安全（Fire Fighting/Safety）。

12）供热、通风与空调工程（HVAC Works）。

13）喷漆与隔热（Painting and Insulation Works）。

14）阴极保护（Cathodic Protection）。

15）连头碰死口要求（Tie in Requirements）。

16）生产装置的试验、预试运、试运、试投产（Testing，Pre-commissioning，Commissioning，Start-up of the Facilities）。

17）性能试验、保证与设备稳定（Performance Tests and Guarantees & Plant Stabilization）。

技术要求通常是对于工程所需的永久设备的制造（Equipment Specification）、土建/房建（Civil Works/Buildings）和安装（Mechanical and Electrical Installation）中的技术要求，内容主要涉及设计数据（Design Data）、技术规格书清单（Specifications List）、技术标准（Codes and Standards）。在国际工程中，常用的技术标准主要为欧美国家的标准，如 IEC，ASTM，ASME，API，DIN，BSI 等，详见本书附录 5 "国际工程常用技术标准"。

项目控制程序通常是与技术相关的管理和程序方面的规定，也可能包括一些与支付有关的管理程序，这些程序将作为合同双方管理的基础，具体内容一般包括：

1）承包商需要提交的各类文件。这可能包括 EPC 合同的工作分解结构（WBS）；详细的进度计划，包括设计、采购、施工、试运等；承包商内部的项目控制程序与项目组织机构图。

2）承包商需在项目实施过程中提交日报（Daily Report）、周报（Weekly Report）、月报（Monthly Report）的方式❶。

3）承包商在项目实施过程中需要定期提交两周、两月前瞻实施计划（Progress Schedule in a Two Week and 60 Day Look Ahead Format）。

4）承包商应提交一个支付申请的发票格式（Invoice Format Payment Application），并在业主批准后用于支付。

5）对承包商提交的所有计划，若出现变动，则承包商应定期按规定的格式递交更新的信息。

6）承包商应指定专门的进度计划工程师（Full Time Scheduler），并报业主批准。

---

❶ 这三个级别的报告是否都需要提交，主要取决于业主对承包商的控制力度。有些项目业主的管理十分严格，都要求提交；有的则比较宽松，只要求提交月报即可。

7) 项目变更程序。这一程序通常由业主规定，并纳入合同中，或规定由承包商编制，报业主批准后用于项目实施。

项目控制程序有时作为整个合同的一个附件来体现。

"业主的要求"与合同条件是紧密相关的，很多内容是对合同条件中重要内容的具体化与补充。根据国际咨询工程师联合会（FIDIC）的设想，两个部分相关联的内容可能包括如下内容。

1) 业主为项目获取哪些许可。
2) 业主向承包商移交现场以及相关附属物的方法。
3) 现场是否有其他承包商作业以及如何协调。
4) 向承包商提供的基础数据有哪些。
5) 业主是否为承包商提供项目实施所需水电等设施。
6) 业主是否向承包商提供施工设备和免费材料（甲方供材）。
7) 承包商的设计人员应达到的资质标准。
8) 承包商需要提交文件的份数。
9) 承包商需要采取哪些措施来保护第三方不受施工的影响。
10) 对承包商提出的环保要求。
11) 承包商的哪些文件在施工期间需要经过工程师批复。
12) 承包商在实施过程中应遵守的技术标准以及有关法律。
13) 是否需要承包商为业主的人员提供培训服务。
14) 承包商需要提交哪些竣工文件，以及编制这些文件的标准。
15) 承包商编制操作维护手册的标准以及其他要求。
16) 承包商需要向在同一现场作业的业主的其他承包商提供的便利条件。
17) 承包商应进行哪些检验，以及为此类检验提供哪些设备、仪器、人员和样品。
18) 进行竣工后检验的具体方法以及未能通过竣工检验的处罚方法。

关于 EPC 合同的其他组成部分，如承包商的技术建议书、商务建议书等，请参阅第 2 章 2.2.3 节。

3.5 小结

本章讨论了国际 EPC 合同的组成框架，一般包括：合同协议书，合同条件，业主的要求，承包商的技术建议书和商务建议书，各类附件等。它们用来描述拟建工程的技术要求、商务条件和管理条件，作为合同双方的履约依据。但实施 EPC 合同的过程中，业主与承包商有哪些具体权利和义务呢？违反这些义务的后果责任如何？下一章我们将讨论这些问题。

第 4 章 国际 EPC 交钥匙工程
合同双方的义务

本章论述国际 EPC 合同中业主与承包商的义务。业主的主要义务包括：支付、提供现场、提供工程资料数据、给与合作以及及时下达指令、答复和告知。承包商的主要义务包括：就工程的设计、采购、施工等方面，按期完工义务、质量保证义务、以恰当方式履约义务等。

4.1 概述

如前所述，国际工程合同是合同双方为实现该国际工程项目的特定目的而签订的协议，合同中确定双方权利和义务。具体到 EPC 合同，就管理目标而言，业主与承包商各自享有终极的"静态权利"（Rights），即业主有权"及时得到竣工的工程，投产运营并获得投资收益"，而承包商有权"按时获得相应的工程款支付，实现其工程承包经营的目的"，合同双方同时承担与其权利相对应的义务（Obligations），也就是国际工程中常说的"The Employer gets what he has paid for and the Contractor gets paid for what he has done."。就管理过程而言，合同双方在项目实施过程中各自享有相应的"动态权力"（Power/Authority），我们可以将这类权力划分为决策权、执行权、监督权、建议权、知情权等，这些权力根据合同约定在双方之间分享，双方就各自享有的权力承担相应的行为职责（Duties）与责任（Liabilities）。这些权利和义务、权力和职责、责任分别体现在项目的设计、采购与施工（EPC）过程中。

为了实现双方的权利，同时他们又必须履行合同中约定的各自的义务。鉴于权利与义务的相对性，即合同一方的义务往往是另一方的权利，本章主要论述在国际 EPC 合同中合同双方的主要义务和责任。

4.2 业主的义务

从国际工程合同的基本原理来看，业主的义务可以分为两大类：一类是按合同约定，提供"承包商实施工程所需要的条件"；另一类为"不得无故妨碍承包商正常作业"，即业主在整个项目实施过程中的管理不得构成"过分干预"或"不作为"。前一类义务主要来自于合同双方为完成项目而进行的"分工"，如提供项目现场以及支付工程款；后一类义务主要来自于对"业主过分滥用监督权的行为"或"对承包商的合理要求不响应"的适当约束，如业主对工程某部分进行检验时应提前通知承包商，以及承包商就雇佣分包商名单提出申请时业主不得拖延答复。

4.2.1 业主的支付义务

支付是业主的一种核心义务，他不但有义务支付整个合同价格，包括项目执行过程中因变更等原因而增加的各类调整款项，而且还必须按规定的时间与方式支付。一般说来，业主支付的工程款分为三类。

1) 预付款（Advance Payment/Down Payment）。
2) 进度款（Interim Payment/Progress Payment）。
3) 最终结算款（Final Payment）。

对于 EPC 合同，常常采用里程碑付款形式，合同中包含一份里程碑支付计划表（Milestone Payment Schedule/Schedule of Payments），规定每达到一个里程碑业主须支付的合同款百分数。

无论采用哪一类付款形式，若业主没有履行合同支付义务，则应承担以下责任：

（1）应对到期未支付款项（Overdue Payment）支付承包商一定的融资费（Financing Charges），包括利息和各类手续费。利息的收取一般按约定的商业银行短期贷款利率再加上一个固定值，如 LIBOR（伦敦银行同业拆借利率，London Interbank Offered Rate❶）再加 2%。有的合同则约定支付货币所在国中央银行颁布的年贴现率外加三个百分点，且按月复利进行计算❷。

（2）若到期应支付款项发生拖欠，EPC 承包商享有降低工程进展速度或暂停工作的权利，后果责任由业主承担。

（3）若拖延时间较长，如到期付款后 42 天内仍不支付❸，承包商有权终止合同，后果责任由业主负担。

关于业主的支付义务的其他详细规定，请参阅第 9 章。

4.2.2 业主向承包商提供现场占用权和通行权的义务

现场的征地（Land Requisition）是业主的另一项基本义务。在土地征用后，业主按合同约定，将现场用地提供给承包商占用（Possession of Site），同时赋

---

❶ 伦敦同业拆借利率（LIBOR）有 3 个月、6 个月、9 个月和 1 年的利率，在合同中应约定清楚。
❷ 见 FIDIC 1999 Conditions of Contract for EPC/Turnkey Projects Sub-clause 14.8［Delayed Payment］（FIDIC 1999 年版 EPC 交钥匙项目合同条件第 14.8 款［拖延的付款］）。
❸ 见同上页②中 Sub-clause 16.2 与 Sub-clause 16.4。

予承包商进入现场的通行权（Right of Access）。

就此类业主义务，合同中通常约定的具体方面包括：①给与现场占用权的时间；②给与现场占用权的方式；③未及时给与占用权和通行权的后果。

1. 给与现场占用权的时间

该时间一般在合同中的专用条件或业主要求中专门约定。有时由于业主对完成征地的时间没有把握，在合同中没有给出明确的时间规定。此情况下，业主给与现场占用权的时间应在开工日期之前。

2. 给与现场占用权的方式

如业主不能完成现场用地的全部征收，他可以分若干次部分地给与承包商占用权，若没有规定具体时间，则分期给与专用权以不影响承包商的总体工程进度为条件。承包商的总体进度的界定以业主批准的工程进度计划为准。

合同中一般规定业主给与承包商的占用权是否是排他性质的（Exclusive Possession），即：在 EPC 承包商在现场实施工程的同时，是否有其他承包商或业主人员在现场从事 EPC 合同外的工作。对于业主的大型复杂项目系统，业主可能分几个合同包来进行发包，此时在合同中通常明确规定某个 EPC 承包商对项目现场并没有专用权。在此情况下，EPC 承包商有权要求业主澄清其他承包商的项目工作计划，以便做出相应的安排。

若合同中对所提供的现场占用是否是专用没有明确的规定，则应认为，即使允许其他人员使用现场，他们的使用也不能对 EPC 承包商的工作构成影响，否则业主应承担相应责任。因为这违反了国际工程界所谓的"充分占用权"（Adequate Possession）原则。

有时业主为了避免这方面的责任会在合同中规定，承包商应与现场可能同时工作的其他承包商保持合作与协作，业主不承担相互干扰带来的后果。这一规定有时被称为"无赔偿条款"（No Damage Clause）。

3. 未及时给与现场进入权和占用权的后果

由于提供现场进入权和占用权是业主的核心义务，若业主违反该义务，承包商可就下列三个方面提出索赔：

1) 延长工期。
2) 追加费用。
3) 补偿利润。

但应当注意，在国际工程中，业主通常不提供"三通一平"等条件。业主提供的通常是承包商"进入项目现场的权利"（Right of Access to the Site），但并不保证进入现场的道路是否适宜承包商进出项目现场，甚至也不保证是否有可用的通往现场的道路，详见 4.3 节"EPC 承包商的义务"。

4.2.3 业主向承包商提供工程资料与数据的义务

承包商实施项目需要大量的基础数据和资料，其中很多都应由业主来提供。就工程资料和数据的提供而言，EPC 合同通常规定业主的义务和责任如下：

（1）业主在招标期间主要是通过招标文件就项目现场的地质、水文和环境等情况向承包商提供他掌握的一切项目资料，不得隐瞒。

（2）即使在承包商中标后和项目实施期间，只要业主后来又获得了后续项目现场的相关资料，也应提供给承包商。

（3）就工程本身的规定，一般在"业主的要求"中，业主必须明确提出项目的预期目的以及工程竣工验收的测试与性能标准。

就业主提供的项目现场资料和数据而言，业主对相关数据和资料的准确性、完整性和充分性不承担责任。这些资料由承包商负责解释，并根据自己的解释来确定其技术方案。

就业主提供的工程本身的数据而言，业主应对其正确性负责。一般来说，业主负责的范围除了上面（3）中的内容，还包括业主提供的但承包商无法核实的数据，如某些坐标点等。若此类数据出现错误，业主承担后果责任。

上述是国际工程中的一些常用原则。当然，针对业主提供的任何资料或数据，合同双方可以根据项目的具体情况来约定各自的责任，在不违背法律的情况下以约定的为准。

4.2.4 业主向承包商提供协助与配合的义务

在承包商实施项目的过程中，需要很多对外协调，为了使承包商高效率的工作，在国际工程合同中通常要求业主在许多方面给与承包商协助，主要包括：

（1）协助承包商获得其需要的各类许可证与相关部门的批复，如承包商人员出国签证（Visa）、当地工作许可证（Work Permit）、特殊工种工作许可证（如一些爆破危险工作，通常需要当地警察局与劳工部门联合批准）、物资进口许可证（Import Permit）、对某些特殊设施设计方案的行政审批等。

但应当注意，有些批准必须是业主自己负责办理的，而不是协助承包商办理，如项目的总体规划许可等。在合同的相关条款中，应约定有关项目执行过程中的各类行政批准的申请手续由何方办理。若法律规定了哪一方负责办理，则按法律的要求执行。

（2）合同中要求承包商在实施项目的过程中要遵守当地的各类法律。鉴于业主比承包商更熟悉当地环境，合同通常要求业主协助承包商获得与实施工程相关的政策法规，如劳动法、文物保护法、税法、海关法、环境保护法等法律文件。

(3) 在安全、环保等方面，业主应约束其人员与承包商保持合作，配合承包商的工作，遵守承包商制定的项目安全和环保的各项规定。若业主在项目现场同时雇用了其他承包商实施其他工作，则业主也应要求其与承包商保持合作。

4.2.5 业主的其他义务

除了上面的核心义务外，业主还有下列义务：

（1）业主对承包商的保障义务。若由于业主负责的原因导致承包商遭到其他方的索赔，业主有义务赔偿承包商相关损失，包括处理该索赔的律师费和其他开支。

（2）及时答复义务。在 EPC 项目执行过程中，许多工作需要得到业主的指令、批准或答复才能执行，若业主对此拖延，则会影响项目的执行。因此，业主一般对承包商的申请或要求有及时下达指令、给与答复的义务。任何此类答复都不得无故被延误或扣发。

（3）告知义务。针对项目执行中的某种情况，在承包商要求时或业主应主动告知承包商。如在承包商要求时，通知承包商项目资金到位。当业主负责保险时，应将办理保险的情况以及保险单告知承包商等。

（4）任命代表义务。若业主为法人，它有义务任命一个业主代表（Employer's Representative），代表业主来管理和协调承包商的工作。

（5）提供辅助设施义务。在有些 EPC 项目中，若合同规定业主在提供项目现场的同时还应提供一定的附属设施或条件，如关于水、电、气等临时设施的接口条件、进场通道的条件等，则业主同样应履行此类义务。

同样，若业主违反上述义务，承包商有权寻求其他补救措施，并可向业主提出工期与经济方面的索赔。

4.3 EPC 承包商的义务

EPC 承包商是项目参与各方中最重要的一方，它负责项目的总体实施，完成项目的设计、采购、施工，甚至试运行。除按合同约定提供的各类条件外，EPC 承包商还应提供完成项目所需的其他一切物资和条件。承包商不仅有义务按期、保质地完成工程本身，而且还应保证在项目执行过程中其实施方式正确、恰当，不得危害业主、项目其他参与方、公众、雇员等方的利益，不得对环境造成损害。下面我们分别论述承包商的这些义务。

4.3.1 完工义务

对于 EPC 交钥匙项目而言，业主采用这种承包模式的根本目的是希望在合同结束时承包商能提供一套"完整的设施",使得业主"从 EPC 承包商手中接到钥匙后就可以直接运营该工程"。因此,对于 EPC 合同而言,业主往往更强调承包商"完成工程的义务"。此类完工义务通常包括下列含义:

(1) 承包商必须完成合同明示或必然隐含的各类工作。

(2) 承包商有义务接受业主指令去实施工程,若指令改变了原工作范围,可以按变更处理。

(3) 承包商依据合同文件,尤其是"业主的要求"中的规定,完成工程的设计深化（Design Development）,以满足项目的采购、施工以及试运行的要求。

(4) 承包商按照合同规定的技术标准、业主批准的承包商的各类技术和管理文件完成工程施工和试运行。

(5) 采购安装到工程中的一切配套设备和施工所需材料。

(6) 自行提供实施工程所需的各类施工机具,包括采购与租赁。

(7) 自行雇用自己一方实施项目所需的一切人员,包括管理人员、技术人员和工人。

(8) 编制工程实施所需的各类项目管理程序文件。

(9) 编制各类工程竣工文件,包括操作维护手册。

(10) 完成缺陷通知期/维修期内发现的任何缺陷的修复工作。

若承包商不履行上述义务,则业主有权利提出其他补救措施,并对承包商提出反索赔（Counter-claim）,承包商按合同或法律规定承担其后果责任。

4.3.2 质量保证义务

EPC 承包商不但应完成合同所规定的全部工作范围,而且必须保证工程的质量。其质量保证义务主要体现在以下方面:

(1) 所竣工的工程必须符合"业主的要求"中所定义的预期目的（Fit-for-Purpose）。

(2) 竣工的工程必须达到竣工验收的各项标准（Criteria for testing and performance）以及性能保证（Performance/Functional Guarantee）中规定的各类指标。

(3) 建立项目的质量保证体系,并提交业主备案或审查。

(4) 有义务接受业主方对承包商的设计进行审查。

(5) 有义务仅从合同中规定的供货商/厂家名单（Vendor List/Manufacturer List）中采购所需要材料和设备。

(6) 有义务接受业主方对各类材料样品质量进行检验。

(7) 在实施过程中有义务接受业主方对材料和设备采购货源、加工制造工艺进行监督、检查。

(8) 除非合同明文规定,只能在项目中使用无害材料（Non-hazardous Ma-

terials)。

(9) 有义务接受业主方按合同约定进行施工检查。

(10) 若合同无规定,则必须采用良好的行业惯例。

对于承包商违反质量要求的情况,业主有权要求其限期补救,承包商有义务对业主方拒绝的不合格的工作进行返工,直至符合合同要求。若承包商无视业主方的指令,无故拖延修复缺陷,业主有权雇用其他承包商来修复,费用由EPC承包商承担。若最终验收不能达到某项指标,可以要求承包商修复,也可以根据该缺陷对业主的影响程度,按约定或商定赔偿业主一定的费用,如合同价格的10%等。

4.3.3 工期保证义务

除了质量之外,工期也是业主方关心的主要因素。合同一般明确规定了工程竣工的时间。就工期而言,承包商的义务通常包括:

(1) 承包商必须在规定的工期内完成工程、各类文件的编制以及竣工检验、试运行等工作,否则应承担合同约定的拖期延误赔偿费。

(2) 承包商在收到开工通知后,应在合理的前提下尽快开工,并在之后以恰当的速度实施工程的设计、采购和施工等工作。

(3) 在开工日期之后,承包商应编制并提供给业主一份详细完整的工程进度计划,包括设计文件报批的审核计划安排,各项工作实施的顺序,工程采购、施工中的各类检查、检验的顺序和时间安排。此进度计划应根据实际进度进行不断的调整与更新。

(4) 若在工程实施过程中业主认为承包商的实际进度太慢或实际进度落后于计划进度,则承包商有义务制定赶工计划,报业主后进行赶工。

(5) 承包商有义务向业主提交月进度报告(Monthly Progress Report),但随着项目管理的信息化程度越来越高,在当今的实践中有时还要求承包商提供周报(Weekly Progress Report),甚至日报(Daily Progress Report)。

当然,若工期延误是业主自身原因或其负责的原因引起的,则承包商有权索赔工期,详见第10章。

4.3.4 合作义务

合作是现代工程合同中所倡导的一种先进理念,有助于合同双方圆满地实施工程。与前面所述的业主的合作义务类似,承包商在项目实施过程中对业主方也有合作义务,主要包括:

(1) 与业主方人员在现场中的工作保持配合。

(2) 与业主雇用的其他承包商在现场上的工作保持配合。

(3) 与在现场或附近工作的合法当局人员的工作保持配合。

(4) 此类配合包括给与他们合理的工作机会以及协助。

(5) 给与配合的依据是合同规定或业主方的指令。

当然，若承包商提供的配合工作超出了 EPC 合同的工作范围，则承包商有权要求业主将此视为变更命令，并对其进行补偿。

4.3.5 以恰当方式履约义务

对于 EPC 合同来说，不仅要求承包商提供的最终产品符合合同要求，而且其实施的过程必须以恰当的方式来履约，目的在于项目的实施不影响项目其他利害攸关方（Stakeholders）的利益。承包商的这一义务包括：

(1) 遵守工程所在国的各项法律。

(2) 选派专职项目经理，作为履行项目的承包商的全权代表，对项目的实施过程进行管理。

(3) 保证其实施工程过程中的实施方式的安全性、稳定性、完整性、充分性、恰当性等。

(4) 承包商的现场作业应控制在现场区域以内，若需要另外作业区域，应自费获得土地所有人的同意。

(5) 保持现场的井然有序，材料设备应妥善储存或堆放，各类废弃物必须清理出现场。

(6) 承包商在项目实施期间对整个现场承担照管责任。若项目财产遭受损害，除业主负责的风险导致的情况外，承包商承担相关责任。

(7) 职业健康方面，承包商应提供劳保福利，在现场提供恰当的医疗设施和医护人员，并针对流行病提出防护措施，为其项目员工提供安全卫生知识培训，同时与当地医疗机构合作，必要时寻求其帮助。

(8) 安全方面，承包商应遵守各类安全规章制度，指派专业的安全工程师，消除现场中存在的危险源，在现场提供各类安全设施和服务，如照明、围栏、守卫等，保障项目人员的安全，同时也应保障公众的生命与财产的安全不受项目实施的影响，也不得因项目的作业影响公众的正常生活和工作。

(9) 环保方面，承包商有义务采取各类合理措施，保护现场内外的环境，避免因项目实施对环境的破坏，包括尽量减少噪声、废物、废气排放等，其环保标准不低于法律和合同要求。

(10) 为保证其恰当履约而提交各类担保或保证，如履约保函、母公司担保、预付款保函、保留金保函等。

(11) 按合同约定，为工程的实施办理保险，保证项目因风险发生而遭受的损失得到资金补偿，从财务方面能够支持项目顺利进行。

4.3.6 其他义务

除了上述主要义务外，根据 EPC 项目的具体情况，承包商通常还需要履行下列义务：

（1）接受业主变更指令的义务。若业主根据项目的具体情况按合同规定的程序对原工程要求进行变更，则承包商应执行变更命令，但合同工期和费用应相应调整。

（2）承包商对业主的保障义务。若由于承包商负责的原因，如设计不当、施工不妥、渎职等，导致了业主遭到其他方的索赔，承包商有义务赔偿业主相关损失，包括处理该索赔的律师费和其他开支。

（3）对分包商承担管理义务，同时就分包商承担的工作向业主负责。在雇用分包商以及安排分包商在现场工作时有义务通知业主一方，若合同约定须经过业主批准，则需要等待业主批准后才能雇用相关分包商。

（4）若无正当理由反对，承包商应接受业主指定的分包商。

（5）负责进场线路的选择。

（6）对项目所需的进出现场的临时通道或特别通道，承包商应自行去获得路由权（Right of Way）并支付相关费用。

（7）保密义务。除工程实施必需的和业主批准的情况外，承包商有义务对涉及工程的各个方面进行保密。

（8）保证对分包商、供货商的恰当支付。有的 EPC 合同规定，承包商在申请最终支付时同时提交一份宣誓书（Affidavit），保证 EPC 承包商就项目实施已经付清了所有分包商和供应商的款项。

4.4 小结

本章论述了业主和承包商各自的主要义务，这些义务可分为项目终极目标和项目实施管理方面两个层面，覆盖了项目的设计、采购、施工等全过程，包括付款、工期、质量、健康、安全、环保、沟通等方面。双方这些义务的体现形式是 EPC 合同中的明示规定（Express Terms）和隐含规定（Implied Terms）。明示规定通常反映在 EPC 合同具体措词之中；隐含规定除了体现在合同之外，还反映在各类相关的法律和行业惯例中。本章所述的只是国际工程的惯例做法，合同各方的具体义务需要在 EPC 合同中具体化和明确规定。本章综述了 EPC 双方的总体义务，但完成这些义务需要双方良好的外部管理与内部管理。下一章我们将详细论述国际 EPC 合同管理中的一个核心部分：设计管理。

第 5 章　国际 EPC 交钥匙工程的设计管理

本章首先介绍了国际上的设计管理的总体做法，然后从两个层面论述国际 EPC 项目中的设计管理：一个层面是基于 EPC 合同，业主与承包商之间的管理关系，即业主如何对承包商的设计进行管理；另一个层面是承包商内部的设计管理，即承包商在内部如何建立自己的设计管理方法和程序。

5.1 设计管理概述

工程建设项目的设计，是指根据建设工程的要求，对建设工程所需的技术、经济、资源、环境等条件进行全面与详细的安排。它是一个分析、论证、编制设计文件的综合活动。由于国际上各个国家的工程建设管理制度有所差异，对设计的划分与叫法也多种多样❶。但根据建设项目的大小与复杂性，一般可分为两阶段设计与三阶段设计。对于普通的民用工程项目，习惯上分为初步设计（Preliminary Design）与施工图设计（Working Drawings Design）。对于工业项目和较复杂基础设施项目，有时在这两个阶段之间增加一个技术设计（Technical Design）或扩大的初步设计（Expended Preliminary Design）。在英美，一般将设计分为三个阶段：概念设计（Conceptual Design）、基本设计（Basic Design）与详细设计（Detailed Design）。具体到某些行业，其设计过程划分和叫法也有一定差别，如在石油石化行业，通常将设计阶段划分为工艺设计阶段（Process Design Phase）、基础工程设计阶段（Basic Engineering Design Phase）和详细工程设计阶段（Detailed Engineering Design Phase）。近年来，在详细工程设计开始前，还必须进行 HAZOP 分析和 IPF 审查❷，此类审查必须由具备相关资质的国际专业机构和人员进行，并根据其意见对前期的工艺流程与技术方案修改后才能开始下一阶段的详细设计。

---

❶ 如：项目设计（Project Design），总体设计（General Design），初步设计（Preliminary Design），扩大的初步设计（Expanded Preliminary Design），技术设计（Technical Design），施工图设计（Working Drawings Design），建筑设计（Architectural Design），工艺设计（Process Design），土建设计（Civil Design），概念设计（Conceptual Design），方案设计（Schematic Design），基本设计（Basic Design），详细设计（Detailed Design）等。

❷ HAZOP 为 Hazard and Operability Study 的缩写，意思是"危害和可操作性研究"；IPF 为 Instrumented Protective Function 的缩写，意思是"仪表防护功能"。

就国际工程承包而言，设计是工程建设的"龙头"，是工程采购和施工的基础。设计工作的好坏对工程的质量、费用以及进度起着决定性的作用。在 EPC 交钥匙总承包模式下，由于承包商主要负责工程的设计，因此业主对承包商的设计管理成为业主方的一项重要工作内容。对 EPC 承包商而言，其良好的设计管理则是顺利实施后续的采购和施工工作的前提。

5.2　EPC 合同下业主对承包商设计工作的控制

理论上讲，采用 EPC 合同模式，一个最大的优点是减少了业主的管理负担，但同时业主对 EPC 承包商的整体控制力度有所降低。由于设计工作的重要性，在实践中，业主一般在 EPC 合同中都对承包商的设计工作应遵循的技术标准与管理规则进行严格的规定，并对承包商的设计成果进行审批（Review or Approval）。

5.2.1　EPC 合同中有关设计工作的规定

关于设计的规定，一般在 EPC"合同条件"、"业主的要求"、"工作范围"以及"技术规程"或其他相关文件中进行规定，主要涉及设计范围、设计依据和技术标准、设计文件检查和审批、设计责任、竣工文件的编制等方面。

1. 设计范围

根据业主前期的工作深度，业主通常在采用 EPC 合同的策略中有不同的工作设想。有时业主前期工作极少，这种情况下承包商承担的设计范围就大；若业主前期的工作比较深入，甚至完成了初步设计，则承包商的设计范围仅仅限于施工图设计。FIDIC 对 EPC 交钥匙合同模式下业主与 EPC 承包商各自的设计安排有如下设定：

（1）业主完成概念设计（Conceptual Design），并将设计成果包括在作为合同文件一部分的"业主的要求"中，目的是向承包商表明工程的目的、功能要求和技术标准。此阶段业主投入的设计工作量大抵占总设计工作量的 10%。

（2）承包商在投标阶段根据招标文件的要求完成初步设计（Preliminary Design），并将初步设计方案作为投标文件的一部分提交给业主。至于完成的具体设计深度，业主应在投标人须知中详细说明。

（3）在项目实施过程中由 EPC 承包商负责完成最终设计（Final Design），这又分两类：一类是总体布置图（General Arrangement Drawings）的设计，另一类是施工详细图纸（Detailed Drawings）的设计。

但有时在实践中做法与上述的设想有所偏差。由于要求在投标阶段完成初步设计对承包商来说需要投入很大工作量，若投标人认为投标人多、竞争激烈、中标的可能性不大，可能不愿意参加此类投标。另外，这种要求也可能使投标时间很长。因此,在实践中,不一定非得要求投标人完成整体的初步设计,而是能达到确定关键的技术方案以及重要设备选型的深度即可,但需要要求投标者在其投标书中描述清楚中标后实施设计的各类程序和措施。

2. 设计依据和技术标准

设计的依据是 EPC 合同关于设计的要求,具体包括:

(1) 业主前期的设计成果文件。
(2) 工程所在国的技术标准。
(3) 合同约定的技术标准。
(4) 与工程建设相关的法律,如建筑法、环境法、产品法等。
(5) 良好的设计惯例 (Good Engineering Practice)。

由于一个工程涉及众多的技术规范与标准 (Codes and Standards),某些规定可能不一致甚至矛盾。EPC 合同有时规定,若对同一问题的规定不一致甚至矛盾时,承包商应按最严格的规定或按业主方的规定执行。因此,我国设计人员应对各类标准进行掌握、熟悉和了解,以免在这方面出现失误。

3. 设计文件的检查和审批

在国际 EPC 合同执行过程中,业主对承包商设计文件的审批是业主对承包商设计工作质量的一种控制方式,也已经成为国际工程中的一个习惯做法。国际 EPC 合同对此通常有下列规定:

(1) 业主有权对承包商编制的与工程相关的任何文件进行检查。
(2) 若合同要求某些文件需经过业主审批,承包商应提交业主或业主委托的监理公司进行审批。
(3) 业主应在规定的时间内进行审查,若认为有问题,可以提出,供承包商修改。
(4) 承包商在业主批准前或审核期满前不得将该图纸和文件用于工程实施。
(5) 若承包商对业主已经批准的文件希望再修改,则仍需报业主方审批。
(6) 承包商的设计成果文件应按合同规定的语言编写。

但在具体的实践中,上述关于设计管理的规定还不充分,容易产生问题。就设计的批复时限来说,FIDIC 规定的是 21 天,世界银行规定的是 14 天。实际上,由于不同的文件复杂程度不一,有时业主审核需要的时间长,有时文件很简单,业主审核需要的时间比较短,因此在合同中可根据不同类型的文件来规定具体的审核期,这样更为合理。

除此之外,还应对业主方审批的次数有所限制,否则可能造成一份文件反复多次审批,拖延最终批复的时间。在国际工程中,习惯将业主批复一次作为一个版次,因此在合同中可以约定业主最多批复的版次。

另外,对于设计相关的各类图纸与文件,也不一定都需要业主方审批,毕竟承包商对设计负最终责任。因此，可以在合同中只对重要文件进行审批。

因此，从设计管理的操作性来讲，还应在合同中或相关的设计管理协调手册中就下列文件规定清楚：

(1) 将承包商整个设计阶段的文件归类。

(2) 规定哪些文件只是提交，供业主知情。

(3) 哪些文件需要业主审议，审议期限。

(4) 哪些文件需要业主批准，批准期限。

(5) 设计文件审议或批复的最终循环次数。

4. 设计责任

从根本上来说，在 EPC 合同下，承包商负责设计，因此在此类合同模式下承包商是设计责任的主要承担者，即若设计出现问题，由 EPC 承包商承担责任。但由于在合同签订前业主已经有一些前期的设计成果，并通常将其包括在合同中，业主也需要承担部分责任。双方对设计的责任划分在合同中通常规定如下。

业主负责的范围：

(1) 合同规定不可更改的，或由业主负责的数据、信息等。

(2) 工程预期目的的定义。

(3) 竣工检验标准和性能标准。

(4) 承包商无法核实的内容。

(5) 若合同执行过程中合同规定的规范或标准改变了，若法律或业主规定按新标准执行，则应按变更处理，由业主承担此类后果。

EPC 承包商负责的范围：

(1) 承包商对业主前期设计成果承担审核责任。

(2) 除特殊说明外，承包商应对业主招标前所做的相关设计成果的正确性负责。

(3) 业主对承包商设计文件的审批不解除承包商的责任。

(4) 若承包商的设计文件中出现错误，承包商应自费改正。

从上面设计责任划分来看，承包商是设计责任的主要承担者，这反映出 EPC 合同"交钥匙"的性质。

5. 竣工文件和操作维护手册的编制和提交

EPC 合同对竣工文件的编制与提交的规定一般如下：

(1) 承包商编制详细的竣工记录，并在竣工检验之前按合同规定的份数提交给业主。

(2) 承包商还应提交竣工图纸，由业主审核。

(3) 竣工图纸的编制规格须经业主的许可。

(4) 接收证书签发之前，承包商应按合同中规定的份数和格式提交给业主。

（5）竣工试验开始之前，承包商应提交临时操作维护手册，其详细程度应满足操作、维护、拆卸、重装、调整等工作的需要。

（6）承包商在获得工程验收证书之前，必须将正式的操作维护手册和其他规定提交的手册提交给业主。

5.2.2 关于 EPC 合同中设计规定的几点讨论

虽然大多数 EPC 合同对设计管理都有明确的规定，也都涉及了上述各个方面，但仍不太完备，不能满足实践的需求，容易形成争执。下面就几个常出现的问题加以讨论。

1. 设计标准问题

由于技术标准的选择对工程实施的难度以及工程造价的影响很大，在合同谈判时我国的对外工程公司对采用哪些设计规范和标准一定要慎重。若对某些规范和标准不能很好地掌握、不能转化，或找不到熟悉此类规范和标准设计的分包商，则应在谈判时要求采用我国熟悉的标准。一般 EPC 合同都规定，若合同对某些标准没有规定清楚，则采用"良好的设计惯例"，对于此类措词，在实践中通常被认为是国际上欧美国家的常规做法。

可以说，就国际 EPC 工程总承包而言，我国工程界一直认为，我国工程公司进一步成功开拓国际市场的主要瓶颈有三个：一是资金问题；二是综合管理水平和整体控制能力；三是技术标准问题。但就目前来看，资金已不成问题，我国公司的总体管理水平也在日益提高。而迫切需要解决的问题就是技术标准问题，可以说技术标准是目前制约我国工程公司的一个最大瓶颈。可以考虑从两个方面解决此问题：一是组织我国技术人员尽快学习国际工程中常用技术标准；另一个是，从长远来看，必须使我国的技术标准国际化。而作为将我国技术标准推向国际化的第一步，应尽快由国家主管部门牵头，组织行业内的专家将我国的技术标准翻译出来，使我们国家的技术标准拥有正式和权威的"英文版本"❶。

2. 设计责任问题

设计责任的划分是 EPC 合同中的一个敏感问题。首先，承包商应当注意，大多数 EPC 合同通常规定，承包商对业主前期的设计成果在投标前有审校义务，有的合同甚至要求承包商为业主在项目前期勘察设计成果的某些内容的正确性负责。若合同如此规定，EPC 承包商必须高度重视前期的设计审校工作，并争

---

❶ 笔者参加的多次国际工程 EPC 总承包的谈判中，当我们提到工程采用我国的技术标准时，对方要求我们提供英文版本，供他们参阅，由于我们无法提供英文版本，对方以不能了解我们的标准为由，拒绝接受我们的要求。

取较长的签约前的准备期。但有时承包商对EPC合同中的此类规定往往难以接受，经常在签约谈判时陷于僵局，并且即使承包商接受了，这样的做法可能因违背某些法律规定使此类业主的免责条款无效。为了规避法律以及便于承包商接受设计责任，在实践中衍生了不同的做法。例如，对于议标项目，业主可能与承包商签订两阶段合同。第一阶段主要让EPC承包商提供前期的勘察设计技术服务；第二阶段，由承包商根据勘察结果以及业主的要求对工程（包括设计、采购、施工）进行一揽子报价，然后要求承包商为整个合同的设计全部负责。若前期的勘察设计由业主委托其他公司进行，则可以在EPC合同约定中以"Novation"的方式将设计责任转给EPC承包商。所谓"Novation"就是业主要求EPC承包商接受业主前期雇佣的设计公司作为其承担EPC合同的一个联合成员或设计分包商。就业主与EPC承包商之间而言，除特别规定外，EPC承包商承担全部设计责任；但就EPC承包商内部而言，其成员根据分工分别承担各自的责任，即被转让过来的设计公司对EPC承包商承担设计责任。

3. 设计审批争议问题

在实践中，往往出现这种情况，承包商认为某设计方案符合要求，但业主有不同意见，拒绝批准该图纸或文件，从而导致争执。这种情况下如何处理呢？首先，对于业主的审批人员来讲，若对承包商的设计文件不批准，则应指出问题所在以及不批准的具体原因。这些原因应该是违反合同的某些具体要求或不符合"良好的设计惯例"，不批准的理由应该具体、有依据，不能单凭主观臆断。另外，对出现问题的地方，可提出修改建议，不能硬性地要求承包商必须采用某种方案等，即：业主的设计审批人员有权依据合同否决，但不能要求采用某方案，否则其要求可能构成"变更指令"，导致承包商索赔，并且业主应为此方案的恰当性和正确性负责，否则让承包商接受业主提出的设计方案并为之承担责任，对承包商是不公平的。对于承包商来说，其设计应遵循合同的各项规定，若不消化合同关于设计的各项要求，而只是依靠以前的设计经验，则常常得不到业主审批，甚至导致整个设计重新进行的情况。但另一方面，也不要被动的接受业主设计人员对设计方案提出的各项要求。若业主否决某项方案，而又不能提出合同的依据与合理的解释的话，则可以将业主的要求视为变更命令，有权提出补偿要求。若形成争议，按合同争议程序解决。

4. 设计文件的知识产权问题

知识产权问题在国际工程承包中日益受到关注，EPC合同尤其如此，因为此类合同通常会涉及各类原创的设计方案与各类技术文件。相关设计成果的产权归属问题也是合同谈判中的一个重要问题，对于工业项目尤其如此。一般来说，在合同执行过程中业主签发给承包商的文件版权（Copyright）归属业主，这些文件包括业主前期的项目方案、各类图纸等。除非合同另外有明确约定，承包商在项目执行过程所编制和制作的文件版权一般应归属承包商,但业主方可以为工程之目的使用。FIDIC 在其 1999 年版的 EPC 交钥匙合同条件中规定如下。

就承包商一方的设计成果文件:
(1) 承包商的文件版权归承包商。
(2) 承包商给予业主方使用、复制、对外交流以及修改此类文件的免费许可证。
(3) 许可证有不可终止性、转让性以及非排他性。
(4) 许可证使用的时间范围为相应工程部分的使用或预计寿命,以较长者为准。
(5) 许可证可使合法拥有该工程相关部分的人有权为完成、运行、维护、修复、拆除该部分而复制,使用或披露给他人。
(6) 如果承包商的文件是计算机程序或软件,该许可证允许在现场或合同中涉及的其他地点的计算机上使用。
(7) 如果用于本款规定以外的目的,则业主方在使用、复制、披露承包商的文件之前需要征得承包商的许可。

就业主一方的设计成果文件:
(1) 业主对其披露给承包商的各类文件保有版权和其他类型的知识产权。
(2) 承包商为了实施合同可以自费索取、复制、使用这些文件。
(3) 如果用于合同目的之外,则必须经过业主方许可。

5.3 EPC 承包商内部的设计管理

对于国际 EPC 工程,在项目开始前期,承包商应集中力量来进行设计管理。承包商首先根据业主方提供的基础数据和资料,按工程的具体各类标准和要求确定设计的基本管理思想,使设计工作保持连续性,进行合理的交叉,并将采购工作纳入总体设计程序。其具体工作包括设计的组织、计划、控制和设计输出管理。

5.3.1 承包商内部的设计组织与计划

1. 设计组织

EPC 承包商项目设计部是完成 EPC 项目设计工作的临时性组织,其组建有两种情况:若 EPC 承包商本身为以设计为主的工程公司,则项目的设计经理可以从自己公司内部派出,专业设计人员可从相应的部室来派出;若 EPC 承包商自己没有设计能力,需要雇用设计分包商,则应以 EPC 合同的要求为依据,签订完善的设计分包合同，并对设计分包商提供的项目设计团队的组建和人员提出具体的要求，设计经理可由设计分包商承担，但须接受 EPC 项目经理的直接领导和管理。

项目设计组织的一个核心工作就是选择恰当的设计经理，并赋予其相应的管理权与职责。选择设计经理的标准不但考虑技术方面，也应该考虑其设计管理能力、内外的协调能力与语言表达能力。

由于设计部门的特定职能，它与其他项目部门关系密切，尤其是采购部，在项目组织中，界定清楚各部门的接口工作十分重要。设计部与采购部的接口一般界定如下：

（1）凡涉及到采购工作的内容，由设计部负责向采购部提出材料设备请购单，给出采购方面的技术要求，由采购部编制商务部分，并统一汇总后形成询价文件发给潜在的供货商和厂家。

（2）对于复杂的长周期非标设备，由采购部负责向厂家催要 ACF❶ 图纸以及 CF❷ 图纸，转交给设计部进行审查，设计部应及时审查并返回采购部，作为厂家的制造依据。

（3）在与厂家或供货商的前期洽谈、设备制造以及验收过程中，设计部负责派员协助采购部处理有关技术问题。

2. 设计计划

设计计划由设计部根据 EPC 项目总体实施计划来编制，是对项目实施计划在设计方面的深化和补充。该计划由设计项目经理组织设计部编写，经项目经理批准后作为项目设计工作的依据。设计计划的内容主要包括：

（1）研究和消化 EPC 合同的设计要求，确定设计工作的范围。

（2）确定设计原则，主要涉及安全原则、经济原则、质量保证原则、设计进度与总工期匹配原则。

（3）根据项目总工期确定总体的设计进度计划。

（4）确定设计阶段的人工时与设施、设备投入量。

（5）设计实施的场所。对于国际工程，为了方便设计工作、提高效率，一般前期的设计工作在 EPC 承包商本部实施，后期的设计工作在国外的施工现场进行。在做此计划时，应与业主的设计管理人员做好接口方面的管理。

（6）工程设计采用的规范和标准。根据业主对设计的要求来确定采用的标准，如国际标准、本国标准、行业标准、企业标准。若希望采用的标准与 EPC 合同的要求不一致，在采用之前必须征得业主的同意。

---

❶ ACF 为 advanced certified final drawings 的缩写，意思是前期确认图纸。
❷ "CF" 为 certified final drawings 的缩写，意思是最终确认图纸。

(7) 法律法规在环境保护等方面对设计的要求以及应对措施。

(8) 设计工作分工，确定要对外分包的设计工作，界定各接口部门的分工与责任。

3. 设计管理程序文件与作业指导文件

在完成设计组织和计划后，EPC 承包商应根据 EPC 合同的要求以及内部的工作需要，形成一系列的管理程序文件和具体的作业指导文件，以保证参与人员有序地进行工作。有的文件按 EPC 合同的规定可能需提交给业主方。承包商应当编制的此类文件主要包括：

(1) 项目设计管理组织机构图。
(2) 设计管理总体工作程序。
(3) 设计经理的职责和任务。
(4) 设计人员的配备计划。
(5) 各设计专业负责人、设计人、制图人、审核人、校核人的职责划分。
(6) 设计部与采购部、施工部、试运行部等部门的接口管理规定。
(7) 设计标准、规范、基础资料的管理和控制规定。
(8) 设计变更管理程序。
(9) 设计各专业技术接口管理规定。
(10) 设计各专业工作流程图。
(11) 设计文件编码、标识管理规定。

5.3.2 承包商内部的设计控制与设计成果文件

1. 设计控制

设计控制就是在设计执行过程中依据各类设计管理程序文件和设计作业指导文件对设计工作进行监控，并对偏离设计计划的工作予以纠正，主要涉及设计进度和质量两个方面。但对于 EPC 合同而言，还应控制因设计超标而影响费用的问题。

设计进度控制是 EPC 合同进度管理的重要内容，尤其是项目前期。其控制的基础是项目总体控制进度计划。其控制的主体是设计经理、各设计专业负责人、项目经理、控制部经理。其控制的依据是设计进度计划。其控制的技术为网络技术、甘特图技术和赢得值技术（EVT）。其控制方法分为：事前预控、事中监控、事后纠偏，具体为：①确定控制基线；②执行并监控，测定执行效果并报告；③进度偏差分析；④提出纠偏措施；⑤执行纠偏措施并予以监控；⑥提出进度趋势预测。

设计是影响项目总体质量的首要环节。设计质量控制的基础是 EPC 合同提供的设计基础资料与要求；控制主体为设计经理、各设计专业负责人、项目经理、质量部经理；控制的过程为设计策划、设计输入、设计评审、设计校审、设计会签、设计输出；控制的保证是完善的质量保证体系和设计质量保证程序。设计输入是控制设计质量的关键，决定着业主是否顺利批准项目的设计。设计输入主要包括三个方面内容：

（1）EPC 合同规定的设计质量特征，包括符合工程目的（Fit-for-Purpose）、可靠性（Reliability）、安全性（Safety）、可施工性（Constructability）以及美学（Aesthetics）功能。

（2）业主提供的设计基础资料，这些资料由业主在招标期间提供给承包商，供其参考。除非另有约定，业主对此类文件的正确性和完整性不承担责任，承包商在应用此类资料时应自行核实和解释。

（3）项目的自然和社会环境要求。

2. 设计成果文件

设计输出的成果文件主要包括图纸、计算书、数据表、技术说明书、计算机软件、作业指导书、手册等。这些文件用来指导承包商的采购、施工、竣工检验、试运行等，因此被 FIDIC 称为"施工文件"（Construction Documents）、"承包商的文件"（Contractor's Documents）。此类成果文件的编制应符合合同的规定，如：FIDIC EPC 合同规定，"向业主方提交任何技术文件时，该文件上面应有承包商自己内部已经批准的明确标识"。在这些文件的编制过程中，可能需要业主方的审查与批准，具体参见前面 5.2.1 中的内容。虽然此类文件是按照合同的规定所编制的，但一般并不构成 EPC 合同文件的一部分。若与合同规定不一致，即使业主批准了，仍不能解除承包商补救和整改责任。

关于设计成果文件，应当注意，在国际工程中，各类图纸和文件采用"版次"设计或编制的方法，版次能清楚地表达每次修改的过程和内容，并设有明显标识，这会避免因多次修改造成现场施工混乱的情况。从含义上看，我国的传统设计方式是以设计变更的形式来修改和完善设计，其概念与国际工程合同中的"设计变更"概念有一定的差别。在国际工程中，尤其是对于 EPC 合同，设计变更指的是"业主改变了原设计要求"，若发生此类设计变更，承包商有权提出费用和工期方面的索赔，而我国的设计变更的概念有时指的是"设计本身的一种自我完善"过程，相当于国际工程中"版次设计"的方式，即承包商的设计人员根据业主对设计的审批意见进行修改，每次修改后为一个版次。

5.3.3 承包商设计管理中的几个具体问题

1. 承包商设计工作的里程碑

从具体的操作程序来看，EPC 合同的设计管理过程可以分为若干个关键控制点来进行。其中，对于项目开工后的里程碑，承包商内部的设计管理与业主对设计的审查和批准相互交错。对于较复杂的工业项目，可以分为以下六个里程碑作为设计管理的控制点：

（1）第一个里程碑——投标阶段。在此期间设计人员负责编制响应业主技术要求的设计方案，应与其他商务人员一起来核对技术方案与报价的匹配性，同时参加授予合同前的各类技术谈判。

（2）第二个里程碑——中标签约阶段。此阶段应任命具体的设计经理，并由其牵头，组织设计人员研究和消化合同中关于设计的规定，并制定初步的设计管理计划。

（3）第三个里程碑——项目开工，设计开始实施。承包商的设计部应制定具体的设计实施计划，并参加项目的开球会（Kick-off Meeting）。在开球会上承包商与业主确定设计相关的问题，包括工程总平面布置方案、主要技术方案、拟采用的具体标准/规范、总体设计进度等，并在讨论修改后可由合同双方共同签字确认。对于期间未能达成一致意见的问题可以标明"待定"（Pending/Hold），随后可以逐步协商解决。此后进入正式的基础工程设计阶段。

（4）第四个里程碑——基础工程设计审核会。审核会由合同双方参加，通常由承包商的项目经理或设计经理主持，目的是对承包商前期提交的设计工作成果供业主审核与讨论。这一阶段的设计成果为基于基础设计深度而完成的各专业的图纸和文件，这些文件由承包商的设计部负责汇总成册，用于会议审核。同样，对于未达成共识的事项，可列为"待定"事项，双方在以后努力协商解决。对于不能协商解决的问题，承包商应暂时按业主方的指令修改，但若承包商认为超出合同规定，则可以提出索赔，并可最终按合同争端程序解决。此阶段的设计成果经业主方审批后可以作为采购的初步依据，业主的审批也标志着工程的设计进入了详细工程设计阶段。

（5）第五个里程碑——详细工程设计阶段，我国亦称施工图设计阶段。这一阶段设计投入量较大，一般占总设计量的60%。此阶段，承包商的设计部在前一些阶段设计成果的基础上继续深化设计，并对前阶段"待定"问题进行研究，提出解决方案，争取得到业主的确认，从而推动设计进展。详细工程设计期间，设计部应注意与施工部和采购部之间的协调与配合，设计进度应能满足总体施工进度所需施工图的要求。在采购方面，应能按采购进度计划提供设备材料采购所需的图纸和技术文件，并对采购部转来的供货商提供的ACF与CF图纸及时审查、确认和反馈。在此阶段，除了施工图和采购所需的技术文件外，承包商还应完成合同可能要求的其他设计产品，如各类手册、模型等。

（6）第六个里程碑——项目现场技术指导和质量服务阶段。此阶段承包商设计部的工作重点是对现场的施工安装工作提供技术指导，监控其过程中的设计更改，参与试运行和竣工验收阶段所需技术服务工作。

2. 设计工作与采购工作的交叉问题

工程设计是一个逐步深入和连续的过程，对于工业项目，尤其是石油化工项目，基础设计的核心就是工艺管道仪表流程图以及设备采购，详细设计的核心就是各专业的施工图。设备和材料采购是设计环节中不可分割的一部分。为了满足订货要求，尽早开始询价，设计部应与采购部密切配合，通过加强设计进度计划与控制，尽快向采购部提交所需技术文件，尤其是长周期设备订货清单、订货图等。

与采购相关的设计成果文件的一个重要组成部分就是项目请购文件（Requisition Documents），有时也称为请购单，由相关专业设计人员编制，经设计经理和项目经理批准后发给采购部。对于重要的设备和材料，在发给采购部采购前可能还需报业主批准。设备请购文件的内容包括：数据表（Data Sheet），技术规格说明书（Specifications），费用估算（Cost Estimate），供货商/厂家需提供的数据、图纸的份数，进度要求等。材料请购文件的内容与设备请购文件类似，包括材料汇总表（BOM）、采购说明书和技术规格说明书、采购通知单。与设计相关的采购管理具体内容详见第 6 章。

3. 设计变更与优化问题

虽然理论上讲 EPC 合同的设计由承包商负责，但在实践中，有的项目业主在招标前完成的设计较深，有时甚至达到初步设计或基础设计的深度，此时业主会将其设计成果纳入到招标文件中，对设计工作的范围、执行标准、设备选型等内容可能做出了详细的规定，并作为合同的一部分纳入到"业主的要求"中。但随着项目的实施，业主方可能发现原来的设计方案存在某些问题，如无法满足规范规定、原计算书中有问题等。在此类情况下，业主方可以主动下达设计变更指令，对原来的一些技术要求提出更改，在收到此类指令时，承包商应做好记录，并要求业主承担变更的后果。若承包商在业主原来的设计方案的基础上进行设计深化时，发现原设计方案可以进一步优化，以达到节约成本和缩短工期的目的，则可以向业主提出自己的优化方案。若业主接受，则双方可以分享由此带来的各类利益。这一规定在 FIDIC EPC 合同条件中被称为价值工程（Value Engineering）。

实际上，此类合同虽然通常也被称为 EPC 合同，但承包商所要完成的可能仅仅是施工图的设计工作。对于由承包商负责全部设计的 EPC 合同，设计变更与优化问题则属于一个 EPC 承包商的内部问题，业主不会为此类变更的后果负责，除非相关变更内容涉及到业主负责的内容，详见前面 5.2.1 节的内容。

5.4 小结

本章介绍了国际上对工程设计的划分方法,论述了国际 EPC 合同中关于业主对设计管理的惯例规定,研究了 EPC 承包商的设计范围、设计依据和技术标准、设计责任、业主设计审批等关键问题。同时,针对承包商内部的设计管理,总结了设计组织、设计计划、设计控制与成果文件编制方面的做法。最后探讨了设计管理操作过程中的几个具体问题,包括设计管理关键控制点,设计过程与采购工作的交叉问题以及设计变更与优化。

良好的设计管理是 EPC 合同实施的一个关键环节,为顺利实施项目提供了可能,但项目的实施还需要大量的物资来保证。下一章,我们将论述国际 EPC 合同管理中的另一个核心内容:采购管理。

第 6 章 国际 EPC 交钥匙工程的采购管理

本章首先介绍了采购管理在国际 EPC 项目中的作用，然后论述了国际 EPC 合同中关于物资采购的惯例规定，进而论述了在 EPC 合同规定的框架下 EPC 承包商的物资采购管理，最后讨论国际工程采购中应特别关注的问题。

6.1 采购管理概述

对于国际 EPC 工程项目而言，采购是项目实施期间的一个核心环节，是实现工程设计的意图、顺利实施项目的基本保障。对于大多数项目，尤其是工业项目，采购占整个合同的费用比例高达 40%～60%，甚至更高。采购既是整个工程进度的支撑，也是工程质量的重要保障。在国际 EPC 工程中，一般认为的采购（Procurement）过程是广义概念，包括采购计划、采买、催交、检查、运输等工作环节，采购管理也是一个综合管理工作。

在国际工程 EPC 合同中，对物资采购的内容都有不同程度的规定，尤其是近年来，业主方对 EPC 承包商采购过程干预越来越多，在 EPC 合同中对采购的规定越来越严格，不但对采购的目标有严格的规定，而且对采购过程也有一定的约束。

鉴于采购工作在项目实施过程中"承上启下"的作用，在 EPC 承包商的项目组织机构设置中，采购部的设置以及与其他相关部门的协调是十分重要的。因此，采购部的职责范围、与其他部门的接口和工作程序必须明确。

供货商是项目物资采购的"下游"，其供货的可靠性决定采购工作顺利与否。因此，EPC 承包商对供货商的管理可以认为是其采购工作的核心内容，这主要涉及供货商的选择、供货合同的签订、供货监控以及违约处理等环节。

6.2 国际 EPC 合同中的采购规定

EPC 合同对项目物资采购的规定是承包商开展采购工作的基础，也是业主验收相关材料设备的依据。承包商的采购部门在采购工作初期，应努力研究和理解合同中关于采购的规定。

6.2.1　EPC 合同中采购的一般规定

关于采购工作的规定涉及的合同文件包括合同条件、工作范围和规范以及各类附件。EPC 合同的规定一般包括采购总体责任、物资采购的进度和质量监控、业主方的采购协助与甲方供材（Employer Supplied Items）。

1. 采购总体责任

涉及采购责任的规定一般包括下列方面内容：

（1）除非合同另有规定，承包商应负责采购完成工程所需的一切物资，这些物资包括材料、设备、备件和其他消耗品。其中备件可分为两类：一类是工程竣工试运行所需的备件，其价格一般包括在 EPC 价格中；另一类为工程移交后的某固定时间内，如 2 年内，工程运行所需的各类备件，这类备件有时要求承包商采购，并在合同价格中单独报价，有时只要求承包商提供备件清单，由业主根据情况自行采购。

（2）上述"合同另有规定"的含义是，在某些 EPC 项目，业主可能提供某些设备或材料，作为"甲方供材"，详见下面的叙述。

（3）承包商应为采购工作提供完善的组织保障，在项目组织结构中设置采购部，负责工程物资采购的具体工作以及与业主相关部门的协调工作。

（4）承包商负责物资采购运输路线的选择，并应根据线路状况合理地分配运输车辆的载荷。

（5）如果货物的运输导致其他方提出索赔，承包商应保障业主不会因此受到损失，并自行与索赔方谈判，支付有关索赔款。

（6）承包商应根据合同的要求编制完善的项目采购程序文件，并报送业主，业主以此作为监控承包商采购工作的依据。

2. 采购过程监控

根据业主的项目组织安排和投入的项目管理工作量，对采购过程的进度和质量进行监控。有的 EPC 合同的业主监控较松，只在合同中要求承包商进行监控；有的监控的较紧，除要求承包商具体监控外，业主会派员直接参与各类采购物资的检查和验收。此类监控一般涉及货源、进度以及质量等方面，具体规定如下：

（1）承包商应编制总体采购进度计划并报业主，采购计划应符合项目总体计划的要求，并对关键设备给予相应的特别关注。

（2）承包商应将将要启运的主设备（Major Plant）情况及时通报业主，包括设备名称、启运地（Dispatch Point）、装货港（Loading Port）、卸货港（Unloading Port）、内陆运输（Inland Transportation）、现场接收地（Point of Arrival at Site）。

(3) 对于约定的主要材料和设备,承包商采购的来源应仅限于合同确定的供货商名单以及业主批准的其他供货商。

　　(4) 承包商应针对采购过程的各个环节对供货商/厂家(Vendor/Supplier/Manufacturer)进行监督管理,包括厂家选择、制造、催交、检验、装运、清关和现场接收。

　　(5) 对于关键设备,承包商应采用驻厂监造❶方式(Supervised Manufacturing)来控制质量和进度。

　　(6) 业主有权对现场以及在制造地的设备和材料在合理的时间进行检查,包括制造进度检查、材料数量计量、质量工艺试验等。承包商在此过程中应予合理的配合。

　　(7) 合同可以约定对采购的重要设备制造过程进行各类检查和检验。当设备准备好可以进行检查和检验时,承包商应通知业主派员参加,但业主承担己方人员的各类费用,包括旅行和食宿。检查或检验完成后承包商应向业主提供一份检验报告(Certified Report)。

　　(8) 业主有权要求承包商向其提供无标价的供货合同(Non-priced Supply Contract)供其查阅。

　　3. 业主方的协助

　　对于物资采购,由于涉及很多法律程序,合同常规定业主在这些方面给予承包商协助,协助的形式通常是提供支持函(Supporting Letter)。对于一些特殊物资,如炸药等,合同常规定由业主负责办理此类特殊物资的进口许可证(Import Permit)。

　　4. 甲方供材(Employer Supplied Items)

　　甲方供材在FIDIC EPC合同中被称为"业主免费提供的材料"(Free-issue Materials)。EPC合同相关规定通常如下:

　　(1) 若EPC合同规定业主向承包商提供免费材料,则业主应自付费用,自担风险,在合同规定的时间将此类材料提供到指定的地点。

　　(2) 承包商在接收此类材料前应进行目测,发现数量不足或质量缺陷等问题,应立即通知工程师,在收到通知后,业主应立即将数量补足并更换有缺陷的材料。

　　(3) 在承包商目测材料之后,此类材料就移交给了承包商,承包商应开始履行看管责任。

　　(4) 即使材料移交给承包商看管之后,如果材料数量不足或质量缺陷不明

---

❶ 驻厂监造指派专门的人员进驻厂家制造现场监督其制造过程,具体方法是目监(Visual Inspection)、记录、照相。

显,目测不能发现,那么业主仍要为之负责。

6.2.2 EPC 合同采购规定中应注意的几个问题

国际上大多数 EPC 合同对采购管理规定尚不完善,在操作层面容易出现问题。下面就几个常出现的问题加以讨论。

1. 设备制造标准与 EPC 合同规定的制造标准不一致的情况

EPC 合同通常对整个工程采用的技术标准和规范都有明确规定,包括重要设备的制造标准。但问题是,若承包商从业主指定的厂家采购某设备,但该厂家在制造该设备时无法采用项目规定的制造标准,而是采用自己的标准,如若在 EPC 合同中约定的是英国标准,但承包商在业主指定的厂家中选择了日本厂家,而日本厂家的制造标准与 EPC 合同要求的不一致,那么此类情况下业主是否认可厂家的标准呢?EPC 合同对此又没有明确规定时(Contract's Silence),这是 EPC 合同执行过程经常会碰到的问题。对于承包商而言,一个谨慎的做法是,在初步选择日本厂家时,应向业主提醒这一问题,若业主批准了,即认为业主认可了该设备的制造标准。

2. 采购过程中业主的检查问题

过多的和不恰当的检查会影响供货商的工作,加重其接待负担。因此,若规定业主对正在制造的设备有检查权,则应在合同中或采购程序文件中约定此类检查的具体计划,包括次数与大致的时间。若 EPC 合同规定允许业主进行此类检查,则应注意在供货合同中也应作类似约定。

3. 甲方供材问题

虽然在国际工程中并不常发生这种情况,但对于一些 EPC 合同,由于工程建设周期短,若在签订 EPC 合同后再由承包商来开始采购,时间上不允许。因此,业主可能在 EPC 合同签订之前就自行签订相关供货合同,或者是某些货源由业主方采购能以优惠的价格获得。这种做法往往涉及责任问题,如业主不按期提供甲供材料可能招致承包商的索赔,以及业主应当为其提供的材料的最终质量负责。所以,对于 EPC 工程而言,若出现甲供材料和设备的情况,必须在合同中尽可能约定清楚各方的责任。从业主角度而言,应尽量避免这种情况。

请思考:若业主将由其提供的设备运到了合同指定的地点,但在承包商帮助其卸载时,设备发生损害,应由哪一方承担责任呢?

4. 运至现场的设备和材料的所有权问题

承包商为项目采购的设备和材料的所有权归哪一方呢?从理论上讲,只有当业主向承包商支付了此类物资的款项时,业主才获得它们的所有权。但在国际工程中,此类规定比较特殊,一般规定当项目所需的设备和材料运到现场后,无论业主是否付款,此时物资的所有权已由承包商转移给业主了。即使对于没有运到现场的物资，只要是业主为此类货物支付了款项，所有权也由承包商转移给业主。有的合同甚至规定，只要是按 EPC 合同，承包商有权从业主处获得此类货物的付款时，无论实际是否已经付款，物资的所有权已经转移给业主。另外，合同通常规定，对于承包商采购的设备和材料，任何第三方不得有任何留置权（Liens）。总体上讲，此类规定是保护业主利益的，防止承包商出现问题后其他方对此类物资主张权利。但如果此类所有权转移的规定与合同适用法律的规定相违背，则显然法律的规定具有优先权。对于承包商来说，应针对此类规定，在签订的供货合同中增加类似条款，防止 EPC 主合同与供货合同的规定不一致。否则，若供货合同规定，只有当承包商支付了全部货款之后所有权才转移给承包商，而这些物资运到现场时承包商还没有获得所有权，相应地，它们的所有权无法转移给业主，此时 EPC 承包商就会被认为违约。

但从另一个角度讲，若发生了不可抗力，对此类物资造成了损害，虽然承包商负有照管责任，发生的损失不应该由承包商承担，因为此时物资的所有人为业主，但承包商违反保险义务而造成此类损失的除外。

6.3　EPC 承包商内部的采购管理

在理解和掌握了 EPC 合同对承包商采购的规定后，项目的采购工作是否顺利完成，取决于承包商组织效率的高低以及采购计划是否完善。

6.3.1　承包商内部的采购组织与计划

1. EPC 项目的采购组织

在 EPC 项目的组织机构中，一般设置专门的物资采购部，负责完成整个项目的采购工作。采购部经理可以由项目经理推荐，公司任命；也可以由项目经理直接任命，并对项目经理负责。对于复杂的工业项目，根据整个采购工作的性质，采购部可以设置的职位包括采办工程师（Purchasing Engineer）、催交工程师（Expediting Engineer）、检验工程师（Inspection Engineer）、运输工程师（Traffic Engineer）、综合协调工程师（Coordination Engineer），其中检验工程师也可以根据项目组织分工由设计部或质量部派出，协助采购部完成检验工作。对于土建类项目，由于采购工作相对简单，采购部设置的职位可以简明些。对于职位的配置数量可以根据采购工作量来决定，对于小型项目，一个人也可以兼任几个采购角色。由于工程前期采购工作量大，很多采购工作需要提前准备，所以前期采办人员的配置可以适当充些。项目采购部的总体职责和主要任务包括：

(1) 在采购部经理的组织下完成项目的采购任务。

(2) 按照项目实施要求编制项目采购总体计划（Procurement Plan）。
(3) 根据项目总体进度编制项目采购进度计划（Procurement Schedule）。
(4) 根据项目采购部分工编制采购工作手册、采购程序等各类工作文件。
(5) 协调好与设计部、施工部、质量部等相关部门的工作接口。
(6) 按照采购计划，组织落实与跟踪采办、催交、检查、运输等各个工作环节。

2. EPC 项目的采购计划

EPC 项目的采购计划可分为总体计划（Plan）与采购进度计划（Schedule）。项目采购总体计划是依据项目实施计划对整个项目的采购工作提出各项要求的一个指导性文件，它也是项目实施计划的一个分计划，是在采购方面的具体化。

总体采购计划一般包括下列方面的内容：
(1) 确定项目采购范围，明确采购部与项目各相关部门的接口关系。
(2) 制定与业主方相关部门的沟通和业主采购文件审查规则。
(3) 制定与厂家/供货商的协调程序。
(4) 明确项目采购的进度与费用的控制目标，并保证此目标符合项目总体目标的要求。
(5) 制定总体采购原则，包括符合合同原则、进度保证原则、质量保证原则、价格经济原则、安全保证原则等，以及在不能满足全部上述原则下各原则的优先顺序和处理方法。
(6) 制定采购工作应遵守的工作程序，包括采购招标、议标、直接定货等方式的选择和各方式下的工作流程。
(7) 对各类采购文件进行标准化编码以及存档工作（Purchase Order Files）。
(8) 对于关键材料和设备（Critically Needed Items），制定相应的特别采购程序和措施。

采购进度计划是在采购总体计划的框架下完成主设备、主材、辅材、各类消耗性备件等物资采购的进度控制目标，是由采购部经理组织其人员编制的计划性文件。编制的依据是 EPC 合同、项目主计划、设计部下达的请购单、施工部的材料使用计划、控制部的采购预算等。一项设备/材料的采购周期等于订单周期、制造周期和运输周期之和。在编制此类采购进度计划时，应注意计划的"刚性"（Rigidity）和"柔性"（Flexibility）。其"刚性"主要表现在采购进度计划必须满足项目的总体进度计划。但由于项目总体计划在实施过程中可能有所调整（Update），而且大型复杂的长周期设备（Long-lead Items）的供货周期受很多外部条件的约束，容易发生改变，特别是运输环节，因此在编制采购进度计划时最好考虑预留一定的余地。同时还应注意采购进度计划与设计进度计划、施工进度计划的衔接,在采购进度计划中应充分考虑设计部向采购部提交请购文件的时间、厂家返回图纸资料和审查的时间、施工部要求材料设备交付项目现场的时间,各进度计划之间必须协调一致。

3. 采购管理程序文件

EPC 项目采购工作需要制定一些基本的管理文件,通常形成的采购管理程序文件包括:

(1) 项目采购部的职能和任务书。
(2) 采购部各职位的职责和任务。
(3) 项目采购计划。
(4) 采购部与项目相关部门的接口管理规定。
(5) 采购部与业主方的沟通管理规定。
(6) 采购基本工作程序和管理规定。
(7) 采购询价文件编制和管理规定。
(8) 供货商报价文件评审管理规定。
(9) 采购费用支付管理规定。
(10) 采购文件分发与归档管理规定。

在编制此类采购管理程序文件时,应注意是否按 EPC 合同要求提交业主。

6.3.2 国际工程物资采购操作程序

如前所述,工程物资采购(Procurement)包括采购计划、采买、催交、检查和运输等多个环节。我们前面主要论述了采购计划阶段的工作,在此我们来逐一探讨其他工作环节。

1. 物资采买(Purchasing)

采买❶通常指的是从询价(Enquiry)到下订单(Order)的过程,这一过程也被称为订单周期。对于采买的具体物资,可以分为两大类:第一类是必须从业主确定的供货商名单(Vendors List)购买的物资,这类物资主要是工程设备;另一类是 EPC 承包商可以自行决定从市场采购的其他设备和材料。对于第一类物资,在下订单之前,一般须经过业主的批准,但一般只是程序的审核,即采购的供货商/厂家❷是否符合合同的约定。对于后一类物资,可以根据 EPC 承包商内部的采购程序执行。

---

❶ 但我国某些对外工程项目中不太区别这些术语,有时将采购部也称为采办部或物资部,若称为物资部,一般不但负责物资采购,也负责运至现场物资的管理。

❷ "供货商"的英文为 Supplier 或 Vendor,"厂家"的英文为 Manufacturer。前者有时可能只是一个代理商,不一定是"物资"的具体生产者;后者指"物资"的具体生产者,但在国际工程合同中没有特别差别,本书中两个术语通用。

在国际工程中，物资的采买方式包括公开招标（Open Bidding）、邀请招标（Invited Bidding）、议标/单一货源采购（Negotiation/Single Source）。但由于项目实施条件的限制，对大宗材料和设备，大多数都采用邀请招标或直接议标采购。承包商潜在的供货来源包括：业主的供货商名单，投标阶段向其询过价的厂家，施工所在国当地的供货商，周边邻国的供货商等。

以邀请招标方式采买为例，国际工程物资采买一般包括下列步骤：

(1) 确定被邀请投标的厂家/供货商，并发出邀请函。

(2) 对感兴趣参加投标的厂家/供货商进行资格审查。

(3) 编制详细询价文件（Enquiry Documents），发送给通过资格评审的厂家/供货商。

(4) 接收报价书并对其进行技术和商务方面的评审。

(5) 与厂家/供货商进行下订单前的谈判（Pre-award Negotiation）并确定供货商。

(6) 召开厂家/供货商协调会（Vendor Coordination Meeting-VCM）。

(7) 下达订单前报业主方审核同意（若合同要求）。

(8) 下达正式的订单（Place the Order）。

关于确定参加投标的厂家不要太多，应控制在3～5家的范围之内，一是因为工程中采购的时间都很紧迫，厂家太多需要投入工作量太大，影响采购的进程；另一个原因是，若厂家太多，一些有实力的厂家可能会觉得获得合同的希望不大而不愿意来投标。对厂家的资格审查主要看其技术水平、生产能力和信誉。

物资采购的招标/询价文件的编制是采买过程中最重要的一个环节，尤其是设备采购。招标/询价文件由技术询价文件和商务询价文件构成。技术文件主要包括请购单、数据表、技术规格说明书、相关图纸。商务文件主要包括供货基本合同条件和报价表。在编制商务文件时，应根据EPC合同的要求来强调供货商必须满足的供货条件，如交货期等。

在下订单之前，可能需要与供货商进行多次的技术澄清会，这些会议应由采购部牵头，并由设计部派员参加，必要时也可要求其他部门，如控制部、质量部参加。

最终形成的供货合同一般包括：

(1) 供货协议书（Agreement/Contract Form）。

(2) 合同条件（Terms and Conditions）。

(3) 供货报价一览表（Price Schedule）。

(4) 交货时间计划一览表（Delivery Schedule）。

(5) 支持性服务完成时间计划表（List of Related Services and Completion

Schedule)。
　　(6) 检验和运输要求 (Inspection and Transportation)。
　　(7) 各类技术附件 (Attachments: Technical Requirements)。
　　(8) 各类关键会议纪要 (Minutes of Meetings)。
　　(9) 双方同意作为合同组成部分的文件 (Others)。

　　采购过程中，EPC 承包商应选择适合于自己情况的价格方式，并在合同中约定下来。对于施工所在国当地所采购的物资，可以采用出厂价（EXW）或交付现场价（Delivered at Site）。对于从其他国家采购的物质可以采用离岸价（FOB）、到岸价（CIF）、货运至指定目的地价（CIP）、未完税交货价（DDU）和完税交货价（DDP）等❶。

　　在国际贸易中，通常采用即期信用证（Letter of Credit at Sight）付款。但在国际工程物资采购合同中，由于合同额度比较大，设备供货周期比较长，属于"远期交易"，因此其支付的方式也比一般国际贸易复杂。在与供货商签订此类供货合同时，关于支付条件，应考虑 EPC 合同对设备和材料的支付方法，尽量避免 EPC 承包商垫付过多的资金。通常的做法是 EPC 承包商对设备供货商分期支付，签订供货合同（Signing of the Supply Contract）后支付一定比例的货款，如 10％，作为预付款，但一般需要供货商开出等额预付款保函。等设备完成制造装船后（On Shipment）支付一定比例，如 70％，这部分货款一般采用信用证付款。等现场验收后支付一定比例，如 15％，剩余的 5％在完成支持性服务后予以支付。各笔款的支付期限可在合同中明确约定。

　　关于国际物资采购的招标文件与合同条款的规定，可以参阅"世界银行 2005 年物资采购标准招标文件"〔The World Bank（2005）: Standard Bidding Documents-Procurement of Goods〕。

　　2. 催交 (Expediting)
　　采买的物资是否能准时运至现场直接关系到现场施工的顺利进行。但由于采购的物资需要准备、加工制造和装运，需要较长的时间，加上供货商有时面临很多订单，即使在供货合同中明确约定了交货期，仍可能出现供货商不能按时交付的情况，对于长周期设备采购尤其如此。因此，在下达订单之后，催交

---

❶　EXW=Ex Works。
　FOB=Free on Board。
　CIF=Cost, Insurance and Freight。
　CIP=Carriage and Insurance Paid To。
　DDU=Delivered Duty Unpaid。
　DDP=Delivered Duty Paid。
　上述术语含义见国际商会《国际贸易术语解释通则（2000）》（ICC INCOTERMS 2000），同时参阅后面关于"运输"相关部分内容。

作为订单下达后的监控手段,就成为采购工作下一个主要环节。

如果项目的采购量大,采购过程不易控制,则可以在 EPC 采购部设置专门的催交工程师,负责催交工作。反之,催交工作可以由采买工程师或其他采购人员兼任。对于 EPC 项目的采购来说,催交工作是一项十分重要的工作。从 EPC 项目的实践来看,催交的工作量占整个采购工作量的 20%~30%。

催交的主要任务是与供货商保持联络,对于设备采购,其具体工作内容如下:

(1) 熟悉供货合同的规定,弄清楚 EPC 承包商与厂家在设备制造过程中的各自职责,制定催交的关键控制点,确定厂家联络人。

(2) 在设计阶段,催交工程师应按供货时间计划要求厂家尽快提交设备制造的先期确认图(ACF)和最终确认图(CF)以及其他资料,同时督促承包商设计部门尽快予以审查和确认,并及时返回厂家。

(3) 催交工程师应跟踪制造进程,发现影响设备制造的外部因素,包括原材料采购进展等,发现问题后及时通知相关方,并制定解决方法。

(4) 在设备制造后期,要注意设备检验日期的安排是否合理,是否对设备交货的进度有不利影响,并与检验工程师保持紧密联系和恰当协调。

(5) 催交工程师应关注运输准备工作,若是国外进口设备,应注意进口手续是否及时办理,包括各类文件、进口许可以及报关手续等,保证设备及时清关。

材料采购的催交过程比设备简单些,但在每次启运前,催交工程师必须向供货商确认所运材料是否属于按计划本次应运的材料,防止运至现场的材料与计划所需不一致❶。

3. 检验(Inspection)

检验是采购过程中一个质量保证环节。此类检验主要是指对设备和一些重要材料的检验,由采购部派遣专业设备检验工程师进行。根据 EPC 承包商项目机构人员配备的具体情况,此类人员可以是采购部的专业工程师,也可以是该专业的设计工程师,甚至可以是外聘有信誉的第三方专家。检验的任务是保证相关设备和材料通过检验,并可以对厂家的设备制造和材料生产的质量保证体系进行检查。

检验的类别可以分为现场接收检验、启运前检验、工序节点检验、驻厂检验。根据设备和材料的重要性和复杂性,加上交货期方面的考虑,可以考虑进

---

❶ 这对于长期大宗材料供应十分重要,笔者在国外某 EPC 项目工作期间,就碰到一个采购催交过程中的失误情况。原本水泥供应商按采购计划应运至现场五型水泥,但由于采购人员催交过程中不注意以及供货商的疏漏,水泥运至现场后发现所运的水泥是一型水泥,无法用于第二天的混凝土浇筑,影响了工程进度。

行这四类检验中的任何一类或几类同时应用。对于简单设备和供货商信誉良好的设备，只进行现场接收检验就可以；但对于复杂的设备，则可能采用驻厂检验。检验过程也可能十分详细，包括技术准备、用材检验、焊接检验、外观和几何尺寸检查、耐压检验、热处理检验、无损检测（NDT）。

检验计划应按总体的采购进度计划来确定，并体现在供货合同的规定中，若合同规定简略，可以在制造前专门召开一次检验协调会，确定检验的具体内容、方式、时间以及检验过程中各自的义务。对一些重要设备的里程碑式的检验，如发货前的最终检验，EPC合同有时规定业主同时派员参加，此时承包商应在检验前按规定提前通知业主派员参加。

检验的具体程序一般由厂家根据检验计划做出安排，并保证检验所需的一切文件和资料，检验程序需要由EPC承包商的采购部与供货商协商后，由供货商将检验程序"文件化"（Documented）后发给承包商，由承包商通知业主具体日程。

每次检验结束后，应由承包商的检验工程师整理检验报告，真实地记录检验的过程和检验结果，并给出被检验的设备或材料是否符合合同的规定，是拒收、有条件验收还是合格验收。参与检验的其他方应该在此报告上会签（Countersign）。应注意，此类检验属于验证（Verification），不解除厂家对产品的最终质量责任。

4. 运输（Transportation）

运输是国际物资采购过程受外部环境影响最大的一个环节。承包商的采购部应通过选择不同的交货方式，以经济的方式保证物资顺利到达现场。运输方案，尤其是重大设备的运输方案，必须在项目初期由采购运输工程师负责制定，包括运输方式和运输路线。由于很多施工所在国的交通基础设施不太完善，运输工程师应特别关注大型设备从港口到现场这一段的内陆运输线路的选择。国际物资采购运输工作由供货方负责还是由采购方负责，主要取决于供货合同所选择的交货方式，而交货方式又与价格方式密切相关。国际采购的交货方式按交货的地点不同可以分三种：出口国境内交货、装卸港口交货以及目的地交货。国际商会将13种交货方式划分为四大类，具体如下：

（一）E组　发货

　　工厂交货（……指定地点）EXW Ex works

（二）F组　主要运费未付

　　交至承运人（……指定地点）FCA Free Carrier

　　船边交货（……指定装运港）FAS Free Along Side

　　船上交货（……指定装运港）FOB Free On Board

（三）C组　主要运费已付

成本加运费（……指定目的港）CFR Cost and Freight

成本、保险加运费付至（……指定目的港）CIF Cost，Insurance and Freight

运费付至（……指定目的港）CPT Carriage Paid to

运费、保险费付至（……指定目的地）CIP Carriage and Insurance Paid to

（四）D组　到达

边境交货（……指定地点）DAF Delivered at Frontier

目的港船上交货（……指定目的港）DES Delivered Ex Ship

目的港码头交货（……指定目的港）DEQ Delivered Ex Quay

未完税交货（……指定目的地）DDU Delivered Duty Unpaid

完税后交货（……指定目的地）DDP Delivered Duty Paid

各类交货术语下，买卖双方在交货地点、风险划分界限、进出口报关责任和费用的承担、适用的运输方式等方面的权利和义务都进行了规定，具体见国际商会《2000年国际贸易术语解释通则》（ICC INCOTERMS 2000）。

其中E组为出口国交货，是在出口国的内陆约定的工厂交货。F组和C组属于装运港交货❶。D组属于目的地交货。

按承担的工作量来划分，除非EPC承包商有熟悉出口国海关的进出口报关手续和运输条件的专业人员，否则不宜选择工厂交货方式（EX Works），尽管此方式表面看来可能节约一定的费用。若采用目的地交货，虽然采购方很方便，但采购的费用可能较高。EPC承包商根据自己采购部的人员配置和采购经验可以选择适用的交货方式。在国际工程采购实践中，CIF方式采购是最常采用的一种方式。

在物资到现场后，应按照合同的规定予以妥善存放。同时按照合同准备各类文件，向业主申请材料设备款。

国际EPC工程物资采购流程可参阅图6-1。

6.4　国际工程物资采购案例讨论

国际工程中的采购有其自身的特点，其采购各方面的制约因素比一般国际贸易要多得多，下面我们结合国际EPC工程采购的案例，就一些特别问题予以讨论。

---

❶　虽然C组的CIF常被翻译为"到岸价格"，这只是针对支付的费用而言，就交货风险责任转移而言，其本质上属于"装运港"交货的方式。

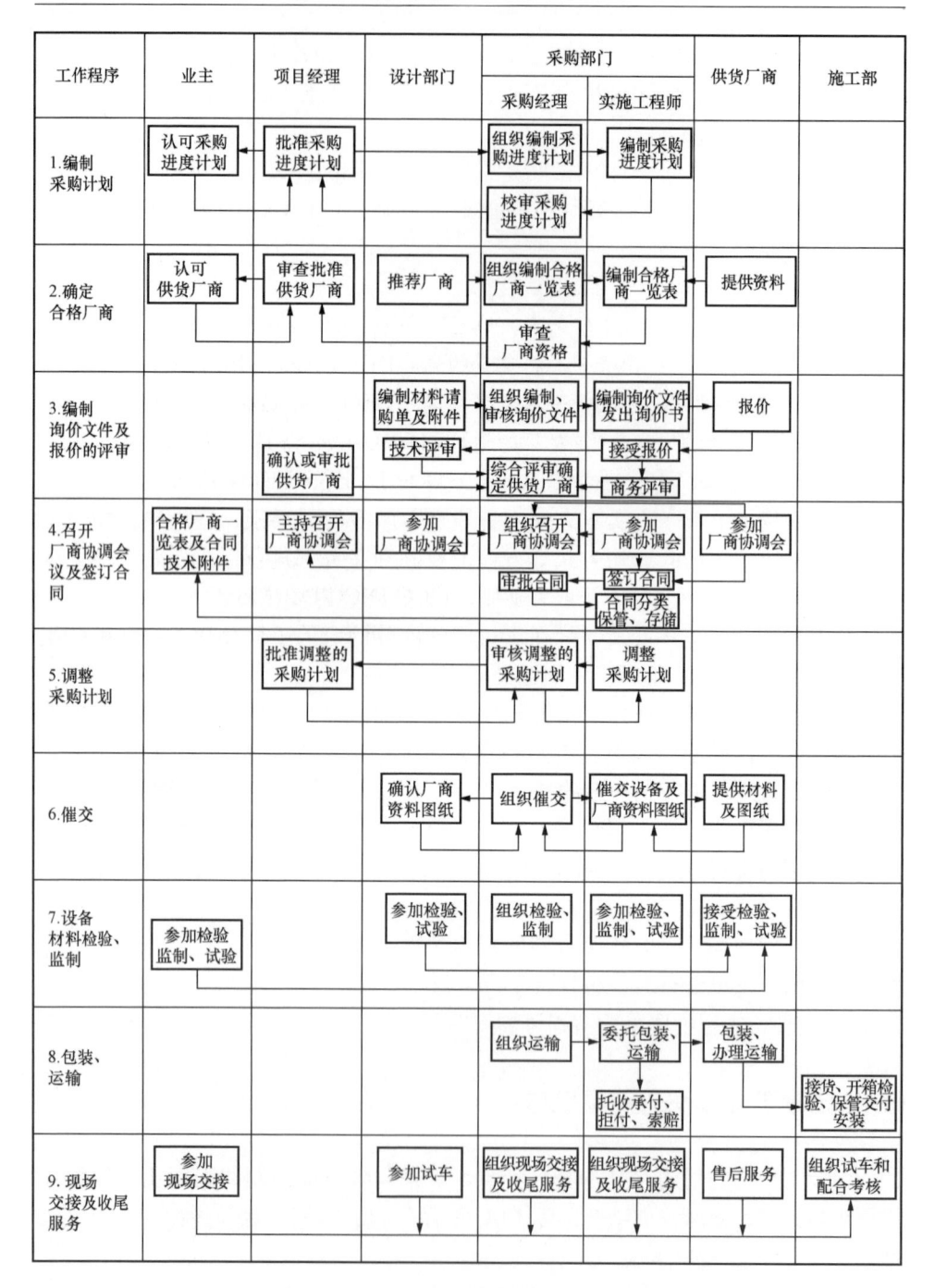

工作程序	业主	项目经理	设计部门	采购部门 采购经理	采购部门 实施工程师	供货厂商	施工部
1.编制采购计划	认可采购进度计划	批准采购进度计划		组织编制采购进度计划 / 校审采购进度计划	编制采购进度计划		
2.确定合格厂商	认可供货厂商	审查批准供货厂商	推荐厂商	组织编制合格厂商一览表 / 审查厂商资格	编制合格厂商一览表	提供资料	
3.编制询价文件及报价的评审			编制材料请购单及附件 / 技术评审 / 确认或审批供货厂商	组织编制、审核询价文件 / 综合评审确定供货厂商	编制询价文件发出询价书 / 接受报价 / 商务评审	报价	
4.召开厂商协调会议及签订合同	合格厂商一览表及合同技术附件	主持召开厂商协调会	参加厂商协调会	组织召开厂商协调会 / 审批合同	参加厂商协调会 / 签订合同 / 合同分类保管、存储	参加厂商协调会	
5.调整采购计划		批准调整的采购计划		审核调整的采购计划	调整采购计划		
6.催交			确认厂商资料图纸	组织催交	催交设备及厂商资料图纸	提供材料及图纸	
7.设备材料检验、监制	参加检验监制、试验		参加检验、试验	组织检验、监制	参加检验、监制、试验	接受检验、监制、试验	
8.包装、运输				组织运输	委托包装、运输 / 托收承付、拒付、索赔	包装、办理运输	接货、开箱检验、保管交付安装
9.现场交接及收尾服务	参加现场交接		参加试车	组织现场交接及收尾服务	组织现场交接及收尾服务	售后服务	组织试车和配合考核

图 6-1 国际 EPC 工程物资采购流程图

注：本图引用自：蒋良，罗建红. 工程建设项目的采购管理. 化工设计，2000，10（6）：39.

第6章 国际EPC交钥匙工程的采购管理

案例1：采购货源问题

"在EPC合同实施过程中，承包商购买了合同规定的法国品牌的UPS，安装到工程中的泵站系统。但货到后，业主以不符合合同规定为借口，不同意接受该产品，要求承包商重新购买。业主认为，合同规定UPS必须是从供货商名单中的厂家购买，而且必须是法国原产地。虽然承包商购买的产品的牌子与合同相符，但其原产地是新加坡，不是法国，因此不符合合同规定。承包商认为，所采购的产品是从供货商名单中的厂家购买，由于采购周期与施工计划的要求，才从该厂家的新加坡分公司购买的，而且大部分部件是法国总部产的，也可以认为该产品是法国原产地。因此符合合同要求，重新采购根本不现实，也不能满足工期要求。"

评析：本案例是由于承包商没有遵循严格的采购规定引起的。的确，在国际EPC工程中，合同往往规定承包商采购设备材料的供货商名单，要求承包商必须从这些名单中选择供货商。有的设备的采购周期很长，若延误，就会极大地影响施工。本案例中承包商从新加坡采购，正是出于工期考虑。但有的EPC合同对货源的规定比较严格，承包商在遇到合同规定与实际采购过程出现矛盾时，应采取谨慎的做法，主动与业主方沟通，取得其谅解与同意，同时在实施过程尽量保持良好的合作关系。因为对于一些非原则问题，若双方保持比较好的合作关系，一般都会妥善解决。

但就承包商采购的策略方面，还是比较正确的，我们前面谈到国际工程的采购原则，但若不能同时满足全部的原则，就必须做出优先顺序的安排。由于工期对工程的实施影响巨大，采购时应将"保证工期"作为采购的一个首要原则。从国际工程实践来看，"按期、保质、经济、安全"是一个比较恰当的原则顺序。

案例2：物价上涨问题

"某EPC合同规定，承包商必须遵守该国政府关于工业和工业产品保护的政策，在项目所在国的K钢管公司购买管材。承包商在前期投标阶段向当地供货商询价，意向性供货协议价格比国际市场还偏低，并将该供货商报业主批准。在合同执行中，由于该公司得知承包商必须在当地采购钢管，而当地没有其他可以生产这种标准的钢管厂商，因此任意抬高价格，使得承包商实际购价比合同报价高出100多万美元。承包商又不能从业主处得到补偿，所以损失严重。"

评析：本案例涉及物价上涨问题。由于绝大多数EPC合同都是固定总价合同，物价上涨是不调价的，因此投标时的价格与实际采购价格的价差就成为承包商面临的一个风险。本案例所出现的情况是承包商在国际工程中面临的一个困境。面临此类问题，承包商应作以下处理：

（1）在符合招标文件规定的情况下，投标报价时应在当地考虑多家货源，并报请业主同意潜在的供货商的选择，而不能只报一家。

（2）如果可能，请求业主取消强制性要求，或者适当放宽供货商范围。

（3）询价时应考虑当地的价格与整个国际市场价格的差异，过高或过低都应考虑原因。

（4）必要时，可以签订有约束力的供货合同，即：若承包商中标，承诺按报价购买，供货商承诺按报价供应，同时加大违约金约定金额。

（5）建立自己的供货商名单和长期战略联盟，使得自己的采购货源有一定的弹性。一般来讲，具有长期合作关系的供货商的报价比较真实，也更能优惠，一般都能忠实履约。

6.5 小结

本章简单介绍了采购在国际 EPC 工程中的重要作用与采购涉及的各方面工作；重点论述了国际 EPC 合同对采购的常见规定，业主方对 EPC 承包商的采购监管；讨论了因合同规定不完善可能对采购工作带来的问题。之后，以承包商采购程序为主线，论述了 EPC 承包商的采购组织与计划，采购文件的编制以及国际物资采购中的采买、催交、检验、运输等工作程序。最后结合案例，讨论了国际 EPC 合同物资采购中货源、物价上涨等问题及其对策。下一章，我们将论述国际 EPC 项目中的施工和试运行管理。

第7章 国际 EPC 交钥匙工程的施工管理

本章首先介绍国际 EPC 合同中施工管理总体做法，分析了 EPC 合同对施工管理的常见规定，然后分别就 EPC 承包商在施工阶段如何管理进度、质量及 HSE、试运行进行了论述。

7.1 施工管理概述

施工是 EPC 合同工作的一项"核心组成部分"。施工阶段一般是指从现场开工（Commencement at Site）到工程主体实质性完工（Substantial Completion）或机械竣工（Mechanical Completion）这一段时间。在 EPC 合同中，通常对承包商的施工责任予以明确规定，这通常包括施工进度、施工方法、施工质量、施工安全等内容。

EPC 合同中的"施工"（Construction）的概念比较宽泛，从合同中的规定来看，可以认为从现场开工到试运行，从竣工验收到缺陷通知期结束，几乎每个阶段都涉及施工管理。有的 EPC 合同，在涉及施工部分的规定时，同时用"Construction"（施工），"Installation"（安装），"Commissioning"（试运行）三个术语。本章依据 EPC 合同对施工方面的规定，重点论述施工阶段的进度、质量、HSE 等方面的内容，也对试运行管理加以论述。

7.2 EPC 合同关于施工的规定

在 EPC 合同中，施工的含义包括土建和机电安装工作。有的 EPC 合同若包括的安装工作比例很大，则有时被称为 EPCI，字母 I 为英文的"INSTALLATION"（安装）的缩写。关于施工的规定，一般是分散在合同条件、业主的要求、技术规程等合同文件中，所涉及的方面包括施工总体管理、质量管理、施工进度管理、安全环保等。对于工业项目，EPC 合同通常对试运行的内容有比较详细的规定。合同的规定是业主对承包商进行管理的依据，也是承包商执行 EPC 项目的基础。

7.2.1 EPC 合同中有关施工的总体规定

（1）承包商应按照业主方或合同规定的各类基准数据对工程进行正确放线

(Setting Out)。

（2）承包商应提供足够的管理人员，并派遣专职的项目经理，在现场负责现场管理。

（3）承包商提供的施工人员必须具有适当的专业技能并具有良好的职业道德，并防止承包商的内部人员在项目实施中发生不轨行为和骚乱。

（4）承包商的所有施工设备，一旦运到现场即被认为是项目施工的专用设备，没有业主方的同意不得随意运离现场。

（5）承包商在施工期间，应将施工现场保持得井井有条，接近完工时，及时做好现场清理工作。

7.2.2 EPC 合同中有关施工质量的规定

EPC 合同对施工质量的要求，主要体现在对工程施工的技术、方法等方面的规定，通常如下：

（1）承包商的施工工作必须依据合同以及规范、规定等文件进行实施，涉及原材料检验、土石方开挖和填筑、混凝土施工、钻孔灌浆、金属结构和机电设备安装等。

（2）在按照规范规定的各类标准（Codes and Standards）施工时，若发现有不一致情况，以最严格的为准（The most stringent shall prevail.）❶。

（3）若实施中出现了新标准，业主有权要求承包商按新标准执行，但应补偿承包商。

（4）业主人员有权按合同对承包商的施工安装工作进行现场检查和试验，对检查不合格的工作，业主的授权人员有权拒绝验收并命令返工。若承包商一意孤行，不予纠正，可能导致业主终止合同。

（5）工程竣工后应达到性能保证（Functional/Performance Guarantees）规定的各类指标。

其他关于质量的规定，请参看第 4 章 4.3.2 节 "质量保证义务"。

7.2.3 EPC 合同中有关施工进度的规定❷

在前面第 4 章 4.3.3 节 "工期保证义务"，我们介绍了国际 EPC 合同关于工期管理的规定。其中我们谈到，在开工日期之后，承包商应编制并提供给业主一份详细完整的工程进度计划。此进度计划应根据实际进度进行不断的调整

---

❶ 在近年实践中的 EPC 合同往往如此规定，但此规定在各类合同范本中并没有出现。

❷ 由于施工进度与设计进度、采购进度相互交叉，在前面第 5 章、第 6 章论述设计管理和采购管理时，对设计进度和采购进度没有专门讨论，本章提到施工进度管理时，实际上涉及的是整个项目的工期管理。

与更新。这一进度计划不是合同文件的一部分，仅仅是项目管理程序文件。

有时 EPC 合同既有总工期的规定，也有里程碑的规定，通常以项目主计划（Project Master Schedule）或项目里程碑计划（Project Milestone Schedule）形式作为合同文件的组成部分。若达不到规定的里程碑计划，EPC 承包商仍面临违约的赔偿责任。

如某 EPC 石油项目将工期里程碑划为现场开工、机械竣工、临时验收、最终验收、质保期届满。

但有的合同甚至规定业主对项目的进度进行月进度控制（Monthly Progress Control），若项目达不到月进度计划，承包商应进行违约赔偿。这样规定是不合理的，因为国际工程实施的环境太复杂，对工期的制约因素很多，短期的进度拖延十分常见，并且是正常的，若 EPC 项目招标文件存在这样的条款，在合同谈判时也不能接受。

EPC 合同中，通常对承包商的工作时间也有规定，即承包商需要在夜间或节假日加班需要经过业主方的同意。由于国际工程工期很紧，而且双方都希望加快进度，所以业主方一般都会同意加班。但合同同时规定，若承包商碰到紧急事件，为了抢救生命财产（For the Protection of Life and Property），则可自行加班，不需要批准。对于工程实施中习惯"三班倒"或"两班倒"作业的工作（Rotary or Double Shifts），也不必申请加班。

7.2.4　EPC 合同中有关 HSE 的规定

随着国际经济的发展，健康、安全、环境（HSE）越来越受到国际社会的关注，各国政府也纷纷出台相关政策、法律。作为对这一趋势的反映，当今国际工程中业主对 HSE 也十分重视，并在合同中对这类内容的规定越来越严格，通常的规定包括如下内容。

（1）承包商应自费采取适当的预防措施保证其职员与工人的安全，在营地住宅区和工地配备医务人员、急救设备、备用品及适当的救护服务，采取适当的措施预防传染病，并提供必要的福利和卫生条件，包括现场设施和足够的生活用水。

（2）承包商应指派专职人员负责处理安全与人身事故问题，并采取预防措施以防止发生事故。

（3）当发生传染性疾病时，承包商应遵照并执行所在国的规定和指令，处理并消灭传染性疾病对工人健康的危害。

（4）承包商应遵守一切适用的安全规章。

（5）承包商应照管好有权进入现场的一切人员的安全。

（6）承包商应努力保持现场井井有条，清理障碍物，以免对人们的安全构成威胁。

(7) 在工程被业主验收之前，承包商应在现场提供围栏、照明、保安等。

(8) 如果承包商的施工影响到了公众以及毗邻财产的所有者或用户的安全，则其必须提供必要的防护设施。

(9) 承包商采取一切合理措施保护现场内外的环境，并控制好其施工作业产生的噪声、污染等，以减少对公众人身财产造成的损害。

(10) 承包商应保证其施工活动排放废气、地面排污等既不能超过规范中规定的指标，也不能超过相关法律规定的指标。

(11) 承包商应编制项目实施的 HSE 管理手册，并报业主。

目前由于国际工程的社会治安环境恶化，恐怖袭击时有发生，EPC 合同加强了保安（Security）❶ 方面的内容，明确提出了承包商施工过程中的安保措施，如雇佣专业保安队伍，有的 EPC 合同要求业主在敏感地区施工现场提供保安部队。

EPC 合同通常要求承包商依据合同中的要求编制 HSE 管理手册，并报业主批准后用于指导项目的具体实施。

7.2.5　EPC 合同中有关试运行的规定

大部分工业厂房、石油、电力项目 EPC 合同的工作范围中都包括试运行的内容。在具体的试运行过程中，不同的行业和不同的 EPC 合同对试运行工作的界定、使用的术语以及对业主与承包商的职责划分不尽相同。一般使用的相关术语包括预试运行（Pre-commissioning，石化工程也叫"试车准备"）、试运行（Commissioning，我国石油行业有时称单机试运与联动试运）、投料试运行（Initial/Trial Operation）、运行验收（Operational Acceptance）。世界银行交钥匙合同对此的主要规定如下。

(1) 当承包商认为工程结构完成，达到运行条件（Completed Structurally and Operationally），满足技术规范中的规定时，可以通知业主方。

(2) 业主方应按照合同约定❷，做好预试运行工作准备，包括派遣操作维护人员参与预试运行，提供预试运行所需的原材料、公用设施、润滑剂、化学品以及其他消耗品❸等。

(3) 若预试运行发现项目有缺陷或不满足试运行条件，承包商立即修复缺

---

❶ 在国际工程中，从狭义上讲 Safety 指施工方面的安全问题，Security 指社会治安方面的问题，有的 EPC 项目中将 HSE（健康、安全、环境）这一术语扩写为 HSSE（健康、安全、安保、环境）。

❷ 在 EPC 合同中，习惯采用附件形式对试运行工作在双方之间做出具体安排，包括双方人员安排、日期安排、工作程序、消耗品仪器设备安排等，该附件构成 EPC 合同的一部分。

❸ 对预试运行所需物品，有的 EPC 合同规定由承包商提供，或双方各自提供相应物品。

陷，达到一切条件后通知业主方，双方重复进行预试运行。

(4) 业主方满意后，可以签发竣工证书（Completion Certificate）❶。

(5) 通过预试运行后，承包商开始进行试运行，并通知业主参加。

(6) 业主和承包商按合同规定各自提供试运行所需的物品❷。

(7) 试运行期间要进行"性能试验"（Performance Test），以证明竣工的工程达到技术规范或业主要求中规定的"功能保证"（Functional Guarantee）。

(8) 性能试验由双方共同参加，业主主持，承包商支持。

(9) 在工程通过性能试验并达到 EPC 合同规定的性能保证的条件下，业主签发运行验收证书（Operational Acceptance Certificate），之后进入质保期/缺陷责任期（Defects Liability Period）❸。

FIDIC EPC 合同关于试运行的相关规定主要体现在第 9 条"竣工检验"（Tests on Completion），内容包括：

(1) 承包商负责按其编制的操作维护手册执行竣工检验。

(2) 竣工检验分三个阶段顺序执行：预试运行（Pre-commissioning）、试运行（Commissioning）、投料试车（Trial Operation）。

(3) 预试运行就是对每项设备进行检查以及功能性测试，以证明可以进行下一步的试运。

(4) 试运行包括规定的运行性试验，目的是测试在现有的操作条件下工程能否按要求安全运行。

(5) 投料试车就是证明工程能否按合同可靠运行，达到规定指标。

(6) 在投料试车阶段，当工程运行稳定后，承包商应通知业主开始进行合同约定的性能试验（Performance Tests），目的是测试工程的运行指标是否达到了合同规定的标准和性能保证。

(7) 除非另有约定，投料试车阶段的产品归业主所有。

除上述规定外，FIDIC EPC 合同还在 12 条规定了"竣工后检验"（Tests after Completion）作为竣工对试运行工作的进一步扩展。"竣工后检验"目的是在工程运行一段时间后再次对工程的各类指标进行最终复核检验。检验应在工程进入缺陷通知期后尽快进行，并由承包商主持，提供检验所需物品和人员，

---

❶ 根据项目的性质和安排，有的项目签发的是"机械竣工证书"（Mechanical Completion Certificate）；也有的项目在预试运后不签发竣工证书，而是在试运行通过移交后签发竣工证书。

❷ 一般说来，由于试运行阶段所生产的产品属于业主，所以试运行所需物品主要由业主方提供。

❸ 有的 EPC 合同的质保期是从（机械）竣工证书签发计算的。世界银行的交钥匙合同规定从（机械）竣工证书（Completion Certificate）签发或运行验收证书（Operational Acceptance Certificate）来计算质保期都可以。若按前者，质保期为 18 个月；若按后者，质保期为 12 月，以先期满者为准。FIDIC 对此的规定是先进行竣工检验，达到接受条件后业主签发接受证书（Taking-over Certificate），然后进入缺陷通知期（质量保证期），在此期间内尽快做竣工后检验（Tests after Completion）。

结束后编制检验报告报业主。业主派员参加，一般为业主方后期的工程运行人员。竣工后检验在实践中并不多见。

7.3 EPC 承包商内部的施工管理

要顺利地完成施工作业，承包商要按照 EPC 合同中关于施工的规定，对工程的进度、质量、HSE 等各个方面进行细致的计划、组织、控制。对于国际 EPC 工程，其施工管理主要集中在国外的项目现场。

根据项目的规模和复杂性，EPC 承包商的项目组织可以只设立一个施工部或工程部，对施工方面的工作进行综合管理，也可以就进度、质量、HSE 等方面单独设立相关部门，既分工又协作，对施工涉及的各方面进行管理。若 EPC 承包商没有施工力量，还需要雇用施工分包商，此情况下 EPC 承包商的施工管理主要体现在对施工分包的管理。

施工管理的组织协调以及各部门之间的接口关系在本节略写。

7.3.1 承包商的工程进度管理❶

EPC 工程进度计划管理是指为达到 EPC 合同规定的竣工时间目标而给工程各项工作赋予时间要求，并为保证这些要求的实现所进行的一系列管理工作，具体包括进度计划的编制、跟踪、更新和报告。这一进度管理的职能一般主要由 EPC 项目机构中的控制部（Control Department）来承担，由设计、采购、施工、质量等部门来配合。

1. 进度计划的编制

EPC 工程的进度计划编制一般包括下列步骤：

（1）根据 EPC 合同的规定确定工作范围。

（2）对确定的工作范围进行 WBS 分解，即为便于项目计划、控制和其他管理工作而将整个工程项目内的工作分解成不同层次可管理的单元，以便使每项工作落实到具体的责任人。

（3）确定项目的主要控制里程碑进度目标。EPC 项目工作内容主要包括设计、采购、施工和试运行。各领域的工作又可划分为各主要专业的设计、长供货周期设备和材料的采购、主要专业的施工及项目各系统的试运转。主要的里程碑包括合同签订日、主要设计技术文件批准日、关键设备材料订单发出日、现场施工开工日和机械完工日。

（4）确定项目各工作间的顺序关系。项目工作间的顺序关系通常包括技术

---

❶ 见前面 7.2.3 脚注。本部分主要参考了参考文献 [11] 部分内容，在此对作者表示感谢。

顺序、程序顺序、强制顺序。技术顺序是由项目的技术要求所决定的，比如要进行设备安装就得先完成基础施工。程序顺序是由项目的有关程序及方针所决定的，具有主观性。强制顺序则是由资源限制、环境限制等所决定，比如由于人力不够而将某项工作安排在另一项工作之后。

(5) 确定各工作周期。工作周期通常根据积累的类似项目的历史数据，各方面专业人员的经验以及项目本身的具体要求和工作量来确定。

(6) 最后一步是校核计算。校核计算的目的是为了确定所制定的进度计划能否满足项目工期要求，通常采取的是网络分析的方法。

目前国际工程中网络计划技术使用非常广泛，其中具有代表性的专业软件P3（Primavera Project Planner）使用越来越频繁，有的 EPC 合同明确要求项目所有计划的编制采用 P3。

为了适应项目不同管理层对项目进度计划管理的不同要求，在按照上述步骤及采取相应的方法编制进度计划时，项目进度计划需要按照工作内容由粗到细的原则进行分级。国际工程项目的进度通常可分为三级。

第一级：管理层计划。该级计划主要由项目高层管理者负责监督和执行，其确立了项目主要工作的开始时间、完成时间和相互制约关系、项目主要里程碑以及各主要工作的负责者。其包括的工作项数较少，像大型工业项目一般为数十项。另外该计划一旦确定，并得到业主和管理层的批准后，除非由于合同的工作范围发生变化或管理层认可的其他原因，不对其做任何修改。

第二级：项目主进度计划。该级计划是对一级计划的细化，其编制引入了网络关键线路（CPM），包括的工作项数较多，各项工作间有较复杂的逻辑联系，并且赋予各种资源。它由项目的控制部负责监督和控制，并定期根据项目的执行情况对其更新。

第三级：详细控制计划。该计划又称操作层计划，它是对二级计划的进一步细化，是项目计划管理的最低一级，一般由项目操作层负责监督和控制。具体地说，就是在设计阶段由各专业负责人根据二级计划要求编排和监督执行，在施工阶段则由各专业施工部总体负责，对其一般不进行网络分析。该计划更新比较频繁。

2. 进度计划的跟踪、监控、预测

进度计划编制完成后，就要建立项目进度测量的标准和系统。进度测量系统以合同要求为基础，按照投入的工作量或达到的实际形象进度来确定工程进展情况，并据此检查进度计划实际执行情况。目前国际工程中大都使用赢得值技术（Earned Value Technique）来监控项目的进度[1]。采用计划值（Planned

---

[1] 关于赢得值技术，具体请参阅：胡德银. 应用赢得值评估原理实行项目费用/进度综合控制. 化工设计，1994，2：46~51.

Value)、赢得值（Earned Value）、实际费用（Actual Cost）之间的对比来分析进展情况和费用情况。同时对进度可以进行下列方面的预测：

（1）对于已经开始但还没有完成的工作，预测其完成日期。

（2）对于还没有开始的工作，预测其开工日期。

（3）对于那些未按计划执行的工作，预测其延误对项目进度计划造成的影响。

（4）预测整个项目的完成日期。

3. 进度状态报告

无论是根据 EPC 合同向业主报告，还是用于承包商内部的项目决策和施工管理，承包商都需要建立项目进度状态报告系统，一般分月进度报告（Monthly Progress Report）、周进度报告（Weekly Progress Report）以及日进度报告（Daily Progress Report）。报告的内容涉及项目总体进展情况、设计进展、采购进展、施工进展。对于月进度报告，一般包括本月完成工作、下月计划目标、存在问题、补救措施以及所附的进度曲线和人力资源图。

施工进度报告由施工部负责编制，并上报控制部，由控制部汇总其他方面的进度作为项目管理层掌控项目进度的信息，并按照合同向业主方报告。

EPC 承包商施工进度方面形成的主要管理文件有：

（1）EPC 项目总体施工管理计划编制规定。

（2）EPC 项目总体施工进度控制规定。

（3）项目滚动计划编制规定。

（4）施工进度测量规定。

（5）施工进度执行情况报告编制规定。

（6）现场施工调度会议管理规定。

7.3.2　承包商施工质量管理

施工质量管理就是按照 EPC 合同的规定，承包商对施工中的各个阶段影响质量的因素进行有效地控制和管理，达到预期质量目标。施工质量的管理与设计、采购工作的质量管理有着密切的关系，不但关系到施工阶段本身，而且施工准备阶段与竣工验收阶段都涉及施工质量的管理，具体执行由 EPC 项目部的施工部负责，其他部门配合。

1. 施工质量管理准备阶段

这一阶段的主要工作包括：

（1）根据 EPC 合同对施工的规定，确定施工和质量检验所依据的标准、规范及其设计文件，作为施工质量控制的基础。

（2）施工人力资源准备。根据项目特点和施工复杂程度的要求，对各类施工人员，尤其是特别工种进行培训，保证施工人员的素质满足施工要求。

（3）施工机具的配备。根据工作范围与施工工作量进行设备选型，确定与施工技术方案匹配的施工机具。

（4）施工现场准备。完成现场开工所必需的"四通一平"（Availability of Water, Electric Power, Access Roads, Telecommunication and Site Leveling）。

（5）编制施工计划，包括施工部的组织设置、管理办法、施工部署和施工技术安排。有时 EPC 合同规定须向业主报批。

（6）施工图会审与施工技术接口协调。在此过程中，对施工过程中容易出现的错误以及质量问题做好预防措施，控制好施工操作程序与施工用材质量控制程序。

2. 施工阶段质量管理

施工阶段的质量控制分为两个层面：一是业主方人员依据合同在施工现场对施工作业的检查与控制；另一层面是承包商内部施工质量管理。承包商的施工管理人员应始终与业主方人员保持联络和协调，并按施工管理程序的要求进行施工质量管理。施工阶段质量控制工作主要包括：

（1）确定质量控制依据，包括 EPC 合同技术要求、设计文件、施工规范和质量检验标准等。

（2）采用承包商内部检查、会审、现场实测、实量等方式进行质量控制。对于重要施工环节，EPC 合同可能要求承包商与业主方进行联合检查。

（3）检查的对象为施工工序、材料，并确定发现问题后的整改及反馈程序，尤其加强对特殊工序与甲方供材（Owner Supplied Items）的控制。

（4）工序交接质量控制。当某专业工程或主要施工工序完成后，在进行下道工序前，由施工部组织进行质量检查，经检查合格后形成工序交接单，由施工部和施工作业队/组各存一份。重要的工序业主一般派员参加，并背书认可。

（5）施工质量统计。质量统计和评价也是质量控制的一种方式。通常采用质量控制点检查一次合格率来衡量施工质量的水平。

3. 竣工验收阶段质量管理

虽然每个 EPC 合同对竣工阶段的规定不太一致，但一般理解竣工验收阶段包括机械竣工验收/基本竣工验收（Mechanical Completion /Practical Completion）以及为达到运行验收/最终验收（Operational Acceptance/Final Acceptance）而进行的性能保证试验（Performance Guarantee Test）阶段。这是施工工作完成的最后一道质量检查。承包商这一阶段的质量管理主要是与业主进行联合验收，检验整个项目是否达到质量要求。就承包商内部而言，其主要工作是确保在与业主联合检查之前项目达到了竣工验收的条件。这些条件通常包括：

（1）工程已经按设计文件的内容全部完成。

(2) 工程质量达到了验收规范要求的标准和设计文件要求。

(3) 竣工验收前应具备的各类竣工资料已经准备齐全，并符合合同要求。

EPC 承包商施工质量方面形成的主要管理文件有：

(1) 施工质量管理和控制总体规定。

(2) 施工工序控制点与等级划分规定。

(3) 现场质量检查和试验管理规定。

(4) 施工质量记录管理规定。

(5) 施工质量事故处理管理规定。

7.3.3 承包商的 HSE 管理❶

如上所述，国际 EPC 工程项目中对承包商在健康、安全、环保方面的要求越来越严格。承包商在项目具体实施过程中，应严格遵守规定，这不但是满足合同的需要，也是一个具有现代管理理念的承包商的自身要求。从工程实践来看，良好的 HSE 管理有助于建立健康的项目团队文化，是承包商高效率完成项目的一个保证。在工程实践中，作为规范的 HSE 管理，承包商一般建立 HSE 管理体系❷，即：依据合同与法律的规定，结合该工程的具体特点，项目管理层制定一整套在健康、安全、环保各方面的承诺、方针目标、组织保证、监督、记录和评价等方面的机制，并以管理手册的形式指导项目参与人员在项目实施中严格执行。

根据项目规模的大小，项目团队中可以单独设立 HSE 部，也可以划归施工管理部等相关部门。

1. 健康管理

健康管理可包括预防、健康监测、劳动保护用品、营地建设管理、医疗措施与急救方案。

承包商应保证参与项目的所有员工身体健康，并体检合格，适合所从事的工种和作业。在投标阶段就应对项目实施所在地的地方病、传染病进行调查。项目开工前对参与项目的员工进行职业健康教育和培训，介绍预防知识，采取预防措施。

在施工过程中，对有毒有害的施工场所进行特别监测，提供相应保护设施，定期对员工进行健康检查。对群发性疾病要及时公布，采取措施密切监护控制病情，并采取必要的隔离措施。

---

❶ 在本章论述 HSE 并不表示 HSE 管理只限于施工阶段，对于一个 EPC 合同来说，HSE 管理贯穿于设计、采购和施工各个阶段。

❷ 我国的某些领域的工程项目习惯由业主建立项目 HSE 管理体系，由授权代表签署发布，承包商据此制定自己的 HSE 管理文件并在项目实施中严格执行。

根据防止职业病的需要，按不同的工种、工作环境配备相应的劳动防护用品。对于特种作业人员，如隧道作业人员、爆破人员、焊工、电工等配发防毒、尘面具，阻燃、防辐射服装，绝缘手套，耳塞，防砸鞋等特殊防护品。

承包商在设立营地时，应考虑营地周围环境、自然条件、交通情况等。营地内的住房、办公室、厨房、卫生间应布置合理，定期消毒，并配备消防设施，使营地成为一个安全、卫生的生活和办公场所。

在医疗措施与急救方面，承包商应配备专业医疗人员、医疗装备和药品，调查施工区附近的医疗卫生机构，了解其位置、医疗救护设施和能力，建立记录档案，并与重点的医疗机构保持联系，建立合作关系[1]，使项目人员处于受保障状态。

2. 安全管理

广义的安全管理包括施工安全和社会治安防范管理。由于施工作业属于高危险作业，加上现今国际社会某些地区动荡不安，国际工程的安全管理成为一个各方十分关注的问题。

承包商应针对项目的特点拟定出项目危险源的检核表（Hazard Checklist），并在此基础上制定施工安全管理计划。安全管理计划的内容一般包括安全管理目标、安全管理组织机构、安全控制程序、各部门安全职责权限、安全危机应对措施、安全评价与奖惩。

落实安全计划的核心在于安全责任的确立。在国际工程中，根据合同关系划分，承包商是安全责任主体。在承包商组织内部，项目经理为安全总体负责人，直接责任人一般为 HSE 经理和/或安全工程师。但有的项目的安全责任安排中，安全管理人员只负责安全监督[2]，承担安全管理责任，安全的最终责任由具体施工区段班组长承担。

关键安全控制点可根据项目的特点确定。若为长距离的道路、管道等"线性"项目，则交通安全为主要控制点；若为安装项目，高空作业和吊装可能为主要安全控制点。

3. 环境管理

工程建设会对自然环境带来一定的影响。"合理利用自然，消除或减少污染，促进可持续发展"应作为平衡人造环境（Built Environment）与自然环境（Natural Environment）的准则。承包商应根据 EPC 合同以及法律对环保的规

---

[1] 在笔者参加的某国际工程中，在业主的帮助下，我们与项目附近的当地一家医院建立了合作协议，由医院派员每周到承包商的营地消毒一次，并定期地对员工体检，防止疾病传染。我们承包商还与附近的一家当地的空军基地取得联系，与对方签订在现场发生重大事故时对方派遣直升机予以援助的会议纪要。

[2] 这种责任安排大概是因为有限的安全管理人员不可能对施工作业活动实施全部定点监控，最终能直接控制安全的是一线作业人员。

定，在项目实施过程中进行环境保护。承包商的环境保护主要包括进行水土保护、控制噪声扰民、控制粉尘污染大气、施工现场附近植被保护。国际工程施工中常常采取的具体环保措施如下：

（1）现场必须设立专用场地堆放废弃物、垃圾，并按环保要求进行妥善处理。堆放场地不得设在自然保护区、水域保护地附近。

（2）燃料和危险液体的储存区应远离水体，达到规定距离，储存容器要有识别标签，并在地面铺设防油垫层，防止溢出或渗漏。

（3）人工砂石料系统等施工中产生的污水必须在经过物理和化学沉淀处理达到合同规范要求后才能排放。

（4）必须对施工中产生的粉尘、烟尘进行处理。施工开挖时，必须按规范进行边开挖、边洒水，防止粉尘污染。

（5）施工噪声必须控制在合同规范规定的范围内。

（6）不得在现场附近林区和自然保护区有任何作业活动，严防在区域内引火、丢弃垃圾、捕猎野生动物。

对于一些跨区域的"线性"项目，如管线工程、道路工程，在穿跨越河流、农田、森林、湿地等时，必须向有关部门办理手续后才能开始施工，并按规定做好水土保护。

EPC承包商HSE方面形成的主要管理文件有：

（1）施工现场清洁卫生管理规定。

（2）生活办公营地清洁卫生管理规定。

（3）项目流行病预防控制管理办法。

（4）项目施工安全与事故报告管理办法。

（5）项目安全保卫工作管理规定。

（6）项目实施环境保护规定。

在实践中，有的项目将上述文件汇总为"项目HSE管理手册"。

7.3.4 承包商试运行管理

对包括机电安装工作的工业项目来说，工程最终竣工移交给业主前，都要经过试运行阶段，但国际上对于试运行阶段并没有统一的划分方法。从程序上讲，试运行的工作程序一般可以细化为预试运行、试运行、投料试运、性能保证试验（或称生产考核）❶。

---

❶ "试运行"也常被称为"试车"。对于复杂的EPC项目，试运行的阶段可能划分得更为复杂，如核电站的试运行通常将试运行分为调试、试运行、性能试验。其中调试包括预运行试验阶段（包括冷态功能试验和热态功能试验两个分阶段）以及装料、初次临界和低功率试验阶段（包括装料和次临界试验、初次临界试验、低功率试验、功率试验四个分阶段）。

第 7 章　国际 EPC 交钥匙工程的施工管理

　　预试运（Pre-commissioning），或称为"试车准备"，就是在工程所有土建安装工作结束后，完成试运行之前的一切准备工作，主要包括设备和管道内部处理和试压，工艺装置和辅助设施的安全检查，电气仪表回路校验，转动设备的冷态对中核检（Cold Alignment Checks），泵、压缩机和阀门的密封润滑等。在预试运行过程中，此时业主往往希望安排自己在未来工程移交后的操作维护人员介入，甚至作为 EPC 承包商为业主人员提供培训工作的一部分。在石化工程中，当预试运行完成后，一般由承包商与业主进行联合机械竣工检验，检验合格后签发机械竣工证书。

　　预试运行完成后，进入试运行（Commissioning）阶段。在这一阶段，双方按照合同约定的职责划分联合进行，主要的工作内容是：在正式投料试运前，对工程的各工艺装置、辅助生产装置、公用工程系统等进行调试、管道清洗、耐火衬里烘干、模拟试车❶等，为投料试运行做好准备。

　　投料试运行（Initial Operation/Trial Operation）是在完成试运工作后，对工程装置投入原料和工艺介质，进行生产试车，使竣工装置逐步达到稳定、正常的操作状态，生产出合格产品。在投料试运行期间，为了证明竣工工程的生产达到 EPC 合同规定的保证指标，要进行性能试验或生产考核（Performance Guarantee Tests），即：竣工的生产装置在正常操作条件下按 EPC 合同规定的考核周期❷连续无间断地运行，通过性能测试来验证其是否达到合同规定的保证值、工艺性能、经济指标。

　　从试运行组织程序上讲，一般工程实施接近竣工时，合同双方就会按照 EPC 合同的规定分别设立自己的试运行队伍，有的 EPC 项目则组成联合试运行小组。双方共同拟订试运行实施总体计划，作为整个工程试运行管理和安排的依据。一般来说，预试运行阶段由 EPC 承包商主持，负责编制这一阶段的工作实施计划，业主派员参加。在预试运阶段，EPC 承包商的试运行小组需要组织业主、施工分包商、供货商从试运行角度来检查施工安装质量，检核在试车、操作、停车、安全和紧急事故处理方面是否符合设计要求，对发现的问题列出清单，并分工修改，达到设计要求。同时帮助业主编制和完善下一步的试运行方案，并对试运行的开车工进行指导和考核。

　　有时 EPC 合同规定试运行由业主负责主持，承包商参与试车和投料试车，按合同规定提供各种支持，参与解决期间发生的问题。试运行监视和记录的运行参数以及性能试验结果由双方会签认可，作为工程正式验收的依据。

---

　　❶ 这一试运行阶段相当我国传统上所说的单机试车和联动试车阶段。
　　❷ 考核周期根据工程的性质不同而不同，一般工业项目连续工作 72 小时；有的大型复杂项目则要求长些，某核电站要求考核周期为机组满功率安全稳定连续 100 小时的运行。

EPC 承包商试运行方面形成的主要管理文件有：
（1）EPC 承包商与业主试运行工作接口划分。
（2）试运行里程碑与管理计划。
（3）试运行工作操作规程。
（4）投料试车前安全检查管理规定。
（5）项目验收管理规定。

根据项目的大小与试运行的复杂度，可以将上述文件汇总一份"试运行管理"手册。

7.4 小结

本章介绍了国际 EPC 合同关于施工管理的常见规定，并论述了承包商依据 EPC 合同的规定如何进行施工进度、质量、HSE、试运行方面内部管理。在国际 EPC 工程中，承包商承担了设计、采购、施工等综合工作，但对于每一个具体的承包商而言，其公司自身力量在大多数情况无法独立完成所有工作，EPC 合同中的一部分甚至大部分工作都需要分包出去，因此分包管理也是国际 EPC 承包商的一项重要工作。下一章，我们将论述"分包管理"这一内容。

第 8 章　国际 EPC 交钥匙工程的分包管理

本章首先介绍 EPC 承包商的分包策略及对其竞争力的影响，并结合国际合同范本与工程实践给出了 EPC 合同关于分包工作的常见规定。然后分析了分包商的各种类型以及 EPC 承包商在选择分包商时所依据的标准。最后分析了分包合同的主要内容与一些关键点，从合同和组织关系的角度提出了如何做好分包管理工作的建议。

8.1　EPC 总承包项目的分包策略

一个工程承包企业再强，也不可能具备实施 EPC 总承包项目要求的一切工作的能力。由设计院所演变成的国际工程公司，其设计力量强，但采购、施工力量相对较弱；由施工公司演变成的工程总承包公司则相反。无论哪一类公司，要获得 EPC 总承包项目并顺利完成合同，都必须借助外部资源和力量。因此，分包在 EPC 国际工程项目中不但必要，而且分包管理水平也是 EPC 承包商整体管理水平的体现。

分包策略对 EPC 承包商获得项目起着很重要的作用。从工作内容来看，分包可以弥补总承包商自身力量的不足。从总承包价格的形成来看，分包商对其报价的高低影响 EPC 承包商对业主的总报价，从而在某种意义上影响其是否中标。所以，选择合适的分包商无疑会增强 EPC 承包商的竞争力。

对于一个国际 EPC 总承包项目来说，设计、设备供货、施工、运输等工作都有可能部分地被分包出去，因此作为一个承担国际 EPC 项目的承包商，必须建立自己完善的分包策略。从目前来看，国际上大型的 EPC 项目承包公司都在努力从合作者中逐渐筛选出能力强、信誉好的公司，与其建立稳定的合作关系，使其成为自己的"战略伙伴"。这些稳定的合作伙伴作为自己的"下游"分包商，能使 EPC 总承包公司迅速得到投标以及执行项目时可靠的外部资源。国际上将这种整合下游资源的管理行为通常称为 EPC 承包商的供应链管理。

若 EPC 承包商还没有建立完善的"下游供应链"，则在投标 EPC 项目时就需要根据自己的分包计划对潜在的分包市场进行详细的调查，包括国内和国外。调查的内容应包括：分包市场上分包商数量、分包能力、专业化分工、材料设备供应状况，目标分包商的业绩、技术和财务实力、履约信誉、机械装备水平、人力资源水平，分包商的工效和价格水平，若是当地分包商，还应包括当地风俗宗教习惯、节假日等。对这些内容的调查数据构成投标的基础数据。

EPC 承包商应形成的管理文件包括：

（1）分包策划管理规定。

（2）伙伴关系分包商名单管理规定。

8.2 EPC 合同关于分包的规定

从国际实践来看，EPC 总承包合同对工程分包都有不同程度的规定，有的 EPC 合同对承包商的分包行为约束较松，有的则要求比较严格。EPC 承包商在分包时应遵循 EPC 合同的约束。理论上讲，由于 EPC 承包商对整体工程负责，业主应采用严格目标管理、放松对实施过程中具体工作的管理的方式。FIDIC 的 EPC 交钥匙合同关于分包的规定就反映了这一原则。与 FIDIC 施工合同条件关于分包的规定相比，FIDIC EPC 交钥匙合同条件关于分包的规定就比较松。其主要规定如下：

（1）承包商不得将整个工程分包出去。

（2）承包商应为分包商的行为负责。

（3）若专用合同条件中规定，承包商应至少提前 28 天将他拟雇用的分包商的情况通知业主，并告知分包商计划开始分包工作的日期以及开始现场工作的日期。

从上面规定来看，对分包工作，只要不全分包出去，业主基本不干预。即使是通知业主，也只是在专用条件中具体规定时才对业主有告知义务。下面是 FIDIC 施工合同条件关于分包的规定，读者可以对比分析一下。

（1）承包商不得将整个工程分包出去。

（2）承包商应为分包商的一切行为和过失负责。

（3）承包商的材料供货商❶以及合同中已经指明的分包商无需经工程师同意。

（4）其他分包商则需经过工程师的同意。

（5）承包商应至少提前 28 天通知工程师分包商计划开始分包工作的日期以及开始现场工作的日期。

（6）承包商与分包商签订分包合同时，分包合同中应加入有关规定，使得分包商能够在特定的情况下将分包合同转让给业主。

从上面规定来看，承包商不但就分包情况对业主有告知义务，而且分包商必须由业主的工程师批准。

---

❶ 在国际工程实践中，有些 EPC 合同规定，对于某些特殊材料的供货商需经过业主批准。

第 8 章　国际 EPC 交钥匙工程的分包管理

但在国际工程实践中，业主对分包的控制往往比 FIDIC EPC 合同中规定的要严格得多。下面是一个实践中具体的国际 EPC 合同对分包的规定：

(1) The Contractor shall not sublet all of the Work nor the engineering design nor the procurement services thereof. （承包商不得将整个工程分包出去，也不得将工程设计和采购工作分包出去。）

(2) The Contractor shall not in any way sublet any part of the Work without the prior written approval of the Superintendent❶which approval shall not be unreasonably withheld. （承包商不经过业主代表事先书面批准，不得将任何工作分包出去，但这类批准不得无故扣发❷。）

(3) The Contractor shall be responsible for the acts and omissions of its Sub-Contractors. （承包商应为其分包商的一切行为和疏忽负责。）

(4) The Contractor shall sublet the pipeline installation works to one of the Employer approved local pipeline installation contractors listed below. （承包商应将管道安装工程分包给业主批准的下列当地管道安装承包商之一。）

与 FIDIC 合同的规定相比，上述在实践中的规定更为严格。在上述规定中，EPC 承包商需要注意两个问题：一是分包需要经过业主的批准，但业主若不同意承包商提议的分包商，必须给出理由；另一个是，若业主推荐分包商，他必须给出至少 5 个分包商名单，否则分包商的报价会虚高，不能形成有效竞争性报价，甚至形成"围标"（Bid Collusion）的情况。若业主给出的分包商数量少，除非业主将他们作为指定分包商（Nominated Subcontractor）❸ 对待，否则承包商不应接受这类做法。

在美国，关于分包通常的做法是，承包商在中标后应将其拟雇用的分包商名单尽快报给业主/建筑师，业主方经调查核实后应立即予以答复，说明是否同意分包商名单。若不同意，承包商不得再雇用该分包商，但业主必须说明不同意的理由。若业主没有及时给出答复，则视为同意了承包商所报分包商名单。反过来，若承包商不同意，业主也不得强求承包商雇用某分包商。若承包商对雇用分包商有某些特殊考虑，如必须雇用某分包商来实施某部分分包工作，则他可以在投标时对自己的分包要求做出特殊声明。若业主批准分包商后，承包商希望更换分包商，则此类更换需要得到业主的许可。

但是，无论分包合同怎样规定，都具备几个方面的共性：一般允许工程分包；总承包商对分包商的行为向业主承担一切责任，即 EPC 承包商不能以分包

---

❶ Superintendent 原意是监督管理员，此处指的是业主代表。

❷ "但这类批准不得无故扣发"这一规定对 EPC 承包商来说十分重要，因为它限制了业主方对分包商批准的权力，即若业主对承包商所报批的分包商名单不予批准，则他必须给出理由。

❸ 见下面 8.3.1 对中"指定分包商"的解释。

商未能履行相关工作为借口来免除相关工期和质量的责任;业主对承包商的分包行为有一定的程序上的控制。

允许分包是因为大部分工程,特别是 EPC 交钥匙合同工程比较复杂,涉及的工作量比较大,一个公司不可能承担所有工作,即使能够承担,也达不到最佳效率。由于业主选择 EPC 承包商来实施工作,是出于对其履行合同的信赖,若 EPC 承包商分包工程,业主当然要求其为分包商的工作承担责任,并约定一些分包程序上的限制,否则业主就会失去控制。

8.3 分包商的类型与选择标准

8.3.1 分包商的类型

根据不同的标准,分包商可以被划分为不同的类型,如按工作类型,可以划分为设计分包商、土建分包商、安装分包商、供货分包商❶、运输分包商和劳务分包商等。从选择权和选择方式上,分包商可以划分为 EPC 承包商自行雇用的分包商(以下简称自雇分包商 Domestic Subcontractor)与业主指定的分包商(以下简称指定分包商 Nominated Subcontractor)。下面对自雇分包商与指定分包商分别予以介绍。

1. 自雇分包商

一般来说,承包商根据自己的总体项目执行安排,来确定哪一部分进行分包。从选择的时间来看,自雇分包商又分为在投标文件中就已经确定的分包商和在工程执行过程中临时决定雇用的分包商。

对于 EPC 工程某些重要工作,若 EPC 承包商没有能力承担,则一般就要在投标阶段从潜在的分包商名单中选定某一分包商,由其协助编制与其工作相对应的那部分投标文件,并在投标书中说明将相关工作分包给该分包商实施,同时附上分包商的相关资料,包括工程经验、财务状况等反映分包商能力的文件。若中标,这一类分包商就自然地成为 EPC 承包商的分包商,不需要业主的批准,因为雇用该分包商是 EPC 承包商投标的一个条件,业主接受承包商的投标书,也就意味着对该分包商的批准。但反过来,若承包商在中标后决定不雇用该分包商,可能需要经过业主的同意。因此,EPC 承包商在提前选定此类分包商时要注意,在投标前最好与分包商签订一个有条件的分包合同,双方承诺,若中标,EPC 承包商按商定的条件与分包商签订最终的分包合同,而分包商也必须

---

❶ 由于采购工作的性质与其他分包工作有所区别,从法律的性质而言,有人认为供货商不属于分包商,但从工程实践来看,这种区分意义并不大,本书中将其作为一种分包商。

按商定的条件接受此分包合同，并制定违约处理措施。若无法签订分包合同，至少在投标前签订一个分包合同意向书，把将要分包的工作内容、分包价格、责任划分等内容确定下来。这样就避免在 EPC 合同中标后签订最终的分包合同时出现争议，甚至出现分包商抬高分包工作价格的情况，打乱 EPC 承包商的项目实施计划。

对于在项目执行过程中临时决定要雇用的分包商，则一般需要业主的同意。临时决定雇用分包商可能出于两个原因：一是工程的实际情况超出预期的安排，导致 EPC 承包商实施项目的自有资源不足；二是被分包的工作为一些辅助工作，不构成实施整体工程的关键工作。决定选择分包商来承担这些工作大都是出于优化项目实施的考虑。选择分包商时主要考虑的是报价。

2. 指定分包商

对于工程中的一些属于特别专业的关键部位或永久设备，业主希望由一个有经验、有专长、自己熟悉和信赖的专业公司来承揽，以确保工程质量以及业主的其他特殊要求。基于这一原因，在国际工程中出现了指定分包商这一角色。若业主考虑雇用指定分包商，则会在 EPC 合同中对指定分包商做出相关规定。通常规定如下：

（1）业主方可以在签订 EPC 合同时要求 EPC 承包商就某项工作内容雇用业主指定的分包商，EPC 承包商与该指定分包商签订分包合同。

（2）在工程实施过程中，业主方可以随时要求 EPC 承包商雇用业主指定的分包商来承担部分工作，若业主这样做，应按照变更处理。

（3）若 EPC 承包商认为业主指定的分包商从技术、财务等方面不能完成相关工作，他有权向业主提出反对意见，不雇用该指定的分包商。

（4）就其分包的工作，指定的分包商应保障 EPC 承包商免遭任何方面的损失，并应同意将此承诺纳入分包合同中，否则 EPC 承包商有权拒绝雇用此指定分包商。

（5）EPC 承包商应负责管理指定分包商的工作并向业主负责。

对于指定分包的情形，EPC 承包商应注意，业主一般不对指定分包商的工作负责，若指定分包商的工作出了问题，EPC 承包商应向业主负责，除非此前 EPC 承包商对该分包商提出了合理的反对意见，但业主没有接受，而坚持雇用该指定分包商。在大多数情况下，EPC 合同中出现指定供货商或厂家的可能性更大些❶，从广义上看，也属于指定分包的性质。另外出现较多的情况就是业主对设计分包商的指定。由于业主在 EPC 项目招标前，可能雇用某设计咨询公司承担前期的项目规划和部分前期设计工作，并希望该公司继续承担该项目的其他后续设计工作。因此，业主可能在招标文件中规定，中标的 EPC 承包商应雇

---

❶ 请参阅第 6 章"国际 EPC 交钥匙工程的采购管理"的相关内容。

用该公司来承担全部或部分设计工作,并将该公司作为指定分包商❶。EPC 承包商在接受此类指定分包商前,应对该分包商前期的设计成果以及之后作为指定分包商的设计成果的责任划分清楚,即:哪些责任由业主承担,哪些由设计分包商承担,自己有哪些风险。一般来说,对于设计分包商前期作为业主的设计咨询顾问所做的工作,若出现问题,应由业主承担责任;对于后期指定设计分包商所做的设计工作,EPC 承包商应向业主负责。

8.3.2 分包商的选择标准

在 EPC 合同规定允许的范围内,EPC 承包商可以按照工程实施规划决定分包的范围,并针对分包的范围来选择相应的分包商。

在选择标准上,除了报价的核心要素之外,还应从以下几个方面考虑:

(1) 分包商从事类似项目的经验。这方面的信息主要从分包商所报的资格文件来获得。

(2) 项目实际完成绩效、信誉是否良好。这方面的信息主要向分包商以前的业主或总承包商来询问,可以要求分包商在投标时提供以前项目业主的联系方式,供查阅情况。

(3) 分包商的施工机具情况。这方面要看分包商自有设备能否满足拟分包项目的施工要求。在审查这一内容时,主要了解分包商可用于该项目的设备情况,因为有的分包商虽然施工机具不少,但由于同时承担若干项目,真正可以用于该项目的设备可能较少,影响工程进度。

(4) 分包商的管理人员素质情况。审核分包商的项目管理人员、技术人员以及项目实施工人的配备情况等,不应该选用那些项目管理能力较弱的分包商去承担分包项目。

(5) 分包商的财务状况。主要审查分包商近几年来经过审计的财务报表等,看其资金状况和财务能力能否适应总承包商分包项目的财务要求以及承担财务风险的能力。

在审查这些标准时,不能仅仅凭借分包商提供的文件,最好到分包商正在承担的工程项目上实地考察其能力,了解其人力资源和设备资源的情况。

在权衡各项标准时,应根据分包的工作内容来确定。若分包工作的进度要求紧、技术标准高,属于项目的关键工作,此情况下选择分包商主要看其技术实力以及管理经验和水平能否保证整个项目的顺利进行。若该分包商不具备完

---

❶ 有时候,业主不将其前期的雇用的设计咨询公司指定为 EPC 承包商的设计分包商,而是在 EPC 合同中要求投标 EPC 项目的投标人同意,若中标,投标人将与该设计咨询公司组成联合体(Consortium),来共同承包该 EPC 项目,设计工作由该设计咨询公司承担,这一类型的合同通常被称为 EPC 总承包合同的一个变形,即更替型合同(Novated Contract)。

成分包工作各个方面的能力和资源，会给整个工程带来严重的连锁反应，项目的潜在损失要远远大于所节省的一点价差。反过来，若分包的工作技术含量低，又非关键作业，则此时主要根据报价来确定分包商。

EPC承包商应形成的管理文件包括：

(1) 分包招标管理规定与招标程序。

(2) 分包商资格审查与评价表。

(3) 分包商选择的评标标准。

8.4 分包合同与分包工作管理

8.4.1 分包合同内容

分包合同的编制既可能简单，也可能复杂。分包工作简单、费用低的分包合同可以简单些，但分包工作量大、复杂、费用高，分包工作实施的好坏对整个工程影响很大时，分包合同的编制应尽可能做到全面细致。组成分包合同的文件主要包括：

(1) 分包协议（Subcontract Agreement）。

(2) 总承包商签发的中标函。

(3) 分包商的报价函。

(4) 分包合同条件。

(5) 分包商实施分包工作的组织与技术方案。

(6) 技术规范、图纸或工作范围（基于主合同的规定）。

(7) 其他附件（如主合同的相关部分、担保、宣誓书[1]等）。

上述的内容与主合同对工期、质量、支付、组织、HSE等方面的规定在原理上是相似的，但又具备与主合同相关联且又特殊的一面。下面结合某国际EPC工程中分包合同规定来分析一下分包合同条件中一些需要特别注意的内容。

1. 关键词的定义（Definitions）

本部分主要说明分包合同所用关键词的含义，凡是与主合同相关的，尽量与主合同保持一致，涉及分包特殊事项的则规定在分包合同中的特殊含义，如"工作"（the Work）一词单独使用时，应定义为特指分包工作，避免与主合同

---

[1] "宣誓书"英文为Affidavit。在国际工程中，业主常常要总承包商签订这样一份宣誓书，保证总承包商在申请最终结算款时，就承包工程有关的事宜，总承包商宣誓已经结清了与分包商和供货商等的所有款项，不再对外欠付任何款项，并将此作为总结算的一个前提条件。在签订分包合同时，总承包商最好要求分包商提供此类宣誓书，作为分包结算的条件，否则对分包商的欠款有可能给总承包商带来法律上的麻烦。

中的术语混用，导致误解或曲解。

2. 分包工作范围（Scope of Work）

本部分主要界定分包商应负责的分包工作范围，并规定，除与总承包商约定提供的内容之外，分包商提供为完成分包工作的一切人员、材料、设备等，同时规定不得再分包。在实践中，若分包工作内容较多，除在合同条件中约定外，还可以附件形式单独列出工作范围。另外，一定注意对分包工作与其他分包商或EPC承包商的工作界面进行划分，对一些衔接性工作也应做好清晰划分和归属。

3. 图纸与规范（Drawings and Specifications）

此部分说明总承包商为分包工作提供的图纸清单以及项目实施所遵守的技术规范和标准。一般通过附件的形式将此类内容列出。所规定的技术规范和标准应与EPC合同中的要求一致，将已完成的设计图纸作为附件给出。若某些施工详图将随项目实施而提出，也应作出相关说明。

4. 分包工作实施时间安排

这一部分应对分包商开始和完成分包工作的时间予以规定，并以附件的形式给出分包商的实施计划（Execution Schedule），同时规定分包商正常工作时间。在规定开工日期时，最好不要将其规定为某一具体日期，而是规定分包商大致的开工时间，具体开工日期由EPC承包商来通知。这是因为分包商的开工有时会受到很多条件的制约，如由于业主原因，其他分包商拖延以及外部突发事件，EPC承包商未能按计划为分包商准备好进场条件等。若规定了分包的具体开工日期，会导致分包商对EPC承包商的索赔。

若某分包工作制约着整个项目的工期，应对该分包商的工期进行严格的合同控制，具体的控制措施包括：

（1）规定分包合同工期拖期赔偿费，而且额度相对大些；若分包工作提前完成对EPC承包商有利，可同时设立提前竣工奖励。

（2）为了便于控制分包工作进度，也可以在分包合同中设定若干分包工作阶段性的里程碑日期，对每个里程碑日期的拖延也制定相应的惩罚措施。

（3）在分包合同中规定，"时间是核心要件"（Time is of the essence），也就是说，分包商必须遵守本分包合同中规定的完工日期，若发生任何拖延，EPC承包商都有权解除分包合同。

（4）EPC承包商根据主合同的执行情况有权要求分包商赶工。

（5）若分包工程拖延，EPC承包商有权没收分包商履约保函。

5. 价格与支付

规定分包合同价格是总价合同还是单价合同❶，是可调整还是固定不变的。

---

❶ 一般来说，分包合同的价格也最好设为固定总价，这样EPC承包商容易控制总价。但若设计没有完成，分包工程量无法确定的土建分包，则最好按单价合同，其他类型的分包工作则宜设定为总价。

若可调整，什么条件下进行调整，调整价格的参考指标有哪些。另外对预付款、保留金等款项的额度、支付与扣还也应规定清楚。

分包价款可以规定按实际测量的进度支付，也可以规定按里程碑支付，里程碑支付计划表可以以附件形式列出。具体的支付程序可以与主合同的支付要求关联起来，并可要求分包商提供相关申请以及支持性文件。若需要，可以规定 EPC 承包商从业主处收到款项后的多少天内将款项支付给分包商。

关于税金问题，分包价格应根据主合同的情况决定是否含税，这一点必须说明。若分包合同不能免税，则 EPC 承包商须对分包商就实施分包合同所缴纳的税金予以监督。按照工程所在国的法律，若分包商偷税漏税，EPC 总承包商负有连带责任，则可以在分包合同规定，EPC 承包商在支付分包合同款项时扣除一笔金额，作为分包商纳税保证金（Tax Retention），待分包合同完成，分包商提供完税证明（Tax Clearance Certificate）后归还该笔金额。

涉及分包工作的其他内容，如履约担保、保险、沟通规则、各类管理程序等，可参照主合同的要求予以规定。

在编制分包合同时，可以参考国际组织所编制的各类分包范本，主要有：

(1) 国际咨询工程师联合会（FIDIC）1994 年出版的分包合同范本（Works of Civil Engineering Subcontract）。

(2) 美国建筑师协会（AIA）1997 年出版的承包商与分包商协议书标准格式（Standard Form of Agreement Between Contractor and Subcontractor）。

(3) 美国设计建造学会（DBIA）1996 年之后出版的设计建造承包商与各类分包商的分包合同协议标准格式[1]。

(4) 美国承包商联合会（AGC）分包合同条件。

(5) 英国土木工程学会（ICE）分包合同条件（Subcontract Form）。

另外，FIDIC 1999 年出版的简明合同条件也可以改编为分包合同条件。

在国际工程实践中，分包合同采用的形式一般比较简单，一个分包合同协议外加若干附件。无论采用复杂形式还是简单形式，必须注意以下各点：

(1) 分包合同的条款必须满足主合同对分包的限制条件，如关于在某些情况下的"分包权益转让"条款，"无留置权"条款，"不承认超越主合同界定之外的不可抗力事件"等。

(2) 分包工作的技术要求必须与主合同的要求一致，最好将主合同中涉及分包工作要求的部分拷贝到分包合同中（"背对背原则"，Back-to-Back Principle）。

(3) 尽量让分包商了解除价格以外的关于主合同中的相关信息，并在分包

---

[1] 读者可以从 DBIA 的网站上查询该系列文本，网址：www.dbia.org。

合同中让分包商承诺，其对主合同的要求以及背景情况已经了解。

（4）关于分包违约赔偿费，应参照分包的违约可能对主合同的影响来确定。有的分包合同本身的金额不大，但一旦该分包拖延或出现质量问题，会对后续工作乃至整个项目造成严重损失。对这类工作，不但需要在选定分包商时保持谨慎，而且应在法律允许的情况下适当加大违约处罚的力度，以对分包商的履约行为构成有效约束❶。

EPC 承包商的合同管理人员应具备编制分包合同的能力。若分包合同额较大，并且是在一些法制健全的国家或地区承包工程，如新加坡、香港、马来西亚、菲律宾等，应在编制好分包合同后聘请当地的专业律师审阅，针对当地法律的一些特别要求，根据专家的意见或建议进行修改和完善。

8.4.2 分包工作管理

EPC 承包商对分包工作的管理可以从三个方面进行：一是组织关系的理顺；二是对分包商执行分包工作的过程监控；三是努力建立良好的伙伴关系。

从组织关系来看，分包商不能直接从业主方接受指令。因为分包商是与 EPC 承包商签订的分包合同，若分包商私自接受了业主方的某些指令，EPC 承包商可以不承认分包商的这部分工作。但在实践中，为了方便现场管理，有时业主、EPC 承包商、分包商之间以会议纪要的形式约定，在特殊情况下，业主可以直接给分包商下达指令，但同时应抄送给 EPC 承包商，在 EPC 承包商向分包商确认后可作为 EPC 承包商向分包商发出的指令。此类特殊情况可能包括安全方面的原因、环保方面的原因、财产保护等。但对于日常的管理，分包商应被看做是 EPC 承包商的内部机构，无权与业主就分包工作进行某些承诺。

对分包工作的监控，主要体现在要时时了解分包工作的执行情况：分包工作的执行是否符合原计划，在偏离计划时如何要求分包商进行赶工，当分包商发生质量、安全方面的违约行为时如何按分包合同处置。EPC 承包商应建立对分包商履约情况的评价机制，并根据评价结果来更新自己的"伙伴关系分包商名单"数据库。在对分包商的监控中，EPC 承包商也应规范自己的管理行为，避免因自己违反分包合同要求而招致分包商的索赔。

良好的团队关系会极大地促进分包工作的顺利完成。EPC 承包商应将分包商看做是整个项目团队的一员，平等善待分包商，并按分包合同的要求为分包商提供协助，应努力与分包商建立良好的伙伴关系，为分包工作的实施提供良好的环境。

EPC 承包商应形成的相关管理文件包括：

---

❶ 国际工程中的惯例是，除非双方约定，否则各方对对方的间接损失和后果损失不承担责任。

(1) 分包招标文件模板。
(2) 各类担保格式（投标保函、履约保函、母公司保函、保留金保函等）。
(3) 分包合同签订管理流程。
(4) 分包商履约绩效评价表。

8.5 小结

本章论述了 EPC 承包商的分包管理。作为 EPC 承包商，应该具备完善的分包策略，提高 EPC 项目投标的核心竞争力。在分包工程中，应遵循 EPC 合同对分包的各类限制性规定，根据分包工作的性质，按一定的标准选择恰当的分包商。EPC 承包商应具备编制完善的分包合同的能力，熟悉分包合同规定的关键点，并在分包合同中建立对分包商有效的激励与约束机制，达到共赢。

第 9 章　国际 EPC 交钥匙工程的支付与资金管理

本章首先介绍国际 EPC 项目资金管理的重要性以及 EPC 合同价格和支付方面的规定，然后以此为出发点，论述 EPC 承包商如何根据合同的规定进行项目资金管理，包括项目资金流动计划的编制与结算方式。

9.1　概述

国际 EPC 项目的顺利实施需要一个"健康的现金流"作为保障。要使项目的现金流保持健康，项目财务部、控制部、合同部等部门应在项目经理的领导下对项目资金进行高效率的管理，包括编制资金流动计划、资金筹措、工程结算和货币兑换、办理各类项目保函以及编制财务报告等。

项目资金来源的主要渠道是工程预付款和结算款。但在工程前期，由于项目资金需求大，业主的预付款和前期进度款常常不能满足项目需求，EPC 承包商需要采用其他方式筹措项目资金，包括使用公司的自有资金以及向金融机构贷款等。要编制项目资金计划，计算自筹资金的额度，就必须对项目预付款、进度款、项目进度计划进行准确的估算，EPC 合同关于价格以及支付的规定则是项目资金管理的合同基础。

9.2　EPC 合同关于价格和支付的规定

9.2.1　EPC 合同的价格类型

如我们在第 1 章所述，在国际工程中，合同价格有三种基本类型：总价合同、单价合同和成本加酬金合同。总价合同通常被认为是"价格闭口合同"，而成本加酬金合同通常被认为是"开口合同"，单价合同则处于中间，承包商只是对所做的某工作项的单位费用确定下来，而该工作项的工程量的变化风险由业主方承担。

对于国际 EPC 工程而言，通常采用的是总价合同，对于在招投标阶段无法合理确定价格的部分工作，也可以采用单价或成本加酬金的计价方式。因此，在实践中也出现总价与单价或成本加酬金混合型合同价格类型。对于某些 EPC 项目，由于前期业主所做的工作很少，但希望 EPC 承包商尽快启动项目的实施，在这些条件的约束下，承包商既没有足够的资料，也没有足够的时间来理解和调查项目的情况，因此让 EPC 承包商在短时间内报出 EPC 合同的总价无疑是一场赌博（gamble），既不现实，也不合理，也很少有承包商敢这样做。因此，面对这种情况，在实践中，业主在确定 EPC 的价格策略时，有时也会采用"成本＋酬金"的价格模式。前面第 1 章中对固定工程量总价合同、单价合同、成本加酬金合同类型进行了介绍，在此我们对固定总价合同与可调总价合同予以介绍。固定总价合同指的是合同价格一旦确定，就作为支付的基础，一般不因实际执行过程中的工程量的变化而变，不随工程执行过程中市场物价波动而进行调整。但严格说来，固定总价合同并不意味着合同签订后合同价格一定保持不变，若出现变更或发生了业主负责的风险，合同价格仍可以调整，只不过所调的范围和情况相对少些。可调总价合同虽然一般指合同款的支付以固定价格为基础，但同时约定，若在合同执行期间市场物价出现波动，则合同价格也随之调整，通常采用价格指数法和文件证明法。调整的具体方法在合同中约定。

9.2.2　EPC 合同关于价格的常见规定

对于合同的价格类型，一般在 EPC 合同中都有相应条款对此进行明确规定。国际工程 EPC 合同范本通常规定的内容如下：

（1）本 EPC 合同为固定总价合同，双方在合同协议书或中标函中所标明的价格即为本合同应支付的价格。

（2）本 EPC 合同总价中包含了本合同要求承包商应支付的一切税金和各项费用，承包商应根据法律的要求支付此类费用。

（3）只有发生了立法变动并影响 EPC 合同价格的情况，合同价格才作相应调整。

（4）若发生了业主授权的工程变更，则合同价格按变更条款处理。

（5）若在合同文件的价格表（Schedule of Prices）中给出某单项工程的数量，则意味两种含义：①关于该工程量以及相关价格数据只能用于该价格表中所述之目的；②若没有说明其具体目的，则所述数量为估算工程量，供承包商投标与拟定实施计划参考，不能认为是完成工程所实施的正确的工程量。

上述是 EPC 固定总价合同的通常规定。若在 EPC 合同中某些工作项最终是否需要实施无法在招标阶段确定，或某部分工作不适合采用总价包干的方法，则此情况下对该项工作可能采用单价支付，并在招标文件中要求承包商报出单价，如下面是某国际 EPC 合同中的此类类似规定。

然而，尽管本合同有任何其他规定，本 EPC 合同"工作范围"中的 B 项工作应按照所提供的实际数量或完成的实际工作量来支付，该项工作具体的测量和估价方法见本合同展示件 F。

（However, not with standing any other provisions of the EPC Contract, Item B in the Scope of Work under the Contract shall be paid according to the quantity supplied or work done. The provisions for measurement and evaluation shall be as stated in the Exhibit F.)

同样，若在 EPC 合同中某部分工作的单价也不容易确定，对该项工作可以规定采用成本加酬金（Cost plus Fee）的做法，此时承包商在报价中只是报出该项工作成本的一个百分比作为酬金（即管理费和利润）即可。但承包商报此百分比作为酬金时，应详细说明此酬金包含的内容（一般指的是管理费和利润），而将实施此项工作的其他一切费用纳入"成本"中。在国际工程中，这一百分比通常在 10%～30% 之间。

在国际工程实践中，有少量的总价合同含某项工作采用单价或成本加酬金的方式支付的情况。若一个 EPC 项目中采用单价或成本加酬金的工作内容占到一定比例，则此情况下该 EPC 合同实际上已成为一个总价加单价（或总价与成本加酬金）的混合价格类型合同了。

关于国际 EPC 合同价格的另一个问题是支付货币问题。在国际项目中，承包商的开支需要多种货币，一般在招标阶段业主允许承包商提出外币支付要求，如果投标价格采用单一货币表示，一般为业主所在国的货币。如下列出某国际 EPC 合同招标文件关于支付货币的规定[1]。

（1）EPC 承包商的报价应全部以本合同专用条件中规定的业主所在国的货币表示。

（2）若项目实施需要从国外采购物品从而招致外币需求，投标人应在报价中列明所需的外币占整个价格的百分比，并且外币为国际自由兑换货币（Freely Convertible Currency），且不得超过两种。

（3）投标人应在商务建议书中确定当地币与外币之间的兑换率，该兑换率适用于全部的工程款项的支付[2]。

（4）投标人应对其外币需求进行详细的分解，以证明其需求是合理的。

（5）在实际项目实施过程中，若外币实际需求与计划不一致，双方可以对外币需求进行合理调整。

从上面的规定来看，若采用单一货币/当地币表示投标价格，而实际支付需要多种外币，此时承包商选择外币以及兑换率时应注意规避汇率风险[3]。

---

[1] 关于国际工程的投标货币的详细规定，可以参阅：World Bank: Procurement of Work, 2000, 16～18.

[2] 国际工程中，更常用的规定是，若采用单一货币报价，而结算采用多货币，则一般采用固定兑换率，通常为投标书提交截止日之前 28 天当天工程所在国中央银行所颁布的兑换率。

[3] 目前我国对外承包公司所面临的一个重大问题就是人民币升值问题，但现在仍没有很好的解决方法。在具体操作上，在选择支付货币时，尽量避免选择相对于人民币贬值趋势大的货币，如美元，而选择相对于人民币汇率稳定币种，如欧元，或采用某些金融工具（如"货币互换"-Currency Swap、"远期外汇合约"-Forward Exchange Contract）来规避此类货币风险。

有时，合同双方为了避免兑换率之间的风险，业主在招标文件中规定，承包商的报价可以用预期支付的多种货币表示，如整个报价以欧元×××＋美元×××＋当地币×××。但这种方法在评标时比较麻烦。

9.2.3　EPC 合同价格的支付

在合同价格类型确定后，EPC 合同应对如何支付此合同价格进行详细的规定。从支付款的性质来看，工程款一般包括预付款（Advance Payment/Down Payment）、进度款（Interim Payment/Progress Payment）、最终结算款（Final Payment）。从支付方法看，EPC 合同价格支付的方法有两大类：一是根据测量的实际进度来进行支付（Payment based on Actual Progress Measurement）；二是采用大里程碑支付（Milestone Payment）。第一种支付方式适用于土建工程量相对较大的 EPC 项目，第二种方式则用于机电供货和安装工程量较大的项目。国际工程 EPC 合同范本关于支付的规定通常如下。

对于预付款：

（1）业主应支付 EPC 承包商一笔无息贷款，作为工程的预付款，用于承包商前期的项目启动与设计工作。

（2）预付款的额度以及货币比例应在专用条件中具体规定❶。

（3）业主支付预付款的条件为：承包商向业主提交了合同履约保函以及等额预付款保函；承包商向业主提出预付款支付申请。

（4）预付款可以一次性支付，也可以分若干笔支付，具体在专用条件中规定。

（5）预付款从后面的每笔工程进度款中扣除，每次扣除的比例为每笔进度款的一个百分数❷，具体的比例与方法在专用条件中规定。

（6）业主应在承包商达到全部上述条件后的×××天内支付预付款。

对于进度款：

（1）承包商应在每月末或合同规定的支付周期末向业主提交进度款申请报表。

（2）进度款申请报表的内容包括：截至该时间承包商完成的设计、采购、施工等工作的全部价值（具体计算方法依据合同双方所达成的测量估价程序，见下面的论述）；根据合同对合同价格的调整款（如变更款、立法变化调整款等）；应扣除的预付款额度；当期已确定的其他款项，如索赔款。

（3）若合同规定了保留金（Retention Money），则进度款申请报表中也应列

---

❶　有的 EPC 合同不分通用条件和专用条件，而是合并为一个合同条件，此情况下，应在合同条件的支付条款中具体写清楚，下同。

❷　业主与承包商在确定该百分比时应依据预付款的额度、承包商项目的现金流等因素，具体可以参阅以下文献中的计算公式：张水波，何伯森．FIDIC 新版合同条件导读与解析．北京：中国建筑工业出版社，2003：122.

出应扣保留金的额度❶。

(4) 业主应在收到承包商提交的进度款申请报表后的×××天内支付该期进度款。

对于最终结算款：

(1) EPC 承包商在工程的缺陷通知期期满并获得履约证书之后向业主提交最终结算申请报表草案，并附有各类证明文件。

(2) 最终报表草案应包括两部分内容：一是完成的整个 EPC 合同工作的价值；二是业主仍需支付承包商的剩余款额。

(3) 业主收到申请文件后对某些有疑问的部分可以要求承包商澄清。承包商应补充资料，并对原报表草案做必要的修改，经业主批准后作为最终支付申请报表。

(4) 业主按最终支付申请报表和最终结算时间规定对该款项进行结算。

(5) 若双方对最终结算金额有争议，就争议的部分，双方可以通过谈判协商解决；对没有争议的部分，业主应按支付"进度款"的合同规定进行支付，不得以某部分最终结算款有争议而拒绝支付没有争议的那部分款额。

(6) 有争议的那部分最终结算款按合同争议解决程序处理。

上述支付方法主要是基于对实际进度的测量，对此类工程实际进度的测量，通常是依据实际完成的工程量或达到了某个工作节点（也可以形象地称为"小里程碑"）的计量。下面我们从设计、采购、施工等方面来介绍 EPC 工程的支付测量方法。

1. 设计进度测量

设计进度测量可以根据 EPC 合同的设计任务先分为两个大的里程碑——基础设计和详细设计❷，在此基础上再确定完成基础设计和详细设计所需的各类图纸资料。对于每份图纸资料的设计工作量的测定，涉及下列方面：

(1) 预算工时。

(2) 工时测量节点/里程碑。

(3) 完成该设计文件占全部设计文件工时的百分数。

对于每份设计文件，可以根据其类型和性质确定完成该文件的主要节点/里程碑，一般可以设定的节点包括：完成设计图纸，业主批准，用于施工，形成

---

❶ 国际工程合同一般规定保留金总额度为中标合同价格的 5%，具体按每次进度款的 10% 扣取，一直达到保留金总额为止。若没有发生承包商违约导致业主动用保留金的情况，则保留金在工程竣工移交后归还一半，并在缺陷通知（质保期）结束后归还全部。但近年来，在实践中有的合同规定，保留金在工程竣工移交业主后就全部归还，但有时要求承包商开具等额保留金保函，见下面 9.2.4 节的进一步介绍。

❷ 若某些 EPC 项目业主在招标时就完成了部分设计，承包商需要依据业主的前期设计深度来划分和确定后续的设计工作。

竣工图。对应每一节点，分别赋予该项设计文件的工时百分数。这样在每个支付周期就可以根据设计文件达到的节点来统计设计工作量，并计算出对应此设计工作量的支付额度。

对于设计进度测量，重点是在前期的进度计划编制时进度计划工程师（Scheduler）需要协同设计工程师（Design Engineer）来确定完整的设计图纸资料目录和对应每一图纸资料合理的预算工时。对于设计预算工时时，通常是基于过去项目所积累的完成每类设计文件的工时消耗标准，结合项目的具体要求及设计人员的经验来确定。

2. 采购进度测量

采购的进度测量可以使用采购投入工时和采购设备材料的价值作为进度计算的基础。与设计进度测量类似，计划工程师协同采购工程师确定和编制完整的工程采购的材料设备清单，同时根据采购经验确定每批/类型的物资采购所需工时，并将每一采购过程分为若干节点。每项采购工作通常可划分的节点包括：编制询价文件，厂家报价（包括技术标和商务标），评审并签订供货合同，监造和催交，运输管理。同时利用以往的经验，对每一节点赋予该项采购工作工时百分数。这样对于每个支付周期，就能测量出采购进度，并用于支付。

但很多情况下利用投入采购的工时来计量采购比较繁琐且不合理。合同双方，尤其是业主，更愿意采用订单价值来测量采购进度，并作为支付的基础。此类情况下，每项采购工作的节点往往划分为下订单、完成制造、港口装货、运到现场、用于工程。每一阶段赋予该订单额度❶一个百分数。用此方式来测量采购进度并用于支付，似乎更方便更合理。

3. 施工进度测量

对于施工进度测量一般存在两种情况：一是工作周期比测量周期短的施工工作采取不连续计量，即没完成为零，完成为100%；二是工作周期比测量周期长的施工工作采取连续计量，可以用完成实物工作量除以该工作下的总工作量。

实践中，对每项施工工作，可以采用节点计量方式。工作周期短的施工工作项，可以划分为两个节点：开工和完工。只要开工就计为一个百分数，如30%，完成后再计为70%。对于工作周期较长的工作项，可以划分多个节点，并确定完成每个节点应计的工程量百分比。

另外施工进度测量还应考虑所计量工作的质量检验结果，如不合格，就不能将其计算在完成的进度内。对不合格工作的认定通常按业主方下达的"质量违规报告"（NCR）通知中的内容为准。

上述的工程进度测量程序主要用于实测工程量或按小里程碑支付的情况，

---

❶ 订单额度在计划时常常使用预算额度。

可以看出其操作比较复杂，因此近年来国际工程 EPC 合同采用大里程碑支付的越来越多，EPC 合同支付的大里程碑节点如下：

（1）签发中标函，签订合同协议书，提交履约保函和预付款保函❶。
（2）设计工作开始。
（3）现场工作开始。
（4）主设备下订单。
（5）主设备制造完成并通过工厂检验。
（6）现场土建、机电设备安装完成，达到机械竣工。
（7）完成试运准备、单机试运以及投产试运。
（8）整体工程以及操作维护手册和竣工文件移交。
（9）缺陷通知期结束，履约证书签发。

针对上述里程碑，业主在招标文件中给出相应合同额支付的一个百分数。但这一百分数设定的依据应是上述里程碑完成的工作量以及资金投入。若 EPC 承包商认为不合理且招标文件允许，可以在投标书中对里程碑的设计及其相应支付百分比提出修改建议，作为一项投标偏差（Bid Deviation）；若招标文件不允许改变，则可以在签订合同前的谈判（Pre-award Negotiation）时提出修改。

固定总价合同通常采用大里程碑支付。若采用大里程碑付款，在设计里程碑的节点时应特别注意，既可以设定某项工作开始作为一个里程碑支付节点，也可以以该项工作完成作为里程碑支付节点，这要根据该项工作的性质来确定。因为有的工作项可能完成其 99% 的工作时间较短，但后面的 1% 的工作量需要拖很长时间才能完成（如在雨季的基坑开挖），这样，若采用"完成"作为里程碑支付节点，虽然承包商对该项工作投入很大，却迟迟不能完成而达不到里程碑，也就无法及时得到该里程碑付款，这对承包商的现金流影响极大。针对此类工作，将"开始"作为一个支付里程碑也许更合理些。

某些 EPC 项目，业主为了控制支付进程，除了确定支付里程碑外，同时还设定该里程碑付款的最早日期。这样可以减轻由于前期里程碑设计不合理或承包商的工程进度在某一时段内太快给业主带来的支付压力。某国际 EPC 合同大里程碑的支付计划表样例见表 9-1❷。

---

❶ 若按大里程碑付款，虽然第一笔付款也具有预付款性质，但不再从其后的其他付款中扣回。英文中"预付款"有两种说法，一种是 Advance Payment，另一种是 Down Payment。在大里程碑付款的情况下，第一笔款用 Down Payment 较多。

❷ 从表中可以发现，本项目并没有将"设计工作开始"作为一个支付里程碑，原因是，该项目业主已经完成了部分设计，EPC 承包商承担的设计工作量不大，因此将设计工作设定一个支付里程碑的意义不大。同时，在该里程碑支付计划的注解中已经说明了各项相关工作包含了设计以及相关文件的完成。

第 9 章　国际 EPC 交钥匙工程的支付与资金管理　　117

表 9-1　里程碑支付计划表（MILESTONE PAYMENT SCHEDULE）

序号 (No.)	里程碑节点 (Description)	最早支付日期 (Earliest payment date)	总价值 (Gross value) (%)	扣除保留金 (Less retention) (%)	净支付 (Net payment) (%)	累计支付 (Cumulative payment) (%)
1	中标函签发及预付款保函提交（On Letter of Acceptance and Advance Payment Security）		10	1	9	9
2	主设备下订单（Placement of purchase orders for main plant components）		10	1	9	18
3	工厂验收试验完成，且监理工程师在工厂检查后签发检验报告单（Factory acceptance tests complete and Engineer's inspection release note signed off following works inspection）		30	3	27	45
4	所有设备运抵现场（Delivery of all equipment to Site）		15	1.5	13.5	58.5
5	所有土建、机电安装和控制系统完成，提交了操作维护手册草稿，并完成全部试验（Completion of installation of all civil, mechanical, electrical works and control systems, submission of draft O&M manuals and completion of all tests）		20	2	18	76.5
6	工程移交、提交了操作维护手册最终版以及批准的全部文件（Taking Over of the Works, submission of the final Operation and Maintenance Manuals and as built documentation approved）		15	1.5	13.5	90
	工程总付款（Total Payment for the Works）		100	10	90	
	退还工程保留金（Release of retentions for the Works）	根据合同条件 14.9 退还一半（Half in accordance with the Particular Conditions-Sub-clause 14.9）				
		签发缺陷责任证书后退还一半（Half on issue of the Final Defect Liability Certificate）				

注　表中所述"最早日期"根据合同条件第 14 条确定。达到一个里程碑付款，"交付/运送"以及"完成安装"应包括完成合同要求的相关设计和文件。
(NOTE: DATES SHOWN AS EARLIEST PAYMENT DATE PURSUANT TO CLAUSE 14 HEREIN. TO ACHIEVE A MILESTONE PAYMENT, 'DELIVERY' AND 'COMPLETION OF INSTALLATION' SHALL INCLUDE ALL ASSOCIATED DESIGN AND DOCUMENTATION AS REQUIRED IN THE CONTRACT.)

1. 本表中仅将"中标函签发及预付款保函提交"作为一个里程碑节点，但通常第一笔付款的条件还包括"提交履约保函"。

基于进度测量程序的支付与大里程碑支付的方法各有优缺点。基于进度测量程序的支付的方式复杂但相对准确公正；大里程碑支付的方式简单便于操作，对前期里程碑设计要求较高。在国际工程 EPC 合同实践中，两种支付方式混合的情况也为数不少。如对于设计费、采购费采用里程碑付款，对于施工费用则采用实际进度测量付款❶。

由于具体的国际工程中业主的项目组织结构的不同，支付的程序可能有所差别。如：有的 EPC 合同除了业主代表（Employer's/Owner's Representative）的角色外，仍有监理工程师（Engineer/Consultants）或 PMC 的角色，此时的付款程序则先由监理工程师（Consultants）或 PMC 对 EPC 承包商所报的支付申请书（承包商开具的发票）进行审核批准后，再报业主代表签字，之后业主的财务部门才予以支付工程款。

9.2.4　EPC 合同与支付相关的各类保函

国际工程中涉及若干保函，我们在第 2 章曾谈到过国际 EPC 项目的投标保函。就国际 EPC 合同支付而言，涉及承包商提交的保函包括预付款保函（Advance Payment Guarantee）、保留金保函（Retention Money Guarantee）、支付保函（Payment Guarantee）❷。

前面我们谈到，承包商从业主处获得预付款的一个前提条件就是提交预付款保函。预付款保函是由承包商（委托人，Principal）向业主同意的银行提出申请，由银行向业主（受益人，Beneficiary）开具的一份保函，保证在承包商不按合同归还预付款的情况下，银行向业主支付相关的款项，预付款保函的规定主要包括如下内容：

（1）委托人，即承包商。

（2）受益人，即业主。

（3）开保函的事由：业主按照合同支付承包商一笔预付款，并要求承包商提交一份银行开具的保函，承包商向银行申请该保函，银行同意后开具以业主为受益人的保函。

（4）保函的额度：等同于预付款额度。

（5）业主依据保函有权向银行索赔的条件：业主向银行提出要求，并说明

---

❶ 应注意：若施工部分也是采用的固定价格，即使是施工工作采用实际进度测量的方式付款，但总的施工款的支付额度仍按承包商的报价来计算。若出现施工进度款完全支付后仍有一定的施工工作，则业主对剩余的工作不再支付，承包商仍应完成剩余的工作。反过来，承包商完成了全部的施工工作，但此时 EPC 总价中的施工款额度仍没有支付完毕，则业主仍应将剩余部分支付给承包商。但在该 EPC 合同中，若规定施工部分采用的是单价合同或成本加酬金合同，则按实际完成的工程量来进行支付。

❷ EPC 合同中，除了上述保函之外，就涉及合同履约方面的内容，还有履约保函与母公司保函。

承包商未按合同规定归还预付款以及未归还的额度。

（6）保函从承包商收到预付款（若为多笔，从收到第一笔预付款）开始生效。

（7）预付款保函随承包商对预付款的逐渐归还而相应减少，具体做法是，承包商向银行提交归还预付款额度的证明文件，银行按该证明文件向业主发出对保函额度进行更改的通知。

（8）业主依据本保函所提出的索赔书必须有授权人签字并由公证人进行认证（Authenticate）。

（9）本保函的有效期截止到工程竣工后的×××天内，任何索赔必须在有效期内被银行收到。

（10）若在本保函有效期届满前×××天内承包商仍没有归还全部预付款，则银行可以要求对本保函延期，若保函没有被延期，则业主有权对剩余款向银行提出索赔，银行保证予以支付。

（11）保函适用的法律以及解释规则❶。

前面我们谈到，在业主支付进度款的过程中，扣除一部分金额作为保留金，用来保证承包商在项目实施以及缺陷通知期（质量保证期）内修复缺陷，在工程竣工移交后业主归还保留金的一半，另一半在缺陷通知期结束后归还。但有时承包商希望业主在工程竣工移交之后归还所有保留金，此种情况下，业主往往要求承包商提交一份保留金保函，额度为提前归还的保留金额度（通常为整个保留金的50%）。

保留金保函的规定与前面的预付款保函大致相同，主要的差异表现在受益人索赔的原因上。受益人依据保留金保函向银行索赔时，必须说明以下两个方面：

（1）委托人（承包商）没有按照合同履行其必须履行的缺陷修复的责任。

（2）此类修复责任的大小，并据此确定索赔数额。

业主在依据保留金保函索赔时，最多不超过保留金保函的最高额度。

国际工程中，保函分有条件保函（Conditional Guarantee）和无条件保函（Unconditional Guarantee）。有条件保函的含义是，业主（受益人）根据保函向银行提出索赔是有条件的，即：要么承包商（委托人）同意，要么必须有仲裁机构的裁决书，否则银行不予受理。无条件保函则是受益人提出要求，陈述一下索赔的原因即可，无需其他方的同意。近年来，在国际工程中，预付款保函与保留保函基本上为无条件保函，这类保函在国际工程中常常被称为见索即付

---

❶ 国际上对此类保函通常用的解释规则是"国际商会见索即付统一规则"（ICC：The Uniform Rules for Demand Guarantees，No. 458）。

保函（Demand Guarantee）。

近年来，随着项目投资主体多元化，私营业主增加，且国际上一部分业主支付信誉不佳，于是出现了"支付保函"，即业主通过银行向承包商开具一份保函，保证在业主不按合同支付承包商的情况下，承包商可以依据该保函要求银行予以支付。这是一种保障承包商利益的机制。与预付款保函和保留金保函相反，支付保函是银行在业主的申请下以承包商为受益人的一种保函，一般也为见索即付保函。承包商根据本保函向银行提出索赔时，只需证明业主没有支付到期款项，并提供金额证明文件，银行即支付相关金额。支付保函的其他内容则与前面的保函类似。

在美国和日本，由于法律不允许开具保函，若国际工程一方为美国和日本公司，在涉及银行保函（如预付款保函、支付保函、履约保函等）时，此类保函多以备用信用证（Standby Letter of Credit）的格式签发，但其规定的内容与保函类似（详见下面的 9.3.3 节"国际 EPC 工程结算方式"）。

对于 EPC 合同的价格与支付条款，应把握以下几个重要的方面：

（1）价格采用哪一类型：总价、单价、成本加酬金或者是混合型的。

（2）各部分按什么方式支付：按进度测量支付还是按里程碑支付，或是混合支付。

（3）支付的时间如何规定：业主方在收到承包商按合同规定提交的支付申请后多长时间支付。

（4）若支付延误，如何处理。（参见第 4 章 4.2.1 节"业主的支付义务"）

9.3 EPC 合同的资金管理

在了解了 EPC 合同对合同价格以及支付的规定之后，EPC 承包商就可以参照项目的进度计划来安排项目的资金流动计划。

9.3.1 资金管理的基本原则

国际工程资金管理的目的是提高项目资金使用效率和项目收益，一般遵循下列原则：

（1）先入原则。应在合同规定的条件下，尽快加速工程款结算，在合同规定的日期及时提交各类支付申请文件，并保证所提交的文件符合合同的规定，防止业主方借口申请文件不符合合同要求而推迟支付。若业主不能按期支付，及时做好利息等索赔工作。

（2）后出原则。对于向"下游"分包商或供应商的支付，应根据 EPC 合同的支付规定，在分包合同或供货合同中规定相应支付时间，但一般应有延缓期，如"EPC承包商在从业主处获得相应支付的×××天内向分包商支付某项工程款。"但应注意，采用此原则时，不能影响EPC承包商的支付信誉，不能违背分包或供货合同的支付规定而无原则延误支付。

（3）恰当使用现金浮游量原则。在国际结算过程中，从开出支票，收票人收到支票并要求银行支付，至银行将款项划出支付者的账户，中间需要一段时间。现金在这段时间的占用，称为现金浮游量。在这段时间里，尽管已开出支票，却仍可短期动用在活期存款账户上的这笔资金。不过，在使用现金浮游量时，一定要控制好使用时间，否则会发生银行存款的透支。

（4）合理确定贷款额度原则。EPC承包商若需要从银行贷款，则应根据工程进度和计划支付款额的需要，合理确定贷款额度。在此基础上，可与银行签订贷款协议，确定计划贷款额度，让贷款银行按计划提供贷款。这样，若EPC承包商的资金情况得以好转，未使用完贷款协议中的额度，则对于未动用部分，也至多支付一笔承诺费（Commitment Fee），这比贷款利息低得多。

9.3.2 编制资金流动计划

编制资金流动计划，需要考虑两个方面的内容：项目资金回收计划以及项目资金投入计划。

项目资金回收计划的编制依据为合同价格、合同支付规定以及工程进度计划。资金回收计划一般按月计算或者按业主的支付里程碑计算。资金回收款额度是在预计的工程进度下，根据合同的规定，承包商从业主处应获得的各笔款项，主要包括预付款、设计与技术文件收入款、设备材料预支款、施工安装进度款、保留金退还、其他款项（物价波动调整、变更款、索赔款等）。

项目资金投入计划编制的依据为：工程进度计划、合同价格以及基于合同价格的项目控制估算。一般按下列各项费用投入的时间进行计算：

（1）工程设计费。

（2）工程采购费（包括设备材料费）。

（3）工程施工费。

（4）技术服务费。

（5）其他（包括管理费、税金、保函保险费、财务费等）。

在完成资金回收计划与资金投入计划后，进行综合，编出每月/季度项目资金流动计划，即包括：该月/季的资金投入；当期资金累计投入；该月/季的资金收入；当期资金累计收入；该月/季资金收入与资金投入差额；当期收入与投入累计差额。

通过上述计算，我们对项目资金情况就有了大致的计划，并在工程实施过程中以该计划作为资金管理基线（Base line），对项目的资金投入与回收进行监控，并做出动态调整。

国际工程项目资金流动计划示意图如图 9-1 所示。

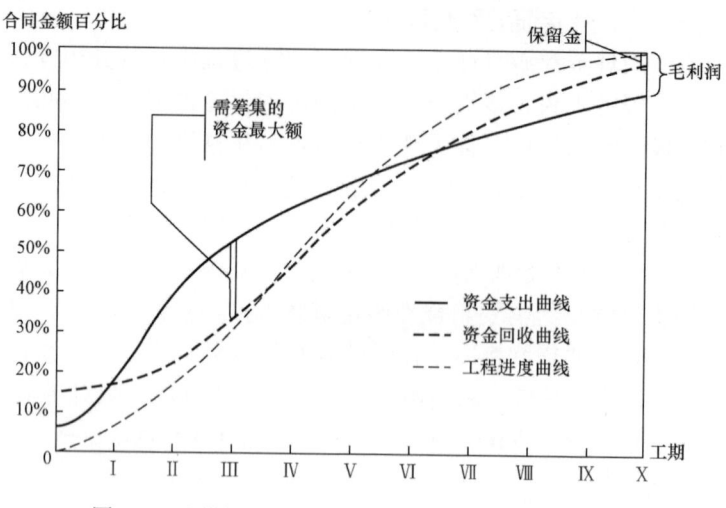

图 9-1　国际工程项目资金流动计划曲线（S-Curve）

对于一个国际 EPC 项目来说，最理想的资金状态就是使项目的现金流为正，即项目实施期间的资金回收总是大于项目资金投入。但在国际工程实践中，大部分项目在实施的某一期间总是出现项目资金投入大于资金回收的情况。上面图 9-1 中反映出了国际工程中的这一现象。因此，在编制完成项目资金流动计划后，就需要根据项目的资金缺口探讨资金的来源以及采用什么具体方法来筹集该笔款项。对于资金来源，主要有自有资金和银行贷款两种，这一点我们前面谈过。在决定采用哪一来源和具体方法时，需要根据以下条件来考虑：

(1) 公司的财务状况。
(2) 项目资金缺口的大小与时段。
(3) 工程支付条件（如支付的货币种类）。
(4) 汇率变动趋势以及利率的高低。
(5) 从银行贷款的可能性等。

项目的财务部与控制部应负责项目资金管理计划的编制，并在公司财务部的协助下落实项目的资金筹措，以便从资金方面保证项目的顺利进行。

9.3.3　国际 EPC 工程结算方式

前面我们谈到国际工程关于价格和支付的相关规定，在按合同确定了预付款、各笔进度款以及最终结算款的额度后，业主就需要将各笔款项支付给 EPC 承包商。在经济往来中，结算形式分现金结算（Settlement by Cash）和转账结算（Settlement by Account Transfer）。国际工程中业主与 EPC 承包商的结算以及 EPC 承包商与分包商和供货商结算一般都采用转账结算。国际结算常见的方式包括汇付（Remittance）、托收（Collection）和信用证（Letter of Credit）。在国际工程中，常用的结算方式是汇付和信用证，下面我们予以简单介绍[1]。

汇付指的是付款人按合同规定的时间和条件将应付款额通过银行汇给收款人，涉及四个相关的角色：汇款人（Remitter）、收款人（Payee/Beneficiary）、汇出行（Remitting Bank）和汇入行（Paying Bank）。

在国际 EPC 合同中汇款人为业主，收款人为 EPC 承包商[2]。汇出行是受业主委托汇出款项的银行，一般是业主所在地银行。汇入行是受汇款行的委托解付汇款的银行，一般是 EPC 承包商总部所在地银行或其指定的银行。

汇付的方式包括信汇（Mail Transfer，M/T）、电汇（Telegraphic/Wire Transfer，T/T）以及票汇（Remittance by Banker's Demand Draft，D/D）。

信汇是指汇款银行根据汇款人的申请，将信汇委托书以信函形式邮寄到汇入行，授权汇入行支付给收款人一定金额的汇兑结算方式。电汇与信汇类似，只是汇出行是以电报、电传或 SWIFT 方式向汇入行发出付款委托书。信汇的优点是费用低，缺点是汇付耗时长，而电汇相反。国际工程承包中的付款采用电汇的较多，但有些业主可能要求承包商承担电汇费用，由于国际工程一般款额较大，承包商必须考虑这一费用的影响。但习惯上，电汇银行的费用一般应由买方（业主）承担[3]。

票汇则是汇出银行按汇款人的申请，开出银行即期汇票（Demand Draft），由付款人直接寄给收款人，收款人自行到汇入行支取款项的一种汇兑结算形式。可以看出，与信汇和电汇不同，票汇的汇入行无需通知收款人取款。对收款人来说，票汇具有较大的灵活性，使用方便，若汇票上无特别限定，通过收款人背书，可以转让流通。

信用证（Letter of Credit，L/C）是一种银行开立的有条件的承诺付款书面文件，也是当今国际结算一种主要方式。它指的是银行依据付款人（申请人）的要求和指示，在符合信用证条款的条件下向受益人或其指定的其他收款人进

---

[1] 关于托收的具体做法，大家可以参阅：黎孝先. 国际贸易实务. 北京：对外经济贸易大学出版社，2007。

[2] 本章介绍是以业主与 EPC 承包商之间的支付关系为例，若涉及分包或供货付款，则一般 EPC 承包商为付款人，收款人则为分包商或供货商，下同。

[3] 笔者在参加的一个中美洲某国的 EPC 水电项目（业主为美国的某投资公司）中，合同双方约定业主采用电汇方式支付承包商工程款，电汇费用由业主承担。但笔者在参加一个中东某国石油 EPC 合同谈判时，中方要求业主对工程款采用电汇方式支付，但业主以电汇费用高为由，要求承包商承担部分电汇费用，中方不接受业主的要求。最后双方决定同时在阿联酋某银行开户，利用银行内部转账方式来进行结算。

行付款，或者授权另一银行付款。信用证一般涉及下列五个角色：

（1）开证申请人（Applicant）：指向银行申请开立信用证的人，在国际工程EPC合同中一般为业主（在信用证上又称"开证人"，Opener）。

（2）开证行（Opening/Issuing Bank）：指接受申请人的委托开立信用证的银行，它承担保证付款责任。

（3）受益人（Beneficiary）：信用证上指定的有权使用本证的人，即收款人。在国际工程EPC合同中一般为EPC承包商。

（4）议付行（Negotiating Bank）：指愿意买入受益人交来的跟单汇票的银行，由信用证的条款来确定。

（5）付款行（Paying Bank）：指信用证上指定的付款银行，一般为开证行，或信用证指定的其他银行。

根据信用证的性质、期限、使用方式，可将其分为以下几类：

（1）跟单信用证（Documentary L/C）与光票信用证（Clean L/C）。
（2）不可撤销信用证（Irrevocable L/C）。
（3）保兑信用证（Confirmed L/C）与不保兑信用证（Unconfirmed L/C）。
（4）议付信用证（Negotiation L/C）。
（5）即期付款信用证（Sight Payment L/C）。
（6）承兑信用证（Acceptance L/C）。
（7）延期付款信用证（Deferred Payment L/C）。
（8）可转让信用证（Transferable L/C）。
（9）背对背/信用证（或转开信用证）（Back-to-Back L/C）。
（10）对开信用证（Reciprocal L/C）。
（11）循环信用证（Revolving L/C）。
（12）预支信用证（Anticipatory L/C）。

在上述国际结算方式下，国际支付中常用的结算工具为汇票（Draft）、本票（Promissory Note）与支票（Check）。关于信用证与结算工具的详细介绍，感兴趣的读者可以参阅：黎孝先主编的《国际贸易实务》，北京对外经济贸易大学出版社2007出版。

国际支付工具与结算方式是基于国际贸易发展起来的，对于国际工程承包，其支付方式与纯货物的国际贸易支付方式又有所差别。虽然在越来越多的国际工程中出现业主开具支付保函或备用信用证作为支付担保，但大部分项目还只是要求承包商开具以业主为受益人的履约保函、预付款保函。近年来，在国际工程实践中，各类支付方法相结合的方式越来越多。如在国际EPC交钥匙项目中，对于工程预付款，在承包商满足EPC合同约定的条件，即提交预付款保函和履约保函，并向业主方提出付款申请后，业主一般采用汇付形式（多用电汇支付 EPC 承包商；对于 EPC 工程中设备采购部分（尤其是金额较大的大型设备）则采用信用证方式支付；其他进度款也多采用汇付的形式支付。

EPC 承包商对分包商的支付多为汇付，对于供货商的支付则多采用信用证支付。有时对于大型长周期设备的采购，EPC 承包商对供货商/厂家一般采用分期支付货款，此时应选择适当的信用证方式来支付。若设备的所有权在交货之前不能转给 EPC 承包商，则 EPC 承包商可要求供货商开具履约保函或备用信用证作为其保证按供货合同完成交货义务的担保。

9.4 小结

本章论述了 EPC 合同价格、支付以及资金管理对顺利实施 EPC 合同的重要性，介绍了国际 EPC 合同中关于价格的常见规定，即通常采用总价支付，但也有时会出现总价、单价、成本加酬金混合的情况。国际 EPC 合同的支付既可以采用基于总价的实际进度测量支付方式，也可以采用里程碑支付方式，还可以采用混合方式。对于采用测量支付的工作，双方应编制具有可操作性的测量程序。对于采用里程碑支付的工作，则里程碑的设定应当合理可行。本章还介绍了与支付相关的保函，包括预付款保函、保留金保函、支付保函，提出了各类保函应注意的问题。最后，以 EPC 承包商内部的项目资金管理为出发点，论述了 EPC 项目中资金管理原则、资金流动计划的编制和国际 EPC 项目中具体的结算方式。

第 10 章 国际 EPC 交钥匙合同的风险与保险

本章首先对国际 EPC 工程项目风险进行概述，然后对 EPC 工程风险类别的划分以及合同各方风险分担的原则进行探讨，给出识别国际工程中的常见风险因素的方法，并提出风险管理应对机制。最后具体论述国际 EPC 工程的保险问题。

10.1 国际 EPC 项目风险概述

工程承包是一项面向"未来产品"的交易活动，其过程面临着许多不确定的因素。在国际环境下，EPC 承包商对项目实施所需的社会依托、法律环境、商务平台、自然条件了解相对缺乏，加之语言文化差异造成沟通障碍，大大降低了项目实施效率，导致工程实施成本的上升和工期拖延。

就项目本身而言，在 EPC 合同总承包模式下，由于双方签订合同时只是完成很少量的设计工作，项目实施所面临的工作范围、具体技术要求都存在一定程度的变数。

上述一切都使得承包商在实施国际 EPC 项目过程中面临很大风险[1]，如何识别国际 EPC 合同中的风险，并有效地加以应对，是 EPC 承包商亟需解决的一个问题。

10.2 国际 EPC 合同风险类别与风险分担原则

为了更好地认识风险，人们通常对风险进行分类，分类的目的不同，将风险划分的类别也有差异。本节主要从风险分担的角度来划分风险的类别。

---

[1] 严格地讲，目前在风险管理的学术研究中，"风险"（Risk）与"不确定性"（Uncertainty）是两个不同概念，学者们一般将已知概率分布的"不确定性"称为"风险"，未知概率分布的称为"不确定"，但由于在实践中难以严格区分，大部分情况下并不严格区分。美国项目管理学会（PMI）将风险定义为："Project risk is an uncertain event that, if it occurs, has a positive or negative effect on at least one project objective.（项目风险为不确定的事件，一旦发生，至少对项目的一个目标产生正影响或负影响。）"本书将这两个术语视为同义词，并交互使用。

10.2.1 风险类别的划分

从造成的后果看,风险可以分为纯粹风险(Pure Risks)与投机风险(Speculative Risks);从分布情况来看,可以分为国别/地区风险、行业风险等;从根源来看,可以分为政治风险、经济风险、金融风险、社会风险、自然风险、管理风险等;从风险控制角度,又可分为可控风险和不可控风险,其中不可控风险又可分为可接受风险和不可接受风险;从项目管理对象和环节来看,可以划分设计风险、采购风险、施工风险、试运行风险等。本书中从国际 EPC 合同风险分担角度综合地将风险分为三类:EPC 合同环境风险、EPC 项目本身风险、EPC 合同参与方行为关系风险。

1. EPC 合同环境风险

国际 EPC 合同的实施是一个动态的过程,其实施环境条件虽然不对项目产生直接影响,但却间接影响项目的执行情况。环境风险包括以下几类:

(1) 政治环境风险。
(2) 经济环境风险。
(3) 法律环境风险。
(4) 社会环境风险。
(5) 自然环境风险。

政治环境风险考虑的子因素包括:
1) 项目所在国与我国关系如何。
2) 项目所在国与周围国家是否存在敌对关系。
3) 项目所在国政局是否稳定。
4) 是否存在资产征收或国有化情况。
5) 政府的办事效率是否低下。
6) 是否存在强有力的反对党。
7) 当地是否存在恐怖组织。

经济环境风险考虑的子因素包括:
1) 当地商业交易是否便捷。
2) 当地金融市场及利率是否稳定。
3) 是否对外币有限制。
4) 当地通货膨胀情况如何。
5) 是否存在影响极大的经济事件。
6) 当地是否有充足的材料和设备来源。
7) 在当地是否会出现多个项目同时开工的情况。

法律环境风险考虑的子因素包括:

1) 当地法律体系是否完备。
2) 当地法律是否稳定。
3) 对外资公司在当地经营的法律限制与歧视。
4) 海关进出口的法律规定和限制。
5) 法律对工程承包是否有特别要求（代理问题、特别捐税、环境污染限制、强制性技术标准）。

社会环境风险考虑的子因素包括：
1) 当地的宗教文化传统。
2) 当地的教育水平。
3) 当地人的诚信度。
4) 当地行政机构腐败程度。
5) 当地的整体交通条件。
6) 当地劳动力数量、效率、类型以及工资标准。
7) 当地人是否对项目的实施有抵触心理。

自然环境风险考虑的子因素包括：
1) 当地水文气象条件。
2) 当地地质地貌条件。
3) 当地天灾发生的频率。

2. EPC 项目本身风险

EPC 项目本身风险指的是与项目本身相关并直接影响项目执行的风险，包括下面几大类：

（1）项目本身可行性风险。
（2）项目财务风险。
（3）项目设计风险。
（4）项目采购风险。
（5）项目施工风险。
（6）项目试运行与验收风险。

项目本身可行性风险的子因素包括[1]：
1) 在业主方项目立项时，项目本身存在某方面的不可行性。
2) 项目征地困难。
3) 项目生产的产品市场变化。

项目财务风险的子因素包括：

---

[1] 理论上讲，若项目可行性方面出现问题，则应由业主承担全部风险，但在实践中，若 EPC 承包商承担的项目在可行性方面出现问题，则业主就会将某些责任转嫁到 EPC 承包商身上。

1) 现金流预测是否准确。
2) 是否有项目实施需求的资金。
3) 项目财务费用是否太高。
4) 项目支付涉及的货币汇率问题。

项目设计风险的子因素包括：
1) 技术标准不熟悉。
2) 设计方案不合理。
3) 设计审批延误。
4) 设计失误、缺陷。

项目采购风险的子因素包括：
1) 所需材料设备的市场缺乏。
2) 所需材料设备的价格上涨。
3) 业主指定的供货商名单范围太窄。
4) 供货能力不足。
5) 采购人员工作失误。
6) 采购方案不合理。

项目施工风险的子因素包括：
1) 现场条件恶劣。
2) 劳动力缺乏。
3) 劳资争端。
4) 施工机械毁损。
5) 设计变更影响。
6) 工伤事故。
7) 施工人员失误。
8) 施工组织设计不合理。

项目试运行与验收的风险的子因素包括：
1) 试运行所需外部条件缺乏。
2) 试运行程序不清。
3) 验收标准不明确。

3. EPC 合同参与方行为关系风险

这主要指的是由于合同不完善或各方的投机行为而带来的风险，从 EPC 承包商的角度来看，这些风险包括：

(1) 业主的行为风险。
(2) 供货商的行为风险。
(3) 施工分包商的行为风险。

(4) 代理人的行为风险。

(5) 政府部门的行为风险。

所有上述行为关系风险包括的子因素具有共性，包括：

1) 合同责任与风险分担约定不清。

2) 违约行为。

3) 对方破产或出现财务危机。

4) 各方之间协调不力。

5) 各方关系有敌对情绪。

6) 对方在某些情况下的"敲竹杠"。

7) 某方的项目组织内部出现问题。

上述风险分类的划分以及应考虑的风险子因素对国际 EPC 项目实施效果影响很大，很大程度上决定了项目的实施结果。

10.2.2　EPC 合同风险的分担原则

如上所述，国际 EPC 项目中存在各种各样的风险，如何在项目参与各方中合理分摊这些风险，一直是国际学术界和实业界研究讨论的问题。经过多年的理论研究以及实践，逐渐形成的一个基本原则是：风险分担应能够激励合同双方努力使己方收益最大化的同时也能有利于完成项目总体目标。这在学术界被称为"激励兼容原则"（Incentive Compatibility）。在这一总体原则指定下，派生出了若干具体原则。这些原则包括：

(1) 若风险是由一方的不当行为或缺乏合理的谨慎或精心引起，则由该方承担。

(2) 若该风险可以以合理的商业条件进行保险，而且由该方保险是最经济的方式，则由该方承担。

(3) 谁是管理好风险的最大收益方和直接收益方，谁应该承担该风险。

(4) 谁是风险后的直接受害者，谁应该承担该风险。

(5) 哪一方最有能力以低成本控制该风险，风险应由该方承担。

(6) 在无法运用上述原则时，哪一方财务能力强，则应由该方承担相应风险。

(7) 在无法确定时，让偏好风险的一方承担该风险[❶]。

从上述原则出发，可以看出，就我们前面所划分的三大类风险而言，对于 EPC 合同各类环境风险，业主与承包商应共同分担，其中业主承担的部分多些，

[❶] 然而，在国际工程市场中，由于其不确定的行业特点，导致项目参与方通常都是风险厌恶型的（risk averse）。

承包商承担的少些；对于项目自身风险，业主与承包商也应共同分担，只不过业主承担的部分少些，承包商承担的多些；对于业主和承包商各自行为导致的风险，则应当由各自承担。

在目前国际知名工程合同范本中，虽然基本上围绕上述原则在业主与承包商之间进行风险分摊，但具体的分担方法并不相同。从合同类型上来看，对于纯施工合同，一般业主承担的风险多些；对于包括设计、采购、施工的EPC总承包合同，一般承包商承担的风险多些。

对于工程总承包合同而言，就目前的各国际机构编制的合同范本来看，FIDIC《EPC交钥匙合同条件》(银皮书)在分摊风险方面就是"亲业主"(pro-employer)的，即该合同让承包商承担的风险相对较多，而FIDIC《永久设备、设计-建造合同条件》(新黄皮书)以及其他各类总承包合同范本❶则让业主承担的风险相对较多，可以被认为是"亲承包商"(pro-contractor)的。

读者可以对比分析FIDIC的银皮书与新黄皮书这两个总承包合同范本的下列条款来判断风险分摊的不同❷：

1) 第17.3款［业主的风险］。
2) 第4.10款［现场数据］。
3) 第4.12款［不可预见的困难（外界条件）］。
4) 第5.1款［总体设计责任］。
5) 第8.4款［竣工时间的延长］。
6) 第13条［变更与调整（立法与物价）］。

世界银行2005年版《装置设备供货与安装交钥匙合同》也基本上属于EPC交钥匙合同类型，其风险的分摊比较"亲承包商"，这一点我们可以从其下列条款的规定中看出❸。

1. 工程照管风险（第32条）

从开工到竣工的照管责任由承包商负责，但若在该期间工程现场所在国境内发生了核辐射等污染、飞行器的压力波以及其他承包商无法合理预见、无法防范或无法合理保险的情况所导致的损失，工程本身以及临时设施的损坏或损失由业主负责；对于承包商的施工机具设备的损害或损失，由承包商承担。

若业主或业主授权人员因使用或占据工程设施导致的损害和损失，则完全

---

❶ 参见附录4"国际知名工程总承包合同范本清单"。

❷ 读者可以参阅：张水波，何伯森编著的《FIDIC新版合同条件导读与解析》（中国建筑工业出版社，2003）以及Nael G. Bunni著，张水波、王佳伟主译的《FIDIC系列工程合同-原理与应用指南》（中国建筑工业出版社，2008）中相关条款的具体分析。

❸ 具体读者可以参阅原文The World Bank (2005), STANDARD BIDDING DOCUMENTS: Supply and Installation of Plant and Equipment under Turnkey Contract.

由业主承担责任，包括工程设施本身、临时设施、承包商的施工机具等。

2. 合同双方的互为保障责任（第33条）

对由自身行为导致财产与人员的损害和伤亡，业主方的行为由业主方负责，承包商的行为由承包商负责。双方应保障对方免遭因自己的行为而带来的损失。

3. 未预见到的条件（第35条）

除气候条件外，若承包商遭遇了作为一个有经验的承包商在合同协议书签字之前无法合理预见的自然或人为障碍，影响了费用和工期，则他在按索赔程序要求提出索赔后，业主应当对费用和工期予以补偿。

4. 法规的变更（第36条）

若在投标截止日之前的28天后，项目现场所在国的法律、法规、条例等发生变化，从而影响费用和工期，则合同价格和工期应相应调整，可以增加，也可以减少，视情况而定。

5. 不可抗力（第37条）

若发生了诸如战争、动乱、国有化、没收、罢工、封锁、通信中断、劳资争端、电力供应中断、流行病、地震、洪水、台风等人力不可抗拒的天灾人祸以及由其引起的人力、材料、设施短缺造成的损失，受影响的一方应免于履行其义务或被允许延缓履行其义务。若延缓，工期应相应顺延。若时间影响太长，双方应努力协商，达成一个共同满意的方案；若不能，任一方有权终止合同。若终止合同，承包商有权得到：截至到终止时完成的工程的价格；合理的设备及人员遣散费；因终止需合理支付分包商的费用；工程保护以及现场清理费；因不可抗力发生需支付给第三方合理的费用等。

6. 战争险（第38条）

不管合同其他地方如何规定，只要在现场所在国或邻国发生战争、动乱、各类炸弹爆炸导致工程设施设备、施工机具、第三方财产损害与人员伤亡，则由业主负责承担后果责任。

然而，在国际工程实践中，由于是"买方市场"，即业主具有讨价还价的优势地位，业主利用优势地位，将本来应由自己承担的风险通过合同的规定转移给承包商。即使业主在招标或议标时参照一些合同范本，也往往通过对范本的修改来转移风险。事实上，无论从理论上还是从国际工程实践来看，若业主利用自己的强势让承包商承担过分大的风险，项目的最终执行结果对业主不一定有利。原因是，若在合同中规定由承包商承担某风险，承包商无疑会在投标报价中考虑相应的风险费，所考虑的额度甚至要高于业主自己来承担这些风险的代价，而这些风险费需要业主作为合同价格的一部分支付给承包商，无论实际是否发生。若业主认为，即使让承包商承担了大量的风险，由于承包商受到其他承包商的竞争压力或者承包商根本没有认识到自己承担的风险问题，承包商不会在报价中增加风险费，这样的话，只能证明业主所选定的承包商的管理水平差。一个在投标时对项目风险以及承担的合同风险都搞不清楚的承包商，其项目的管理水平可想而知。可以这样认为，若业主选定这样的承包商来承担项目，才是最大的风险。

但从另一方面讲，业主担心如果自己承担了某些合同风险，就会导致承包商漫天索赔，这种情况在实践中的确存在，但只要承包商的索赔合理，业主予以理赔也是一种合理做法。我们这里所说的"索赔合理"的含义是：①发生了业主与承包商在签订合同时就预期到的索赔事件；②业主自身的违约行为。显然，在这两种情况下，业主应该给予补偿，否则就是业主不负责任的行为，只能导致承包商的履约不佳，影响项目的顺利竣工，从而最终影响业主的利益。至于不合理索赔，则业主完全可以决定不予赔偿，害怕由此带来法律诉讼或仲裁是业主管理水平低下和不自信的表现。

对于承包商而言，即使在合同中规定自己承担的风险比较大，也不要因此拒绝参加此类项目的投标或议标，因为在国际工程市场上风险与利润是相互依存的。风险管理的关键不在于它承担的合同风险的大小，而是在于是否清楚地了解自己在合同中的风险以及控制相关风险的能力，还有在市场竞争的情况下为承担的那些风险在投标价格中考虑的风险费用额度。因为若业主让承包商承担的风险大，则承包商在报价中可以相应地增大自己的风险费。但若增加的大量风险费导致标价提高而不能中标，这只是表明，相对于其他承包商而言该承包商的风险管理水平低，其风险管理成本高于其他承包商而导致其不能中标，这不是一个合同风险分担问题，而是一个需要提高自身的风险管理水平问题。

反过来讲，若合同价格不能改变，承包商则应在合同中尽可能地少承担风险，并利用风险的分担原则来在谈判中影响业主，尽可能获得最大的合同优势。

10.3 国际 EPC 合同的风险分析以及应对

在了解了国际 EPC 合同面临的风险因素后，我们根据具体项目需要对风险进行分析，目的是发现各类风险因素对项目执行结果影响的程度大小，根据风险因素的轻重缓急提出应对策略，并落实具体应对措施。

10.3.1 风险分析

对国际 EPC 合同风险，分析的基本程序如下：

（1）分析 EPC 招标文件/合同的各项规定，判断出自己承担的风险。

（2）研究 EPC 项目的具体情况，包括项目调研、标前会议答疑、自己控制风险的能力等，判断出所承担的"风险度"的大、中、小。

(3) 提出每种风险度下的风险应对策略与方法。

虽然风险分析的方法很多，但专家判断法一直是实践中最实用和有效的方法，这就要求 EPC 承包商要有一定的咨询专家资源，包括合同法律专家、技术专家、造价专家、采购专家、区域专家等。

10.3.2 风险应对策略

在了解 EPC 合同乙方承担的风险并分析其对项目实施的影响程度后，承包商就应安排风险应对策略，通常包括风险规避、风险转移、风险自留❶。

1. 风险规避

规避风险指改变原来的目标、计划或条件，以排除因此类前提条件招致的风险。例如，若业主的 EPC 项目招标文件要求承包商在设计、采购和施工过程中采用某技术标准，但承包商对该标准不熟悉，若接受原招标文件的要求，则承包商完成该项目的风险很大。若对此风险规避，则要么放弃该项目的投标（即不再按计划投标），要么要求业主允许采用其他技术标准来实施该项目（即要求改变原条件）。一般来讲，承包商无力承担的风险必须进行规避。

2. 风险转移

若风险无法规避（如承包商按自己的经营策略不能放弃投标，或业主不同意改变技术标准），则可以考虑进行风险转移。风险转移指设法将承担风险的责任转移给项目参与的其他方，如 EPC 承包商可以将某些风险转移给业主、分包商、供应商、保险公司等。一般来说，对于 EPC 承包商难以控制但其他关系方控制力较强的风险适合采用风险转移策略。

3. 风险自留

风险自留是指自己承担风险责任，并做好相应的准备工作。由于风险转移是有成本的，风险自留有时也是必要的。对于发生概率很小、造成的损失也很小的风险，采用风险规避或者是转移的手段都难以发挥其效果，此情况下，风险自留则往往是一种较好的处理方法。但风险自留的前提条件就是：①自己加强管理措施和控制力度来尽量降低该风险的发生；②有一定的风险费作为保障。

对于同一项目的不同风险，上述应对策略可以混合使用，并在应对策略的指导下采取具体的措施，国际工程中常用的具体措施包括：

(1) 健全项目组织设置。

(2) 提高人力资源素质。

(3) 明确各类角色职责。

---

❶ 虽然传统上将"风险减轻"（Risk Mitigation）也作为风险应对的一种策略，但从合同角度来讲，"风险减轻"作为"风险自留"策略下的一种具体措施则更容易被理解，也更符合逻辑。

(4) 完善项目实施方案。
(5) 可操作化管理流程。
(6) 编制风险检核表。
(7) 加强合同索赔意识。
(8) 准备一定风险费。
(9) 利用价值工程技术。
(10) 利用保函/担保手段。
(11) 进行保险。
(12) 合同中增加调价方法。
(13) 合同约定固定兑换率或市场调汇。
(14) 利用"专用性资产"优势重新谈判❶。
(15) 专家咨询。

10.4 国际 EPC 项目的保险

如前所述，风险转移是风险应对的一个主要方式，而保险则是风险转移的一个主要手段。国际工程合同中对保险都有一定的规定，由于国际 EPC 承包商的责任较大，工程保险对其来说更为重要。

10.4.1 国际 EPC 合同关于保险的常见规定

保险在国际工程管理中已经成为一种惯例，虽然在具体的保险办理方法以及细则方面每个合同又不尽相同，但总体的规定却是一致的，一般包括：工程保险的投保人与被保险人；投保范围与投保额度；保险覆盖的风险责任和保险时效。

1. 工程保险的投保人与被保险人

在国际工程中，工程投保人（Insurance Applicant）在合同中一般规定为承包商，但有时候，由于业主办理某些保险更方便更经济，合同可能约定业主负责办理某些保险，如对工程本身以及对其人员的保险，其他部分则由承包商投保。若工程存在分包的情况，则合同通常规定，总承包商应要求分包商就相关分包工作进行投保，并符合合同规定的保险条件。若分包商没有办理该保险，则应由承包商负责办理。

对于工程本身（包括现场永久设备与材料）以及第三方责任的保险，无论

---

❶ 如香港的著名案例：2002 年西门子在九广轨道项目中利用这样的原则，对合同条件重新谈判，获得业主 1 亿港币的额外补偿。

由业主投保还是承包商投保，工程合同通常要求被保险人同时为业主和承包商，即业主与承包商为共同的保险受益人（Joint Insured），并根据双方的责任分担来分配保险理赔款，但该理赔款应专款专用。

在业主与承包商分别办理某些保险时，双方应将投保的情况告知对方，并将相关保险文件拷贝给对方，以便对方了解保险条件，特别是诸如保险金额（Insurance Amount）、免赔额（Deductibles）、保险索赔条件、损失评估的程序等。

2. 投保范围与投保额度

在国际 EPC 合同中，一般规定应为下列各方面办理保险：
(1) 在建的主体工程。
(2) 现场存放的永久设备和材料。
(3) 承包商的各类工程文件，如图纸等。
(4) 承包商施工机具。
(5) 对第三方人身伤害与财产损害的责任。
(6) 承包商的人员以及业主的人员。

对于前三项内容，投保额度不得低于重置所需全部费用，包括拆除费、清理费、专业人员聘请费以及利润。对于（4）项，投保额度不得低于施工机具的全部重置价值，包括将机具运到现场的运输费。对于（5）项第三方人身伤害与财产损害的投保额度，通常在合同中约定投保最低限额，而且不限制事故发生的次数。在国际工程中，对第三方人身伤害以及财产损害的投保额确定的原则是根据工程实施期间发生意外事故，对现场和毗邻地区的第三者可能造成的最大损害情况来确定。若承包商认为必要，可以在合同中规定的最低限额的基础上将保险额度增大一些。关于承包商的人员的保险，EPC 合同一般并不给出投保额度的要求，只是规定，这笔投保额应能覆盖承包商的人员因伤亡与生病而引起的索赔、赔偿费的支付，聘请律师等相关费用和损失的支出。在实践中，确定每个承包商的人员的投保额度主要考虑承包商对雇员伤亡和生病应承担的法定赔偿责任额度以及承包商的企业政策。在国际工程中，承包商为每个项目人员的投保额度一般为其项目期间月平均工资（包括奖金）的 50~100 倍。

3. 保险应覆盖的风险责任

EPC 合同通常要求，投保方办理的保险应覆盖项目实施期间发生的风险并应是在保险市场上可以办理的保险。但由于在国际工程保险市场上，并不是工程实施期间所发生的风险都能够投保，保险公司对于某些风险是不保险的，因此 EPC 合同通常规定，若相关风险无法投保，一旦发生，相关损失应根据 EPC 合同中风险责任的划分，由业主或承包商来分别或共同承担。关于工程保险通常覆盖的风险，请参照下面 10.4.2 节。

4. 保险时效

对于工程、材料、永久设备以及承包商设备的保险，保险覆盖的期限有两个阶段：第一个阶段是从工程开工到工程被业主接收为止，目的是对工程施工期间出现的问题进行保险；第二个阶段从业主接收工程开始到承包商收到履约证书写明的日期为止，目的是对缺陷通知期（维修期）出现的问题进行保险。

承包商办理保险后，必须在规定的日期通知业主保险已经生效，使对方了解工程处于被保险状态。通知的具体日期在合同中约定，一般是从开工日期算起的几个工作日。若承包商没有按规定办理保险或没有按时通知业主，业主可以自行办理相关保险，一切相关费用由承包商承担。

但有的合同对维修期的保险不作强制性要求，有的合同，特别是在法语区的国家，则要求承包商在竣工之后要办理一个"十年责任险"，对竣工后十年内出现的质量损失由保险公司负责赔偿。

10.4.2 工程保险的险别

针对国际 EPC 合同的要求，承包商可能需要向保险公司投保的险别包括工程一切险（Contractor's All Risks）、设计责任险（Design Liability Insurance）以及雇主责任险（Employer's Liability Insurance）。

1. 工程一切险

工程一切险根据该工程中含有的工作性质又分为建筑工程一切险（Construction All Risks Insurance）和安装工程一切险（Erection/Installation All Risks Insurance）。

建筑工程一切险一般指针对主要含有土建类工作性质的工程所投保的险种，保险公司对工程建设期间工程本身、施工机具、工地设备材料所遭受的损失予以赔偿，也对因施工给第三方造成的财产损害与人身伤亡承担赔偿责任❶。

安装工程一切险主要用于各类机器、设备、储油罐、钢结构等安装工程，该险种对安装过程中工程、设备、机具等造成的损失给予赔偿，也对因施工给第三方造成的财产损害与人身伤亡承担赔偿责任，这与建筑工程一切险类似❷。

在实践中，由于工程本身一般含有土建工程和安装工程，若土建部分占总价的比例较小，一般按安装工程一切险投保；若安装部分占总价比例较小，则一般按建筑工程一切险投保；若两者比例相当，也可以按建筑工程一切险和安装工程一切险分别投保。两种险别虽然在费率等方面有所差别，但对覆盖的风

---

❶ 根据具体情况，也可以将施工机具设备和第三方责任从工程一切险中分离出来，单独进行保险。

❷ 由于实际工程一般不但包括土建工程也包括安装工程，在实践中也可以合并办理为工程一切险，根据土建与安装工程的比例来确定相应费率。

险以及除外风险方面大同小异。

建筑工程一切险与安装工程一切险一般覆盖下列风险引起的损失：

（1）地震、海啸、雷电、飓风、台风、龙卷风、风暴、暴雨、洪水、水灾、冻灾、冰雹、地崩、山崩、雪崩、火山爆发、地面下沉下陷及其他人力不可抗拒的破坏力强大的自然现象。

（2）偷盗与抢劫。

（3）不可预料的以及被保险人无法控制并造成物质损失或人身伤亡的突发性事件，包括火灾和爆炸。

（4）现场范围内的运输、施工机具设备装卸过程发生的损失。

（5）短路、超电压、电弧、超压、压力不足以及离心力等造成的损失。

对于建筑工程一切险与安装工程一切险，保险公司的除外责任，即保险不覆盖的风险通常包括❶：

（1）战争、军事行动、社会动乱、罢工、恐怖活动等情况。

（2）政府命令或任何公共当局的没收、征用、销毁或损坏。

（3）被保险人蓄意破坏或严重渎职。

（4）核裂变造成的损失。

（5）合同罚款。

（6）工程停工造成的损失。

（7）设计引起的损失。

从上述规定可以看出，设计责任和承包商对其项目员工在建设期间的伤亡等责任并未涵盖在工程一切险中，因此在国际 EPC 合同中往往规定需要单独办理。

2. 设计责任险

由于在 EPC 工程中承包商承担全部或部分设计工作，但如上所述，工程一切险中一般不包括设计责任保险，因此 EPC 承包商有时还需要单独办理设计责任险（Design Liability Insurance）。

设计责任险是保险公司对承包商的设计人员因过失造成事故，引起受害人（业主或第三方）人身伤害或财产损失承担赔偿责任的险种。在此险种下，保险公司一般赔偿的损失包括四个部分：第一，对设计缺陷造成工程损失、第三者财产损失或人身伤亡所承担的赔偿责任；第二，事先经保险公司同意的保险责任事故的鉴定费用；第三，事先经保险公司同意的为解决赔偿纠纷的仲裁费、诉讼费、律师费；第四，发生保险责任事故后，工程设计单位为缩小和减轻应

---

❶ 对于保险不覆盖的风险，大部分为业主负责的风险，一旦发生，承包商可以向业主提出索赔，来弥补自己的损失。

承担的赔偿责任所支付的必要、合理的费用。设计责任险的投保额一般为工程合同额，也可以是由合同双方约定的其他额度。

3. 雇主责任险

雇主[1]责任险（Employer's Liability Insurance）是承包商为其雇员所办理的一种责任险，对承包商人员在工程期间的伤亡、生病或疾病等原因招致的各类费用损失予以赔偿。

在工程实践中，对于某些合同，工程所在国的法律要求办理的是工伤事故险（Site Accidents and Worker's Compensation Insurance），这是与雇主责任险类似的一个险种，但应注意，对于工伤事故险，保险公司一般不对因项目员工出现疾病导致的损失负责。

业主的人员，包括其聘用的监理人员，一般由业主方为其办理雇主责任险。

4. 其他保险

另外，对于含有大型设备的安装工程，EPC 合同有时还规定承包商办理货物运输险（Cargo Insurance During Transport）；对于道路、管线等"线性"项目，还需要单独办理车辆责任险（Automobile Liability Insurance）。

虽然上述险别属于保险公司的通常"产品"，其保单条件往往为格式条款，但由于国际工程的复杂化，不同的 EPC 合同以及相关法律对保险的要求不一样，所以针对某些保险条件，承包商可以与保险公司进行商谈，并对格式条款进行修改，作为特别约定包括在保险合同中。

10.4.3 工程投保与保险索赔

1. 保险公司选择方式

对于国际 EPC 工程，若业主没有限制，最好选择国内的保险公司，这样便于沟通与保险索赔。在选择保险公司时，首先要让保险公司了解业主对保险的各项要求，并让保险公司承诺其开出的保险条件符合合同的要求。若保险费较大，可以考虑同时向几家保险公司进行保险询价，并根据各个保险公司的条件，如保费率、放弃责任追偿等来择优选择，具体考虑的因素包括保险公司的理赔信誉、提供的服务质量、投保总成本。在实践中，让一家保险公司进行一揽子的保险往往是一种比较便捷和经济的方式，具体的选择方式可以包括公开招标、邀请招标、议标或直接询价。

2. 投保文件与程序

无论是采用招标方式或是直接询价方式，承包商都需要将详细的工程文件

---

[1] 注意，这里的"雇主"（Employer）是相对于"雇员"而言的，不要与项目的业主（Employer/Owner）相混淆。

提供给保险公司,作为其报价的基础。这类文件包括:

(1) 工程承包合同。
(2) 承包金额明细表。
(3) 工程设计文件。
(4) 工程进度表。
(5) 工地地质报告。
(6) 工地略图。

接到承包商的文件后,保险公司一般对下列各项进行核实:

(1) 工地的位置,包括地势及周围环境,海、江、河、湖及道路和运输条件等。
(2) 安装项目及设备情况。
(3) 工地内有无现成建筑物或其他财产及其位置、状况等。
(4) 储存物资的库场状况、位置、运输距离及方式等。
(5) 工地的管理状况及安全保卫措施,例如防水、防火、防盗措施等。

然后,承包商与保险公司通常就下列各项进行协商,并在达成一致意见后签订保险合同:

(1) 建筑工程项目及其总金额。
(2) 物资损失部分的免赔额及特种危险赔偿限额。
(3) 是否投保安装项目及其名称、价值和试车期等。
(4) 是否投保施工机具设备及其种类、使用时间、重置价值等。
(5) 是否投保场地清理费和现成建筑物及其保额。
(6) 是否加保维修期保险及其期限和责任范围。
(7) 是否投保第三者责任险及其赔偿限额和免赔额。
(8) 是否需要一些特别保障及条件、费率等。

3. 保险索赔与理赔

作为 EPC 承包商,办理工程保险后,在工程实施的过程中应具有索赔意识,一旦发生了与保险相关的事宜,应积极进行保险索赔,使损失降低到最小限度❶。通常保险索赔程序如下:

(1) 发生索赔事件后尽可能保留现场或保留证据。
(2) 按保险合同规定的时间通知保险公司。
(3) 需要报案的应及时报案,并留有报案证据。
(4) 记录事故经过,并计算事故发生的损失,提供保险公司参考,并在被

---

❶ 对国际工程而言,在发生了不测事件导致费用和工期损失后,承包商获得损失补偿的两个基本渠道是根据合同和相关法律:①向保险公司索赔;②向业主及其他相关各方索赔。

要求时填写出险通知。

(5) 与保险公司勘损人员协商确定查勘事故现场的时间。

(6) 陪同勘损人员查勘现场，并接受询问。

10.4.4 保险应注意的其他事项

1. 保险范围的变更

由于工程范围发生变更，所以应在保险单中约定若工程范围发生变更的处理方法，如若变更的范围的幅度不大，保险公司放弃被通知的权利。若发生大幅度的工程变更，则承包商应按约定通知保险公司，并对保险费率等作相应调整。

2. 保险期限的扩展

若发生工期延长的情况，需要对保险期限也作相应的扩展，此情况下，应按保险单的规定，由承包商向保险公司提出，并经保险公司同意后，保险仍持续有效。

3. 涉及第三方的赔偿

若承包商给第三方造成损失需要赔偿时，在保险公司授权之前，不应做出任何承诺和赔付，否则保险公司可能不予赔偿。

4. 重复保险与超值保险

对于工程财产保险，包括工程本身以及相关设备机具等，不得向多家重复保险，否则保险公司仅有按比例承担相应责任的义务。

财产保险一般不能超值保险，否则，在出险后保险公司最多赔偿该财产的实际价值，对超出部分有权拒绝赔偿。

10.5 小结

本章介绍了国际工程中发生的风险类别，并将 EPC 工程的风险系统地归纳为 EPC 合同环境风险、EPC 项目本身风险、EPC 合同参与方行为关系风险，并详细识别了各类风险下的风险因素。同时讨论了国际工程 EPC 合同中的风险分担的"激励兼容"原则，在此原则的指导下，分析了国际 EPC 合同中业主与承包商分担风险的惯例做法。本章还给出了风险分析的方法与应对策略，介绍了国际 EPC 合同中关于保险的规定，给出工程投保、办理保险索赔的操作程序，并提出了在工程保险中应注意的诸如"免赔额"、"除外责任"、"保险不得违背的原则"等问题。国际工程中充满风险，但如本章所述，并不是所有风险都由承包商承担，若发生了非承包商负责的原因导致承包商工期拖延和费用增加，他有权按合同或其他法律规定向业主索赔。那么，哪些情况下 EPC 承包商可以索赔，索赔又要遵循什么样的程序？下一章我们将探讨这一问题。

第 11 章　国际 EPC 交钥匙合同的索赔与争议解决

本章首先介绍国际 EPC 交钥匙合同关于索赔的常见规定，对 EPC 合同索赔的各类依据进行分析，给出费用和工期计算的方式以及索赔报告的编写方法。最后论述了合同争议的解决方法和程序。

11.1　概述

国际工程合同管理的本质是以合同为保障机制，保证自己一方达到最佳利益，服务于整个项目管理目标。索赔管理则是合同管理的重要组成部分。由于国际工程实施过程中承包商的工作受到外部干扰很大，从而影响了项目按计划进行，导致拖期与费用的增加。工程索赔是承包商弥补损失的一个重要途径。

按照美国建筑师协会的定义，"索赔是合同中的一方提出诉求，目的是维护一定的权利，使合同条件得到合理调整或进一步解释，使付款问题获得解决或工期能够延长，或使合同其他条款的争议得到裁决"。简单地说，索赔就是要求取得本应属于自己的东西，是对自己权利的主动主张。若业主对承包商的索赔不予同意，形成了争议，则可按合同规定的程序来解决。另外，业主也可以根据合同对承包商提出索赔，业主的索赔有时也被称为反索赔，其索赔原则和程序与承包商的索赔类似。同时，EPC 承包商还有可能面临分包商或供应商的索赔。本章主要从承包商的角度来论述索赔管理。

11.2　工程索赔的合同基础

由于工程的索赔必须依据合同或其他规定，因此在合同签订前就必须对合同的各项规定，尤其是关于索赔的规定予以重视，以便在合同执行过程中发现索赔机会。

在国际 EPC 交钥匙合同模式下，通常都有关于索赔依据和索赔程序的规定，其中对于索赔程序一般都有明示规定；对于索赔依据，有时是明示的，有时则是隐含的。

1. 索赔依据

如第 4 章和第 10 章所述，合同分别规定了业主与承包商的义务以及在履行合同义务中所承担的风险。对于国际 EPC 合同来说，由于一般承包商在合同中承担的风险较大，因此索赔的机会相对少些。尽管如此，一般 EPC 合同中都有类似下列的规定，从而赋予 EPC 承包商索赔权。这主要分四个方面：一是业主违反合同义务或发生的工程变更；二是立法发生的变化；三是发生了战争、内战、动乱、恐怖袭击等社会极端行为；四是重大天灾。后两个方面通常构成不可抗力。涉及此类索赔权的具体条款通常有：

(1) 业主不按时提供现场或通行权。
(2) 业主支付延误。
(3) 业主无故扣发或延误答复承包商的各类申请或设计文件批复。
(4) 业主干扰或延误须双方参加各类的检验。
(5) 业主方变更了工程范围、质量标准、原定工程实施方式或顺序。
(6) 业主提供的某些基准数据有误。
(7) 立法的变动或政府当局签发新的行政命令。
(8) 发生了不可抗力。

另外，EPC 合同还规定业主向承包商提供某些协助，若业主没有履行该义务，也构成承包商的索赔依据。在实践中，有的 EPC 合同对上述的规定也很模糊，甚至不予规定。即使这样，只要上述情况发生，承包商同样可以根据合同适用的法律规定提出索赔。

2. 索赔程序

合同条款或法律规定只是赋予了承包商索赔的权利，要实现此权利，承包商还必须遵守一定的程序，国际 EPC 合同关于索赔程序的规定大致如下：

(1) 承包商在引起索赔事件发生的一定的时间内要通知业主方。
(2) 承包商应尽最大努力使相关损失降低到最小限度。
(3) 承包商应接受业主方的相关指令来处理该事件。
(4) 承包商必须保持索赔事件详细而准确的记录。
(5) 承包商必须在规定的时间内向业主提交详细的索赔报告，并附上必要的索赔证据。

11.3 承包商的索赔管理

1. 组织管理

由于索赔需要项目多部门的配合，才能获得索赔所需的各类数据，所以良好的组织管理是索赔成功的组织保证。大型 EPC 项目一般都设有项目经理办公室、控制（工期和费用）部、设计部、采购部、质量部、施工管理部、合同部、财务部、文控部、安保部、行政管理部、一线施工作业队等。若 EPC 项目规模较小，也可以将控制部、合同部、文控部合并一起，甚至合并到项目经理办公室；也可以根据项目的具体情况，不设立部门，只设立相应的职能工程师。但无论怎样设计，各角色的职能需要清晰，要有清楚的合同索赔意识，善于抓住索赔机会。一项索赔往往起因于设计、采购、施工等工作中出现了问题，导致承包商误期以及增加了承包商的计划开支。此情况下，项目经理办公室要求合同部牵头来处理索赔工作。合同部一般负责合同依据的查询、索赔权的论证以及索赔整体思路的设计，并协助控制部、财务部计算延误的工期和费用；设计部、采购部、施工管理部、一线施工队等负责提供相关部门的证据文件；文控部负责所有索赔文件的归档保存和发放。各个部门需要有明确的分工，并密切配合，才有可能索赔成功。

2. 文档管理

文档管理是国际工程索赔成功的基础。承包商在提出索赔要求时必须进行大量的索赔取证工作，以充分的证据来证明自己拥有索赔的权利。完善高效的文档管理可以为及时、准确、全面、有条理地解决索赔提供分析资料和证据，用以证明索赔事件的存在和影响以及索赔要求的合理性和合法性。

有关索赔的文档分为如下各类：

(1) EPC 招标文件。
(2) 各类分包/采购招标或询价文件。
(3) 签订合同前双方的来往信函以及澄清文件。
(4) EPC 交钥匙合同。
(5) 各类分包/采购合同。
(6) 变更命令和现场指令。
(7) 各类项目执行文件。
(8) 日报、周报和月报。
(9) 与业主、分包商/供应商的会议纪要。
(10) 与业主的来往信函。
(11) 与分包/供货商的来往信函。
(12) EPC 承包商内部会议纪要。
(13) EPC 承包商内部各部门来往函件。
(14) 各类担保保证文件。
(15) 各类保险单。
(16) 政府官方部门发布的对项目有影响的正式文件。

上述文档可以由文控部统一编码归档管理，并规定文件的保密等级，供索赔时各部门查阅使用。

结合上述文件，还可以抽出核心事项，做出表格，供合同监控人员随时查阅，核心事项通常包括：
(1) 主合同支付汇总表。
(2) 主合同变更、索赔申请汇总表。
(3) 批准变更、索赔汇总表。
(4) 分包费用支出预算表。
(5) 分包合同汇总一览表。
(6) 分包合同支付汇总表。
(7) 分包合同变更、索赔汇总表。
(8) 保险单汇总监控表。
(9) 履约保函/担保汇总监控表。

11.4 费用索赔和工期索赔的计算

11.4.1 费用索赔的计算

要计算出因发生的索赔事件所引起的费用，必须了解 EPC 合同的投标报价构成。如我们在前面的第 1 章、第 2 章以及第 9 章所述，国际 EPC 工程合同的价格一般为固定总价合同，在合同总价下分别列出设计、采购、施工/安装、试运行、培训各类工作的分项总价。此外，在许多 EPC 总价合同中，还要求对每类分项工作下的人工时、材料、设备等给出单价，目的有两个，一是用来证明总价的合理性，另一目的是在项目执行过程中遇到调价的情况作为计算依据或重要参考。在出现索赔时，这些报价将作为索赔费用的计算基础。

国际上费用索赔的计算方法主要有下列三种：实际费用法、总费用法、合理价值法。

实际费用法（Actual Cost Method）也称为实际成本法，是国际工程费用索赔计价最常用的计价方法。实际费用法计算的原则是，以为索赔工作所支付的实际开支为根据，要求经济补偿。每一项索赔的费用仅限于由于索赔事件引起的、超过原计划的费用，即额外费用，也就是在该项工程实施过程中所发生的额外人工费、材料费和施工机械设备费以及相应的管理费、利润等[1]。

采用实际费用法计算索赔款时，其额外费用的组成部分可以参照合同总价以及相关分解价格和单价组成进行计算。

---

[1] 有的合同在商务报价表中，除了要求将总价分解为各分项工作的价格或单价，还要求将合同价格分解为直接费（人、材、机）、间接费（总部及现场管理费）、利润，作为合同价格调整时的参考。若在投标报价中没有此类分解，则可以依据惯例或合理原则来确定。

在应用实际费用法进行计价时,应注意以下问题:

(1) 做好实际发生的成本记录或单据收集、保存工作,因为这是索赔计价中计算额外费用的基础,特别是在报价中没有相关参照的单价或价格的情况下。

(2) 根据合同的规定,分析哪些费用可以索赔,哪些不能索赔,哪些有可能索赔,做到应索赔费用因素不遗漏。

总费用法(Total Cost Method)即总成本法,就是当发生多次索赔事件以后,重新计算出该工程项目的实际总费用,再从这个实际总费用中减去投标报价时的估算总费用,即为要求补偿的索赔总款额。在计算索赔款时,只有当实际费用法难以采用时才使用总成本法。在采用总成本法时,一般要有以下条件:

(1) 由于发生的索赔事件彼此相互作用,具有连锁反应,难于或不可能精确地计算出承包商损失的款额。

(2) 承包商工程项目原来的投标报价是比较合理的。

(3) 已开支的实际总费用经过逐项审核,认为是比较合理的。

(4) 承包商对已发生的费用增加没有责任。

(5) 承包商在整个项目实施过程中的管理是恰当的。

在索赔工作中,不少人对总费用法持批评态度。因为实际发生的总费用中,可能包括了由于承包商的原因(如组织不善、工效降低、浪费材料)而增加的费用;同时,投标报价时的估算费用往往因为承包商期望中标而过低。因此,在实践中出现了改善的总费用法(Modified Total Cost Method),即在总费用计算的原则上,对总费用法进行相应的修改和调整,去掉一些不确切的可能因素,使其更合理,具体做法如下:

(1) 将计算索赔款的时段仅局限于受到索赔事件影响的时间,而不是整个施工期。

(2) 只计算索赔时段中的受影响工作的损失,而不是计算该时段内所有工作所受的损失。

(3) 在受影响时段内受影响的某项工程施工中,使用的人工、材料、施工机械设备等资源均有可靠的记录资料,如施工日志、现场施工记录等。

(4) 与该项工作无关的费用不列入总费用。

(5) 对投标报价的估算费用重新核算,将受影响时段内该项工作的实际单价乘以实际完成的该项工作的工程量,得出调整后的报价费用。

合理价值法(Quantum Meruit)是一种运用平衡调整理论(Equitable Adjustment Theory)进行补偿的做法,主要应用于合同中没有明确规定索赔额计算的情形,是英美法系下所出现的一种调整方法。采用该种方法索赔时,应符合三个原则:业主方获得了收益(Benefit);承包商为这种收益付出了代价;如果业主保留这种收益会造成不公正性(Unjust)。这种方法常用于以下几种情况：

（1）合同对某项工作做出了规定，但是未对该工作的费用作出规定。例如，承包商依据合同的明示或默示条款完成了某项工作，但是在合同中没有关于此项工作的计价方法。

（2）准合同（Quasi-contract）。例如，当承包商和业主在对合同的主要条款进行谈判时，承包商已经在现场开始了工作，如果谈判失败，业主有责任给承包商一定补偿。但是这要视情况而定，需要依据合同关于谈判的规定以及是否符合不正当得利的原则等。在实际中，常常在中标意向函中对承包商发生此类费用的补偿额作出规定。

（3）合同范围以外的工作。当合同中对某项工作做出了规定，但是承包商进行此工作时超出了合同范围，则可以获得一定数量的合理补偿。

（4）合同被认为无效的、被业主拒绝或者被终止时所做的合同中的工作。在这种情况下，承包商可以根据合理价值法的原则有权要求对自己已经完成的工作取得公正合理的补偿。

从以上三种费用索赔方法特点可以看出，在索赔事件的相关事实比较清楚时，实际费用法是一种被双方接受的最合理的一种方法。总费用法，尤其修正的总费用法，在索赔事件彼此相互作用，所影响的费用难以界定清楚时应用，但业主方不易接受此方法，承包商采用此方法必须有足够的依据作为支持。合理价值法则用于的索赔的合同依据不充分的情况，而利用法律的精神来实施救济的一种方法，但在某些法律体系下可能不被认可。

11.4.2 工期索赔的计算

如前所述，引起工期延误的原因有三个方面：承包商自身的原因、业主自身的原因和外部原因。对于承包商自身造成的延误，业主不予工期补偿；对于业主自身的原因造成的，则给予工期补偿。对于外部原因引起的延误，则根据合同中规定，凡业主负责的原因，承包商有权得到延期。具体工期索赔计算步骤如下。

1. 工期索赔计算依据

工期索赔的依据主要有：

（1）合同规定的总工期计划。

（2）合同签订后由承包商提交的并经过工程师同意的详细进度计划。

（3）合同双方共同认可的对工期的修改文件，如会谈纪要、来往信函。

（4）业主、工程师和承包商共同商定的月进度计划及其调整计划。

（5）受干扰后的实际工程进度，如施工日志、工程进度表、进度报告等。

承包商在每个月的月底以及在干扰事件发生时都应分析对比上述材料，以发现工期拖延及拖延原因，提出有说服力的索赔要求。

2. 受干扰的工程作业项是否是整个工程的关键作业

由于只有关键作业受到影响，整个工期才能受到影响，所以并不是工程执行中某一工作被耽误，整个工期就受延误。这时一般通过工程网络计划来确定某工作项的延误是否影响到整个工程。若延误时间长，有可能本来不是关键作业变成为了关键作业，此时仍可索赔工期。

3. 索赔天数的确定

对于工期索赔的天数的确定，应根据干扰事件造成对关键作业拖延的天数，而不是干扰事件持续的天数。若干扰事件为三天连续降大雨，则并不一定对工程进度的影响为三天，可能使工程进度拖延了远远大于三天。一般是在干扰事件过后，承包商更新原定进度计划，并将更新进度计划与原进度计划关键路线对比之差作为索赔的天数。

关于工期索赔的几个问题：

(1) 共同延误问题。对于某项工作延误，可能是由于业主与承包商共同的原因导致的。在发生共同延误时，首先分析哪一种原因是最先发生的，即找出"初始延误者"，它首先要对延误负责。在初始延误发生作用的期间，其他并发的延误者不承担延误责任。若无法发现初始事件，则一般采用"近因原则"，即：该延误作为一个后果与引起其最接近的原因是哪一方引起的，则延误由该方负责。若责任交叉，不易辨别，则采用合理分担原则予以责任划分。

(2) 非关键作业项受影响的后果问题。虽然只有关键作业项被延误，工期才被拖延，但若由于业主负责的原因，非关键作业项受到影响，从而消耗了其浮时/时差（Time Float），虽然此时承包商一般不能索赔工期，则此时承包商有可能索赔费用。因为若某非关键作业项浮时被消耗掉后，可能影响承包商原来的资源调配计划，影响项目实施效率，承包商可以因功效降低（Loss of Efficiency）来进行费用索赔。

(3) 业主拒绝延期的应对措施。在实践中，承包商提交的工期索赔报告往往得不到业主的批准，承包商往往陷于"两难选择"（in dilemma）的困境。若不赶工，工程不能按时完工，有可能面临被罚拖期赔偿费；若要赶工，则需要追加资源，而且若经过赶工按时完工了，业主会反过来认为承包商原来的工期索赔为不诚实行为。在这种情况下，若业主拒绝承包商的工期索赔，作为一种应对措施，承包商应随后向业主提出赶工费用索赔，即业主不批准工期索赔，则认为业主要求承包商赶工，业主应当支付赶工费。若业主对赶工费也不支付，则形成了争议，无论如何，承包商在争议解决的过程中就会取得主动。对业主而言，合理地延期或补偿承包商往往是一种对自己最有利的明智举措。

11.5 索赔报告编写

在国际工程索赔过程中，索赔报告是关乎索赔成功与否的一份十分重要的文件，要求索赔报告必须描述全面、逻辑严谨、计算准确、证据充分可靠。因此，索赔方的人员在编写索赔报告时应特别周密、审慎地论证与阐述，充分地提供证据资料，对索赔款计算反复校核。对于款额巨大或技术复杂的索赔事件，必要时可聘用合同专家、律师或技术权威人士担任咨询顾问，以保证索赔取得较为满意的结果。

索赔报告的具体内容因索赔事件的性质、特点和复杂程度不同而有所不同，但索赔报告一般应包括总论部分、合同引证部分、索赔款额计算部分、工期延长计算部分和证据部分。

1. 总论部分

每份索赔报告的开始一般是索赔事件的综述。这部分应简明扼要地叙述发生索赔事件的日期和到目前为止的处理过程，简要说明索赔方为了减轻该索赔事件造成的损失而做过的努力，并提出该索赔事件对索赔方增加的额外费用总数和总的工期索赔要求。最好注明索赔报告的主要编写人和审核人及其职称、职务等，以显示索赔报告的权威性、可信性和编写人员的连续性。

总论部分应包括下述具体内容：
1) 序言。
2) 索赔事件背景概述。
3) 具体索赔要求，包括索赔总款额和要求工期延长总天数。
4) 报告编写及审核人员。

2. 合同引证部分

合同引证部分是索赔报告最关键的部分，其目的是论证索赔方拥有索赔的权利，这是索赔成立的基础。合同引证的内容主要来自工程项目的合同文件，尤其是合同条件以及其他一切可以证明己方具有索赔权利的证据资料。如果索赔方了解到有类似的索赔惯例或案例，也可以作为例证提出，以进一步证明自己索赔要求的合理性。

合同引证部分必须做到叙述清楚、层次分明、论证有力、逻辑性强，一般包括以下具体内容：
1) 重申发出索赔通知书的时间。
2) 简述索赔事件的处理过程。
3) 引证索赔要求的合同依据（可分为工期和费用两个方面）。
4) 引用并指明所附的其他证据资料（分为工期和费用两个方面）。

5）结论。

3. 索赔款额计算部分

在论证了己方具有索赔权之后，接下来一般是对索赔款额的计算，具体论证己方应得的合理的经济补偿款额。如果说合同引证部分的目的是确立索赔权，则索赔款额计算部分的任务是决定应得的索赔款。前者是定性的，后者是定量的。

在进行索赔款额计算之前首先应选用合适的计价方法。至于采用哪一种计价法，应根据索赔事件的特点及自己掌握的证据资料等因素来确定。其次，应注意每项索赔款额的合理性，并指出相应的证据资料的名称及编号。只要计价方法合适，各项开支合理，计算出的索赔总款额就有说服力。

索赔款额计算部分，最好先列出索赔总款额汇总表，然后再分项说明各组成部分的计算过程，并直接引用或指出所依据的证据资料的名称和编号，如计算窝工费用要附上相应窝工人员的考勤表。对于重大索赔事件，索赔款额计算部分的篇幅可能较大，不仅要论述各项费用计算的合理性，给出详细的计算方法，还需要引用详细具体的证据资料。

4. 工期延长计算部分

工期索赔和费用索赔可以在一份索赔报告中同时出现，但一般在一份索赔报告中只涉及其中一个方面的问题，对于重大的索赔事件尤为如此。工期索赔多数是承包商向业主提出的。承包商的工期索赔首先是为了获得工期的延长，以免承担合同中规定的误期损害赔偿费。其次，可能在此基础上获得费用补偿，尤其当承包商为了实现业主赶工目标而投入了更多资源进行加速施工时，就有权要求业主对其赶工所增加的费用进行补偿。在工期索赔计算过程中，应该对计划工期、实际工期、理论工期等进行详细的论述和比较分析。

国际工程工期索赔过程中，如果合同双方均使用了类似 P3（Primavera Project Planner）或 MS Project 这样的计算机软件进行项目进度管理时，处理工期索赔问题就相对容易。这就要求国际工程索赔管理人员熟练掌握工程进度计划网络图的原理、计算及其应用，同时深入了解项目的施工安排、资源调配及本公司的生产效率等。

5. 证据部分

证据是索赔报告必不可少的组成部分，通常以索赔报告附件的形式出现。它包括了索赔事件所涉及的一切有关证据资料以及对这些证据的说明。没有翔实可靠的证据，索赔是不可能成功的。

索赔证据资料的范围甚广，它可能包括工程项目实施过程中所涉及的有关政治、经济、技术、财务等多方面的资料。国际工程各参与方应该在整个工程实施过程中持续不断地搜集整理这些资料，并分类储存，最好建立起完善的文档管理程序，以便随时查询、整理或补充。

在引用证据时，要注意证据的效力或可信程度。为此，对重要的证据资料最好附以文字说明或确认函件。例如，对一项重要的电话记录，仅有自己的证据资料是不够的，最好附上包括对方签字的确认函，或附上发给对方的要求确认该电话记录的函件。即使对方当时未复函确认或予以修改，亦说明责任在对方，因为按惯例未复函确认或修改视为对方已默认。

除文字报表证据资料以外，对于重大的索赔事件，索赔方还可提供直观记录资料，如录像、摄影等证据资料。

必须说明的是索赔报告中所引用的证据资料应根据索赔报告总体的编写要求和思路进行分类并编码，以便在索赔报告论证和计算过程中能清晰地引用。同时，因为证据部分的内容是索赔报告中最繁杂的部分，为便于理解，要层次分明，便于查阅。有时出于索赔谈判策略的考虑，在索赔初期不一定将所有证据资料一次性全部提供，可根据索赔的进程逐步提交。

11.6 合同争议解决

11.6.1 国际工程争议解决程序

国际工程合同履行过程中的多种因素都会导致争议的产生，例如对合同条件的不同理解、确定新单价时的不同观点、处理索赔问题时的不同依据等。但是在各种各样的合同争议中，索赔引起的合同争议是最主要的一种。

在国际工程合同中，一般都有明确的争议解决程序，以 FIDIC 编制的 EPC 合同条件为例，其争议解决条款规定的程序如下：

(1) 若在合同执行过程中合同双方之间产生争议，则应首先提交争议裁定委员会（DAB）裁定。

(2) 双方按在合同中约定的时间来任命 DAB 成员，若对成员的任命达不成一致意见，可约定由 FIDIC 直接指定，聘请费用由双方分担。

(3) DAB 收到合同一方就争议的申请后 84 天内，委员会应做出决定，并给出支持决定的理由。

(4) 如果合同某一方对此决定不满，可在收到决定后 28 天内将其不满的意见通知另一方，并在之后有权提出仲裁。

(5) 但是在提交仲裁前，双方必须有 56 天的友好解决时间。

(6) 若 56 天过去仍未友好解决该争议，则可开始提交仲裁。

(7) 仲裁规则应采用国际商会仲裁规则，除非双方另有商定。

(8) 争议应由三位仲裁员仲裁，除非双方另有商定。

(9) 仲裁的语言应为第 1.4 款"法律与语言"中规定的语言,除非双方另有商定。

(10) 仲裁员有权查阅与该争议有关的一切文档,包括工程师签发的任何证书,给出的任何决定、指令、意见以及争议裁定委员会的决定等。

(11) 除以前提出的证据和观点外,合同双方都有权在仲裁过程中再提出进一步的证据和理由,争议裁定委员会的决定在仲裁中可以作为证据。

(12) 在工程完成前后都可以开始仲裁,若在工程进行中开始仲裁,合同双方以及争议裁定委员会应继续履行其合同义务,不应受正在进行的仲裁的影响❶。

从上面的规定可以看出,在国际工程合同中,常见的争议解决方法包括 DAB/DRB 裁定、仲裁。另外,也有的工程项目采用小型审理(Mini-trials)、调停/调解(Mediation/Conciliation)、诉讼等解决争议❷,我们下面主要介绍 DAB/DRB 以及仲裁的争议解决方法。

11.6.2 DAB/DRB 争议处理方法

DAB(Dispute Adjudication Board)为争议裁定委员会,DRB(Dispute Review Board)为争议审议委员会。前者是 FIDIC 使用的术语,后者为世界银行使用的术语,两者的具体操作程序大同小异,主要区别在于:DAB 的决定在未被协商解决或仲裁推翻前直接具有约束力,可以强制执行,而 DRB 允许争议一方接受或拒绝它的决定;在提交索赔的时间安排方面,DAB 比 DRB 更正式,DAB 在时间规定上较为严格。下面主要叙述两者的共性。

DAB/DRB 的组成成员通常有三名,一般来自国际知名组织的专家库,一名由业主推荐,经承包商同意;另一名由承包商推荐,经业主同意;第三名由已选定的两名成员提名推荐,经业主和承包商同意,并任命为主席。

在挑选裁决委员时,要考虑以下几点限制条件:

(1) 任何成员不得与争议的任何一方有从属关系。

(2) 任何成员不得曾受雇于合同的任何一方,没有与任何一方发生过经济关系。

(3) 任何成员在担任 DAB/DRB 工作以前,不曾介入过此工程项目的重要事务,以免妨碍其独立公正地进行调解工作。

在合同中一般规定双方任命 DAB/DRB 成员的时间。在实践中,最好在合

---

❶ 具体可以参阅 FIDIC EPC 交钥匙合同条件第 20 条"索赔、争议与仲裁"。

❷ 具体可参看:陈勇强、张水波:《国际工程索赔》"第 10 章 国际工程索赔争议解决替代方式",中国建筑工业出版社,北京:2008。

同签订、工程开工后就应该任命此类成员,目的是使这些专家成员早日介入项目,熟悉项目的进程以及争议产生的背景,这样就能更好地解决合同双方的争议。

任命 DAB/DRB 专家的费用一般由合同双方平均分担。在专家确定后,业主、承包商、专家成员三方之间签订任命协议,确定各方的权利、责任、义务以及工作程序。

11.6.3 仲裁和诉讼

由于解决合同争议的其他方法一般不是终局的,也不具有法律的约束力,若合同一方对裁定不满意,仍可以将争议提交仲裁或法院来解决。

仲裁是双方当事人根据其在自愿基础上达成书面仲裁协议,将所约定的争议提交约定的仲裁机构进行审理,并由该机构做出具有约束力的仲裁裁决的一种争议解决方式。

如果国际工程合同规定采取司法程序解决争议,或者在合同条件中未提及争议解决的方式且双方未达成一致,那么此类争议就需要通过司法程序,即国际工程诉讼的方式来解决。争议的任何一方都有权向有管辖权的法院起诉。

与诉讼相比,仲裁具备以下优点。

1. 自主性

仲裁最大程度上符合当事人的意思自治,从是否提交仲裁到仲裁机构、仲裁员的选择,从仲裁程序的确定、提交仲裁的争议范围到仲裁的法律适用,在不违反大原则的前提下都由当事人自行决定,仲裁过程因此具有很强的灵活性和便利性。

2. 专业性

争议往往涉及众多技术性问题。仲裁员通常从名册中选定或由合同双方指定,选择余地广泛,且都是各行业的专家,对于争议事实的认定更加准确,做出的最终裁判更有信服力。在诉讼中,法官群体有一定的固定性,即使在诉讼程序中听取专家意见,也存在法官对专家建议是否接受和对其理解是否正确的问题,在效果上会打折扣。

3. 快捷性

仲裁实行一裁终局,而诉讼在各国采取两审终审或三审终审制,因此仲裁有利于争议的迅速解决。程序上的灵活也有助于仲裁整体效率的提高,例如在取证和证据保留上,不必遵守法律上的证据规则,在缩短时间上有很大的帮助。仲裁员可以根据实际情况做出临时的或部分的裁决,使得复杂的工程争议得以逐步解决。

4. 其他优点

由于仲裁上述特点，仲裁的经济性也往往被认为是其优点之一。保密性是仲裁制度的原则和国际惯例，与诉讼的公开审理相对应，合同双方不会因此向公众披露自身的商业秘密，有利于事后的合作和商业机会的获得。

鉴于以上特点，作为一种惯例，近年来 EPC 合同中大多选择采用仲裁的方式解决争议。

诉讼是一种解决争议的特别复杂的法律手段，应尽量避免，但若根据合同进行诉讼来解决争议，最有效的方法是应聘请诉讼地当地的律师或咨询专家。

11.6.4 仲裁协议条款

国际工程合同中大都包括仲裁协议条款，主要覆盖下列内容。

1. 仲裁事件

约定的仲裁事件决定了仲裁庭的管辖权范围，即合同双方提交仲裁解决的争议内容。合同双方请求仲裁的事件只限于仲裁协议中规定的争议内容。

2. 仲裁机构

各国法律和实践都要求仲裁协议中对仲裁机构或仲裁庭的约定具有确定性。合同双方在进行选择时，如果是机构仲裁，应采用规范性的约定方法。国际上知名的仲裁机构列举如下。

(1) 国际商会仲裁院（The International Court of Arbitration of International Chamber of Commerce，ICCCA），它是国际商会附设机构，成立于 1922 年，总部设于巴黎。

(2) 斯德哥尔摩商会仲裁院（The Arbitration Institute of the Stockholm Chamber of Commerce，SCCCA），它是瑞典最著名和最有影响的常设仲裁机构，目的在于解决工业、贸易和运输领域的争议。

(3) 中国国际经济贸易仲裁委员会（China International Economic and Trade Arbitration Commission，CIETAC，又称中国国际商会仲裁院），它是以仲裁的方式，独立、公正地解决契约性或非契约性的经济贸易等争议的常设商事仲裁机构，总会设在北京，并设立了上海分会和华南分会。

(4) 伦敦国际仲裁院（The London Court of International Arbitration，LCIA）。由于国际工程中合同适用的法律常常为英国法，因此国际工程中选择该仲裁院作为仲裁机构的合同为数不少。

对于各国际仲裁机构，一般都有示范仲裁条款样例，如国际商会仲裁院的仲裁条款：

"所有产生于或与本合同有关的争议均应按照国际商会仲裁规则由依该规则指定的一名或数名仲裁员终局解决。"

(All disputes arising out of or in connection with the present contract shall be finally settled under the Rules of Arbitration of the International Chamber of Commerce by one or more arbitrators appointed in accordance with the said Rules.)

中国国际经济贸易仲裁委员会的仲裁条款：

"凡因本合同引起的或与本合同有关的任何争议，均应提交中国国际经济贸易仲裁委员会，按照申请时该会现行有效的仲裁规则进行仲裁。仲裁是终局的，对双方均有约束力。"

(Any dispute arising from or in connection with this Contract shall be submitted to China International Economic and Trade Arbitration Commission for arbitration which shall be conducted in accordance with the Commission's arbitration rules in effect at the time of applying for arbitration. The arbitral award is final and binding upon both parties.)

3. 仲裁地点

当事人具有约定仲裁地点的权力。在没有特殊约定时，通常将被选定的常设仲裁机构所在地作为仲裁地点。国际工程仲裁中，仲裁地点是一个至关重要的因素。除合同双方另有约定外，仲裁协议效力的准据法、仲裁程序法、仲裁实体法的国际私法规则等都将适用仲裁地点的法律。不同国家的法律对合同双方的利弊程度有很大区别。业主一般要求在项目所在国的仲裁机构仲裁，而承包商则希望在承包商总部所在国的仲裁机构仲裁，常见的妥协方案是在第三国或被申请人的国家仲裁。

4. 仲裁规则

仲裁规则是合同双方和仲裁庭在整个仲裁过程中所必需遵守的程序规则，主要规范仲裁机构的管辖权、仲裁申请的提出与答辩、仲裁员的选定和仲裁庭的组成、案件审理及裁决的做出与效力等内容。它直接涉及合同双方实体权利和仲裁程序权利的保护，参与方在订立仲裁协议时应当明确约定仲裁所使用的程序规则。通常选择"按该仲裁机构的仲裁规则进行仲裁"，也有一些常设仲裁机构允许双方自行选择本机构外合适的仲裁规则。

5. 仲裁语言

双方可以约定仲裁语言，一般采用的语言与合同执行所用语言一致。

6. 仲裁裁决的效力

一裁终局是仲裁制度的一种重要的法律特性和优势。绝大多数国家的仲裁立法和司法实践以及仲裁实务都认可，仲裁机构做出的裁决具有终局效力，对合同双方具有法律约束力，任何一方不得上诉或申诉。但少部分国家立法并未确立此终局性，因而在仲裁协议中对裁决的效力加以约定，可以避免当事人就已定案的问题重新提交法院审理的风险,多数国家的立法、司法以及仲裁实践都承认这种约定的效力。

对于国际仲裁裁决,1958年的纽约公约《承认及执行国外仲裁裁决公约》对此做出了明确规定。截至2007年9月,该公约的签字国有142个,我国于1987年参加了该公约。这一公约保证了国际仲裁裁定的可执行性。

11.6.5 仲裁程序

仲裁程序是指从合同一方将争议提交仲裁,直至最终做出仲裁裁决并执行的全过程中仲裁活动应采取的步骤和方式的总和。各国法律中对仲裁程序都做了规定,包含的内容也基本相同,具体包括下面几部分。

1. 仲裁当事人

仲裁当事人指在协商一致的基础上以自己的名义独立提起或参加仲裁,并接受仲裁裁决约束的地位平等的自然人、法人或其他组织,通常指仲裁程序的申请人和被申请人。在国际工程索赔争议中多为业主或承包商。当事人双方具有平等的法律地位,订立有效的仲裁协议,且提交的争议必须在仲裁协议规定的范围内。

2. 申请和受理阶段

申请是当事人根据仲裁协议将争议提交仲裁委员会进行仲裁的行为。申请以具有仲裁协议为前提,当事人应当提交仲裁申请书,载明当事人的基本状况,列明具体的仲裁请求及所依据的事实、理由、证据和相关信息,并且必须符合仲裁委员会的受理范围。

仲裁时效是指当事人向仲裁机构请求仲裁的法定期限,属于消灭时效,与仲裁申请紧密相连。如果当事人未在仲裁时效期间内申请仲裁,则丧失了通过仲裁保护其财产权益的权利,当然权利人的实体权利并不会因此丧失。仲裁时效分为普通仲裁时效与特殊仲裁时效,法律中对于其开始、中止、中断和延长等情况都有具体的规定。

仲裁委员会收到当事人的申请后进行表面审查,对于符合条件的予以受理,仲裁活动由此开始进入审理阶段。

3. 审理阶段

(1) 答辩与反请求。答辩是仲裁争议的被申请人为了维护自己的权益,对申请人提出的仲裁请求和所依据的事实和理由进行答复和辩解的行为,是被申请人一项十分重要的权力。反请求是针对原申请书中的请求提出来的,目的在于抵消申请人的仲裁请求,使其失去意义,从而维护自己的合法权益。

(2) 审理和裁决。仲裁审理包括开庭原则、不公开原则等,审理中要严格遵守仲裁法和仲裁规则中规定的庭审程序,并做好开庭笔录。审理由仲裁庭进行，但审理过程中财产保全、证据保全等强制措施需要法院的协助。审理终结后，根据已查明的事实和认定的证据对当事人提出的仲裁请求、反请求或与之有关的其他事件做出书面决定。根据各国仲裁制度的惯例，裁决一般应按多数仲裁员的意见做出。裁决书自做出之日或通知当事人之日起生效。

（3）和解和调解。和解是当事人通过协商对已经提交仲裁的争议自行达成解决方案，体现了当事人对该事件具有完全的处分权。调解方式包括仲裁庭与各方当事人共同磋商，当事人自己磋商并将一致意见告知仲裁庭，仲裁庭与合同双方当事人分别磋商三种。调解必须是在双方自愿的基础上，在仲裁庭主持下进行，调解协议必须是双方协商达成的一致意见。

4. 仲裁裁决的执行

在国际工程索赔仲裁中，仲裁裁决做出之后，如何发挥裁决的效力是一个十分重要的问题。仲裁协议的效力也需要等到裁决得以切实的执行才被视为完全实现。大多数情况下，当事人遵守诚信或者迫于对方、环境等施加的其他压力，能够自觉履行裁决。而某些时候，当事人不愿自觉履行，为了保障获胜方的利益，就需要请求国家强制执行。

当事人和仲裁庭都不具有使用强制方法的权力，而仲裁本身也并不具有强制力，因此在必要时可借助国家的强制手段。当事人通过仲裁协议约定将争议提交仲裁，在排除了诉讼方式管辖权的同时，也必然包含了对仲裁裁决予以履行的允诺，因此拒不履行仲裁裁决，无异于对仲裁协议的违反，此时公权力是有理由介入的。

各国法律对于仲裁裁决执行的程序要求有所不同，大陆法系国家可直接向法院申请执行令，英美法系国家则须由法院做出相同内容的判决方可强制执行。

执行仲裁裁决，通常需要当事人在法定期限内向享有管辖权的法院申请执行，某些法律规定的特定情形下，法院可以应当事人的请求，甚至是主动裁定撤销裁决或者不予执行。

例如，《纽约公约》中规定，外国仲裁裁决具有以下情形之一的，可拒绝承认及执行：

（1）仲裁协议的当事人根据对他们适用的法律，订立仲裁协议时有某种无行为能力情形者；或根据双方当事人选择适用的法律（如在没有这种选择时，根据裁决做出地国家的法律），证明该仲裁协议无效。

（2）作为裁决执行对象的当事人，未曾被给予指定仲裁员或者进行仲裁程序的适当通知，或者由于其他情况未能提出申辩的。

（3）裁决涉及仲裁协议不曾提到的，或者不包括在仲裁协议规定之内的争议；或者裁决内含有仲裁协议范围以外事件的决定；但对于仲裁协议范围以内事件的决定，如果可以和对于仲裁协议范围以外的事件的决定分开，则该部分的决定仍然可以承认和执行。

（4）仲裁庭的组成或仲裁程序同当事人间的协议不符，或者当事人间此种协议和进行仲裁的国家的法律不符。

（5）裁决对当事人尚未发生约束力，或者裁决已经由做出裁决的国家或者裁决所依据法律的国家的主管机关撤销或停止执行。

（6）依被请求国法律，争议事件不可以用仲裁方式解决。

（7）承认或执行裁决违反请求国的公共秩序。

11.7　小结

本章介绍了国际工程索赔的合同基础以及 EPC 合同关于索赔的常见规定；介绍了费用索赔和工期索赔的计算方法；提出了编写索赔报告所遵循的原则和应注意的问题。本章同时介绍了工程争议解决基本方法和程序，分析了争议解决过程中应注意的问题。截至本章，我们逐一讲解了国际工程 EPC 合同内容，但能否管理好一个国际 EPC 合同，还与项目管理人员的基本素质有极大的相关度。那些优秀的国际 EPC 项目经理应具备哪些素养和品质呢？在下一章我们将回答这一问题。

第 12 章　国际 EPC 工程项目经理

本章首先介绍国际 EPC 交钥匙工程项目团队的关键角色，EPC 合同中关于承包商项目经理的规定以及我国国际项目经理任命的常用方式；综述项目经理的主要工作内容，给出了项目经理应采用的管理方法，探讨了项目经理对项目团队激励中的关键点；最后分析了优秀项目经理应具备的素养，并提出了成为一名优秀项目经理的成长途径。

12.1　国际 EPC 承包商项目管理团队的角色

对于国际 EPC 交钥匙工程，EPC 承包商需要组织管理团队对项目进行管理。对于这样一个团队来说，其核心的角色就是项目经理。从国内外大量的研究成果与实践观察来看，虽然项目的成功取决于许多因素，但总体看来，与项目经理等关键人员业务素质的相关度超越了其他因素。正如国际知名项目管理教育家 Harold Kerzner 博士所称，"在项目管理中，似乎一切都是围绕着项目经理转的"。（In the project management, everything seems to revolve about the project manager.）

在国际 EPC 项目中，EPC 合同对承包商的项目经理（在合同中有时被称为承包商的代表）这一角色通常规定如下：

（1）承包商应任命其项目经理，并赋予其在执行合同中的一切必要管理权力。

（2）承包商的项目经理一般在合同中事先指定；如果没有指定，在开工之前，承包商提出人选及其简历提请业主方同意。

（3）没有业主方的同意，承包商不得私自更换其项目经理。

（4）承包商的项目经理应是专职的，应把其全部时间用于在现场管理其队伍的工作。

（5）在项目实施过程中，承包商的项目经理应代表承包商接收业主方的各项指令。

（6）承包商的项目经理可以将他的某些权力和职责相应地委托给项目团队中的部门经理，但被委托的权力和职责应告知业主。

（7）承包商的项目经理应有足够的项目管理经验以及相应的专业技能❶。

从上述规定来看，业主对承包商项目经理的任命是有否决权的，即项目经理人选的资格必须经过业主认可。

从 EPC 承包商组织内部来说，项目经理是承包商在项目中的代理人，行使公司赋予他的管理权力，同时承担项目管理的总体责任，即：根据授权，全面组织和主持项目，按照合同的约定按期、保质、顺利地完成项目，并为公司赢得计划利润和行业信誉。

在我国的国际工程实践中，对项目经理的授权范围，我国的对外承包公司一直在探索最佳模式。若对项目经理的授权范围太小，可能会使项目经理在项目管理中的决策受到限制，使得一些现场紧急的事件不能得到及时处理，影响项目的实施效率，而且有时会违背 EPC 合同的要求。若授权范围太大，则项目经理的某些个体违规行为有可能给公司带来危害。从目前实践来看，我国对外公司对项目经理的授权范围有增大的趋势，这无疑有助于提高项目现场的管理效率。

除了项目经理之外，EPC 项目还有其他关键角色，这些角色包括项目团队中各部门经理，如控制经理、设计经理、施工经理、试运行经理、采购经理、合同经理、财务经理、质量经理、HSE 经理以及行政经理等。这些部门经理由项目经理领导，是完成 EPC 项目的中坚力量，其素质高低也极大地影响项目的执行结果。

12.2　EPC 项目经理的任命方式与条件

在国际实践中，对大型的国际工程项目经理的任命方式有三种：公司领导层直接任命；内部公开选聘；外部招聘。我国对外公司目前任命项目经理的方式主要为第一种。这种方式比较便捷，一般来说领导层对其下属职员的认知基本上能反映该员工的具体情况，而内部职员也更了解公司对项目的期望。但这种方式往往带来项目经理在执行项目过程中的权力与责任不清，激励强度不大。内部公开选聘情况下公司通常将项目经理应聘的基本条件内部公开，由公司正式员工报名竞聘，并提出竞聘目标承诺，这种方式权力责任明确，激励程度高，但项目经理对公司的承诺需要有某种形式的担保，否则项目成功后项目经理得到相应的奖励，一旦项目失败，项目经理的承诺难以兑现。若公司项目较多，选不出合格的项目经理，则此时也可以考虑外聘项目经理，利用外部人才来实

---

❶　由于沟通的效率对项目的管理效率影响很大，近年来，在国际工程中，对项目经理的语言技能要求也越来越高，有的合同甚至明确要求，"承包商的项目经理必须能流利地使用合同规定的沟通语言来交流。"

现项目目标，但公司应对应聘人员的项目经验、职业道德进行重点考察，就管理授权而言，在财务方面应当有所限制。由于外聘的项目经理与公司之间相互的熟悉程度不高，则此情况下一定要签订完善的聘任协议书，明确双方的权、责、利。

对外公司任命国际 EPC 项目经理的评判条件一般包括下列几个方面：
1) 项目管理经验。
2) 组织协调能力。
3) 人际交往能力。
4) 职业道德。
5) 知识结构。
6) 外语沟通能力。
7) 身心健康。

项目管理经验主要包括两个方面：一是是否从事过类似项目的项目管理工作；二是是否熟悉项目所在国以及周边地区的环境。组织协调能力和职业道德主要通过其项目管理绩效及其业主、雇主、同事的评价。知识结构主要看其学历以及继续教育情况。外语水平可以通过口笔试来测定。身心健康则可以通过其健康记录或健康证明等资料来验证。

12.3 EPC 项目经理的管理工作

12.3.1 管理工作概述

现代管理理论认为，从过程来看，管理者的工作主要分几个方面：计划（Plan）、组织（Organize）、领导（Lead）、控制（Control）。计划就是确定目标、制定策略、总体安排和协调各层次的工作。组织就是确定为实现计划目标所做的工作、方法、分工。领导就是指导、激励参与各方并解决实施过程中的冲突。控制就是监控工作进程以保证按计划完成工作。这四项管理工作的重心也因管理者职位的高低而不同。

从工作定位来看，管理者的工作分三大类：人际关系角色（Interpersonal Roles）、信息处理角色（Information Roles）、决策角色（Decision Roles）。

人际关系角色包括三方面内容：①形象代表（Figure head），代表公司处理各类关系，如接待客人、签署法律合同文件。②领导者（Leader），如激励下属、人员安排等。③联络者（Liaison），处理内外关系网络，如回复信函、参加外部活动等。

信息处理角色也包括三个方面内容：①监控者（Monitor），查询和接受外部信息，如阅读报告、保持个人联络等。②信息传达者（Disseminator），如开内部碰头会、打电话等。③对外发言人（Spokesperson），如向媒体发布公司的政策、计划等。

决策角色包括四个方面的内容：①开拓者（Entrepreneur），对组织及其环境作出思考，寻求组织发展机会，如探讨制定组织策略、构思开发新项目等。②障碍的处理者（Disturbance Handler），当遇到不测事件，组织制定纠偏计划并实施。③资源分配者（Resource Allocator），对组织内部资源进行恰当分配，如人、财、物在各部门各类工作间的分配。④谈判者（Negotiator），代表组织参加旨在解决各类问题的谈判。

组织内部的管理者也可以根据其职位高低分为高层经理（Top Manager）、中层经理（Middle Manager）、一线经理（First-line Manager）。高层经理的主要任务是根据已知信息和经验进行决策，确定目标和激励政策；中层经理主要工作就是为实现既定目标进行工作分工安排，并管理好一线经理；一线经理主要做好对具体工作的监控，保证工作高效率地顺利进行。

在实践中，管理的职能和角色的分界并不十分清楚，任何一个管理层都会涉及各方面的管理，只是管理的侧重点有所不同。

项目经理这一角色的定位也因工程公司组织体系的不同而不同。有些公司实行传统的职能型组织结构，有的采用基本上采用的是项目型组织结构，但就目前国内外实践而言，大多数国际工程公司采用的是矩阵型组织结构。在职能型结构的组织中，项目经理的权力相对较弱；项目型结构的组织中，项目经理的权力较强；而矩阵型结构中的项目经理的权力则处于中间。从整个工程公司的组织角度来看，项目经理基本上处于一个中层管理者的角色。但在项目组织层面，项目经理则是一个高层管理者。

12.3.2 EPC 项目经理的工作内容

虽然项目经理这一角色在不同的组织结构和项目背景下有所不同，但 EPC 项目经理的工作内容是有共性的，可以归纳为：组织内部管理工作；组织外部管理工作；项目本身的管理工作。

1. 组织内部的管理工作

在项目前期，即 EPC 项目中标后，项目经理应从公司领导层获得必要的授权，同时明确公司领导层要求完成的项目管理目标。与此同时，应考虑项目组织结构的设计问题，并在得到授权后迅速组建一个高效率的项目管理团队。EPC 项目经理应根据 EPC 项目的特点和要求恰当地进行工作分解，确定项目中的管理职位，并制定项目管理团队的组织规则，使项目团队成员，尤其是关键职员，如部门经理，迅速投入项目的具体工作中。在做此项工作时，项目经理应把握两个关键点：一是项目团队人员的选择标准；二是项目激励规则的确定。

在项目团队成员的选择上，应思考并能回答下列问题：
1) 该人员是否具备工作必备的知识、技能、经验？
2) 该人员是否具备良好品行？
3) 该人员是否具备工作需要的性格？
4) 该人员是否对本项目有热情？
5) 该人员是否能将全部时间倾注到本项目中？
6) 在不能满足所有标准时选择标准的优先次序如何？

关于激励规则，应根据项目团队成员及其工作的特点、项目资源的约束条件来确定。在国际EPC工程项目中，项目经理应清楚地认识到项目组织各类角色的工作特点，如有些工作是显性的，有些工作则属于隐性的，有的则处于中间状态。不同的工作性质，需要不同的激励规则。激励规则的制定体现了一个项目经理的管理方式和领导艺术，我们在后面再具体探讨。关于国际EPC工程组织与工作性质如图12-1所示。

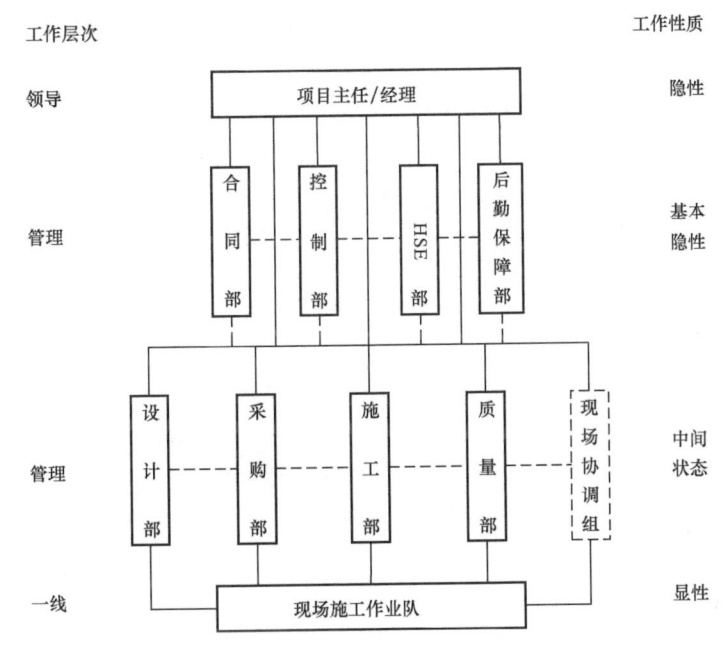

图 12-1 大型国际 EPC 工程项目组织与工作性质

注：虚线表示协调关系；虚框中部门的设置与否取决于项目具体情况。

2. 组织外部的管理工作

在国际工程环境下，组织外部关系的管理尤其重要，因为要顺利地实施项目，承包商必须取得外部条件的支持。EPC承包商项目经理需要管理的外部关系包括两个方面的关系：一是与业主（包括监理工程师/咨询顾问）、分包商、供货商等有合同关系的外部单位的关系。这一类的外部关系的管理主要是合同关系的管理，即按照各方签订的合同来处理各方权、责、利。同时，在可能的条件下，应该在各参与方之间提倡合作与"大团队精神"，项目经理要认识到EPC承包商处于整个项目组织关系中的核心地位，在处理与各方的关系时应考虑短期目标、中期目标、长期目标的平衡问题。另一方面是政府管理部门（如项目业主的主管部门、海关当局、劳工管理局、税务局、警察局、社会保险局）、其他社会机构以及公众❶。在处理这些关系时，在力所能及的情况下，争取做一些对当地公众有益的工作，赢得当地人的信任和好感。项目经理作为承包商的形象代言人，应适当参加一些当地的活动，为公司在当地树立良好的社会形象，为项目的实施提供一个良好的社会环境。EPC 项目经理需要处理的各类关系如图 12-2 所示。

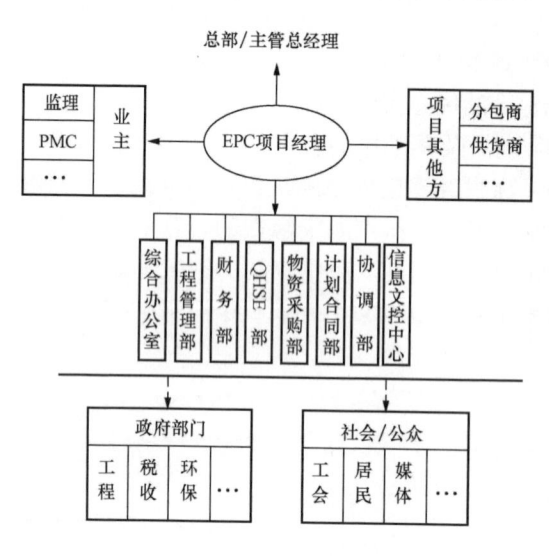

图 12-2　EPC 项目经理"关系"管理图

3. 项目本身的管理工作

虽然项目本身的管理工作十分复杂，但许多内容与前面两类工作关系密切。这些工作内容应包括：

（1）指导编制并批准 EPC 项目的工作分解结构（WBS）以及系统编码。

（2）指导、组织编制项目总体执行计划，并对计划进行批准。

（3）指导各部门编制各类项目管理标准和程序并进行批准，指导设计、采购、施工、试运行各阶段的质量管理、进度管理、HSE 管理、财务管理、行政管理等工作。

（4）适时做出项目管理决策，制定工作目标。

（5）熟悉项目执行的整体动态，重点关注"瓶颈"问题，组织研究解决方案，并下达相关指令。

---

❶　由于国际形势的新发展，在国际工程中，项目所在地的非正式组织，如各类部落、团体与项目存在错综复杂的关系，这些组织或反对当地政府或对项目有不同意见，极有可能产生对项目有极大影响的过激行为，作为一个外来的国际承包商的项目经理，一定要对这些社会关系保持敏感，妥善地处理与他们的关系，尤其避免与他们发生正面争端。

(6) 参加项目的内外部协调会，做好项目结合部管理，解决项目执行过程中的目标冲突。

(7) 针对重大变更、索赔事项组织研究方案，并制定最终决策。

(8) 定期向总部汇报项目执行中遇到的重大情况，并获得总部必要的支持和指令。

(9) 在项目后期做好工程竣工验收和工程结算的管理工作，获得项目竣工验收证书。

(10) 项目收尾时对项目团队成员提出评价意见。

(11) 组织做好项目文件归档。

(12) 组织做好项目总结，归纳整理成功经验、失败教训、项目管理关键问题以及对今后工作的建议，为公司积累宝贵的经验和资料，使其成为公司宝贵的无形资产。

虽然项目管理过程中工作内容多、关系复杂，但项目经理的工作重点仍落在项目中各种关系的处理、项目"瓶颈"问题解决、为各部门经理完成工作提供支持条件。

12.3.3 EPC项目经理的工作方式

由于项目管理者的时间是有限的，要提高管理效率，必须采用恰当的工作方法。对项目经理而言，他所面临的情况往往是：目标高，资源少；责任大，权力小；模糊多，清晰少。因此，选择适当的工作方式才能更好地解决这些矛盾，实现项目管理的目标。依据现代管理理论，从管理的手段来看，管理的基本方法可以分为：

1) 目标导向（Goal-oriented）。
2) 过程导向（Process-oriented）。

从管理的对象来看，管理的基本方法可以分为：

1) 任务导向（Task-oriented）。
2) 人际导向（Person-oriented）。

目标导向管理就是管理者更重视对目标的确定，然后将该目标逐一分解到各管理层，清楚地告诉管理者对其下属人员的期望，并要求他们对目标完成情况及时回馈。这种管理方法的优点就是使员工有责任感，并能最大限度地发挥他们的积极性。对于成熟度高、高素质的员工，这是一种高效率的管理方法。但在运用此方法时，目标尽可能明确、具体、可测量。

过程导向管理就是管理者重视过程的监控，以保证在工作过程中实际状态与计划一致，从而保证实现管理目标的一种管理方法。这种方法的最大优点是执行过程的可靠性高，不易偏离计划目标。但此种方法需要投入的管理工作量大，容易限制员工的创新积极性，一般适用于成熟度低的员工。

任务导向管理就是管理者以任务本身为管理重点，主要是解决"事情"而不是处理"人际关系"，而人际导向管理则相反。一般来说，任务导向方法比较适用于低层管理工作，而人际导向方法则比较适合高层的管理工作。

这些基本的管理方法本身没有优劣之分，只有根据管理环境、对象以及其他限制条件来灵活、均衡地运用，才能高效率达到管理目标。（Do the right thing and do the thing right.）

上述主要是从宏观角度来论述管理者的管理方法。从 EPC 项目管理的微观层面来看，由于其管理是在国际工程环境下，项目经理在不同的阶段，在处理内外关系方面其管理方法的运用也可能不尽相同。项目前期和收尾阶段，项目经理可能更要侧重于"目标导向"和"人际关系导向"方面；而项目实施中间则侧重采用"过程导向"和"任务导向"的工作方式。从项目经理的微观管理方式来看，他在自己的工作中采用"轻、重、缓、急"以及"有、无、多、少"的管理原则。作为项目经理，他必须能了解项目管理中哪些是"瓶颈问题"，哪些是末节问题；哪些必须立即完成，哪些则可以放慢来做。灵活运用这一原则，则可以保证项目及时竣工。但要对项目实施过程进行优化，还必须把握项目管理中对资源使用的"度"，即"有、无、多、少"的问题，这样才能做到管理优化、费用节省、利润提高。

12.3.4 项目管理中的激励与领导艺术

EPC 项目经理必须通过所在团队各个成员的努力才能完成项目。若让每个员工能圆满地完成分配给他的工作，则必须满足三个条件：一是员工必须具备完成该项工作的能力；二是他必须具备较高的职业道德；三是有恰当的外部激励。前两项通过选择项目团队成员来控制，后一项则是需要项目经理运用高超的领导艺术来恰当激励项目团队成员。

领导艺术（Leadership）就是影响和激励团队成员为完成团队目标而努力的能力。要激励团队成员为团队目标而努力，就要问这样一个问题："什么能激励员工愿意努力工作？"激励理论告诉我们，每个人都有自己的需求，若通过努力工作能使自己的需求得以满足，则我们每个人都愿意去努力工作。按马斯洛层次需求理论（Hierarchy of Needs Theory），人们的需求可分为五类：

1）生理需求（Physiological Needs）。
2）安全需求（Safety Needs）。
3）社交需求（Social Needs）。
4）尊重需求（Esteem Needs）。
5）自我实现需求（Actualization Needs）。

生理需求就是一个人基本生存需求，包括衣、食、住等基本的生理需求。安全需求就是一个人需要有身、心不受外来伤害的安全感。社交的需要是指一个人往往需要对外交往、获得友谊以及对某个团体的归属感。尊重的需求分两个方面：一个是自我的，如自尊、自主以及自我的成就感；另一个是外部方面的，如地位、社会认可、声誉等。自我实现的需求就是一个人需要将自己的潜能完全发挥出来以达到一种自我满足。这五种需求的层次不同，前两种属于较低层次的，是人的基本需求，而后三种是较高层次的，五种需求的层级是由低向高发展的。一般来说，只有较低的层次满足后，人们才追求较高的层次。

上述需求层次理论对项目经理的领导艺术有着很好的启示。首先项目经理应理解团队各类员工的各类需求，并根据不同的需求来制定激励措施。目前在我国对外工程承包中，项目经理有权确定工资等级、奖金、项目福利条件、工作任务分工、对下属人员的授权、职工工作表现评价，其奖励手段基本上可以划分为物质激励与精神激励。就项目员工而言，所需要的是物质需求（工资、奖金、较好的项目食宿条件、安全的工作环境等福利条件）、工作任务的分配（愿意做自己喜欢并擅长的工作）、工作职权（能显示其地位）、表彰与奖励（有利于职业生涯的发展以及精神的满足）。

在实践中，我们通常由于所处的地位不同，管理者与被管理者对激励因素重要度的排序可能感受不一，这也需要管理者能觉察到这一区别。西方学者根据对 10 项激励因素的调查发现了管理者与员工对激励因素的排序差别。如管理者通常认为，"金钱"应是最有效的激励因素，但员工却认为"赏识和认可"是最重要的❶。具体见表 12-1。

表 12-1　　　　　　　　雇主和雇员对激励因素的排序

雇主的排序	雇员的排序	雇主的排序	雇员的排序
（1）金钱	（1）赏识和认可	（6）对组织的忠诚度	（6）工作的有趣性
（2）工作职位的稳定性	（2）成为资深雇员	（7）惩罚的压力	（7）提升的机会
（3）提升的机会	（3）对个人的同情和关心	（8）赏识和认可	（8）对组织的忠诚度
（4）工作环境	（4）工作职位的稳定性	（9）对个人的同情和关心	（9）工作环境
（5）工作的有趣性	（5）金钱	（10）成为资深雇员	（10）惩罚的压力

由于项目经理所掌握的激励资源是有限的，具有高超领导艺术的项目经理应能了解项目成员，尤其是关键职员的具体需求，并在资源条件约束下最大限

---

❶ 由于西方国家在经济水平、文化与我国的实际情况差别很大，所以管理者与雇员关于激励因素的认知可能有一定的差别，但下面表中的对比显出了管理者与雇员之间对各激励因素重要性的排序有很大的差异，也可以作为我国管理层的借鉴。

度地激励项目团队成员的积极性，共同完成项目目标。

12.4 优秀项目经理个体素质特征

恰当的管理方式与领导艺术只有高素质的管理者才能实现。因此，我们有必要对优秀项目经理个体素质的特征进行分析和总结。根据国际项目管理协会的研究，优秀项目经理应体现出下面的八大素质特征。

1. 沟通能力强

由于项目经理的主要工作就是与各方的沟通，包括开会、汇报、下达指令等，因此项目经理需要很强的沟通能力才能工作效率高。优秀的沟通能力表现在：

(1) 及时、恰当、清楚、简明地传达信息。
(2) 仔细聆听他人的意见，给他人留有说话的时间。
(3) 具备说服力，并能获得他人的理解。
(4) 沟通时方式恰当、态度友好、平易近人。
(5) 欣赏他人的有益意见和有效劳动。

2. 充满活力，具有创新务实精神和激励能力

项目经理的工作是一项具备挑战性的工作，很多情况下是在不完备的信息下进行决策和实施，他必须有创新精神，这方面的能力表现在：

(1) 富有激情并具备感召力。
(2) 激发员工的主动性和自主性。
(3) 关注信息并面对新问题富有创造性。
(4) 工作有毅力并能灵活地处事。
(5) 以工作绩效为标准来进行激励。
(6) 倾向合作，并在分歧中寻求协调。

3. 自信、开放、团结他人的能力

项目管理受多重外部条件的制约，其过程困难重重，这就需要项目经理自信、开放，并善于团结他人，服务于项目，具体表现在：

(1) 态度开放积极、乐观向上且现实。
(2) 高度自信并能激发良好愿望。
(3) 积极主动地接触他人并具备亲和力。
(4) 善于与相关团体保持联系。
(5) 能为团队创造良好的工作环境。
(6) 善于接受不同的观点，有忍让力。

4. 责任心强、自我控制能力强

项目管理环境下，需要及时地进行重大决策，而且决策过程常常是"多难

选择，这要求项目经理有强烈的责任心和自我管控能力，具体表现在：

(1) 认识到自己对公司、业主、团队成员、社会等受到项目影响的利益相关者负有责任，愿意承担责任，并努力保证项目成功。

(2) 无论什么情况下，能控制个人情绪，具有很高的挫折承受度。

(3) 行动深思熟虑，注意行动后果，不鲁莽行事。

5. 能恰当、公正地解决冲突

项目团队中存在各类冲突，项目经理要具备恰当公正解决这些冲突的能力，具体表现为：

(1) 能寻求冲突双方都受益的方案。

(2) 善于接受他人的合理建议。

(3) 能进行建设性的批评，并以机智的方式指出他人的错误。

6. 思考全面并有发现解决方案的能力

项目管理过程中涉及方方面面的问题，有些问题并没有现成的答案，需要善于发现解决问题的方案，具体表现为：

(1) 为了实现项目目标，能综合不同利益。

(2) 充分理解问题的涉及面。

(3) 平衡多种选择，有毅力发现解决方案。

(4) 能设计出简明、恰当且务实的方案。

7. 忠诚团结

作为一个项目管理高层，肩负着对项目团队的责任，并依靠团队成员来完成项目，因此项目经理必须具备忠诚团结的品质，具体表现为：

(1) 对项目团队忠诚，保护团队成员不受外部伤害。

(2) 能促进团队进步。

(3) 发现团队成员存在的问题，能够帮助他们。

(4) 能为团队成员取得成绩而高兴，并祝贺他们。

8. 领导力

具体表现为：

(1) 可以恰当授权，并信任被授权者。

(2) 既勇于承担总体责任，也明确下属的责任。

(3) 给下属一定的自主权。

(4) 具有建设性的控制力。

(5) 灵活机动的管理风格。

(6) 能以身作则，并得到大家认可。

上面八项内容，主要是从项目经理个人素质方面描述的，除了这些素质，作为一个专业管理人员，项目经理还需要具备项目管理知识和技能，以及与该工程项目类型相关的专业知识，如水电工程、化工工程、道路桥梁工程等领域的知识。

12.5　优秀项目经理是怎样炼成的

对于在工程公司从事工程项目建设工作的职员来说，其职业生涯路线大致为从一般的技术工作上升到管理工作，在公司中大抵的职务/职位上升台阶为：技术员、工程师、专业主任、部门主管、公司领导。但无论在公司是什么职位，在取得一定的技术和管理经验后，都有可能被任命为项目经理。虽然项目经理在我国通常是一个临时职位，但担任过项目经理的经历通常被认为是工程项目管理人员职业生涯中的重要一环，是职业地位提升的一个重要"台阶"（Stepping Stone）。优秀的项目经理是任何工程公司的宝贵财富。能够被任命为项目经理，并成为一个优秀的项目经理，就意味着能力强、被尊重、成就感、有前途。但要被任命为项目经理，就必须具备胜任项目经理这个角色的能力要求。前面我们谈到了优秀项目经理的特征，那么如何才能具备这些品质，成为一个优秀的项目经理呢？我们的答案❶如下。

1. 认识自我（Know yourself）

一般认为，人的基本素质可以用智商（IQ）与情商（EQ）表示，智商主要表示我们的认知能力，一般认为包括如观察力、记忆力、想象力、分析判断能力、思维能力、应变能力等。情商表示我们的情绪、情感、意志方面的能力。

要成为一个优秀的项目经理，就必须具备项目管理工作所要求的知识、技能、能力、思想。对比一下，我们是否具备了项目管理的基本条件，我们有什么优势、不足。在认知过程中，我们的自我判断不一定反映出自己的真实情况，下面是一个著名的"自我认知窗口模型"，可以用来发现我们自己不了解自己的方面，包括优点和缺点，如图12-3所示。

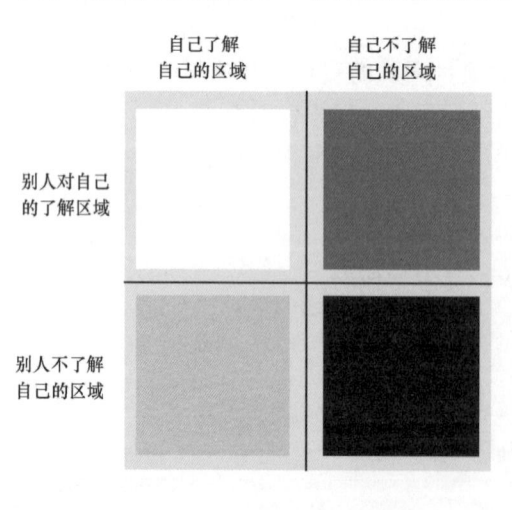

图 12-3　自我认知窗口模型

---

❶　如何成为一个优秀的项目经理，这是一个十分复杂的大问题（global question），我们认为没有标准的、简单的答案，这里我们提供的仅仅是作者对这方面的看法。

结合该模型，我们应回答下列问题：

(1) 我自己和他人都了解我自己的方面（白色区域）。

(2) 我了解但他人不了解我自己的方面（浅灰色区域）。

(3) 他人了解但我自己不了解自己的方面（深灰色区域）。

(4) 我自己和他人对我都不了解的方面（"黑箱"，Black-box）。

这里的"他人"可以是我们的同事、家人等熟知我们的人，有时他们对我们的认知比我们本人对自己的认知还要正确。

2. 确定提升目标（Identify where to go）

在了解了自我的优缺点后，针对项目经理的职业要求，就能发现需要提升的地方。需要提升的目标一般有三个方面：

(1) 我需要进一步学习哪些知识、技能？

(2) 我自己有哪些性格不适应项目管理要求，需要克服？

(3) 我自己需要改进哪些不适合做项目经理的不良行为？

3. 掌握项目管理相关知识

美国项目管理学会（PMI）给出了很好的项目管理知识体系，包括九大知识领域：项目一体化管理、范围管理、时间管理、费用管理、质量管理、人力资源管理、沟通管理、风险管理和采购管理。对于 EPC 工程项目来说，这些职能性的管理贯穿在设计、采购、施工、试运行的整个过程之中。

但上述内容对于做国际工程还不够，我们还需要其他相关知识和技能，包括：国外文化习俗，法律环境，招标投标知识，国际政治、经济、社会环境，外语等。

4. 在实践中培养能力（Put yourself into action）

项目管理更需要的是能力，获取知识只是第一步，只为我们提高能力提供了前提条件，不能形成能力的知识是无用的知识。项目管理实践要求我们具备的基本能力包括：

(1) 大局观能力（Conceptual Ability）。

(2) 人际交往能力（Interpersonal Ability）。

(3) 技术能力（Technical Ability）。

获得这些能力，不能单看书本，要多经历"事"，注重在实践中锻炼自己。行动是我们提升能力的关键。永远牢记："Practice makes perfect.（完美来自于实践）"。

5. 获得必要的影响力（Influence/Power）

有影响力的管理者才能成为高效率的管理者。在从事管理工作的职业生涯中，我们其实都在有意识或无意识地追求各种各样的影响力。行为科学家将它们分为五类：

（1）强制性影响力（Coercive Power）。
（2）职位影响力（Legitimate/Position Power）。
（3）奖赏影响力（Reward Power）。
（4）专家影响力（Expert Power）。
（5）个人魅力影响力（Reference/Charisma Power）。

具备这些影响力并恰当地运用，能更加高效率地管理好项目团队。

6. 形成高效率的习惯（Habits）

美国知名管理教育家柯维博士（Stephen R. Covey）经过多年研究，总结并提出了高效率人士的七个习惯❶，可供我们借鉴。

（1）积极主动（Be Proactive）。
（2）以终为始（Begin with the End in Mind）。
（3）要事第一（Put First Things First）。
（4）双赢思维（Think Win/Win）。
（5）知彼解己（Seek First to Understand，Then to be Understood）。
（6）统合综效（Synergize）。
（7）不断提升（Sharpen the Saw）。

7. 将习惯上升为高情商（EQ）

工作能力的基础是智商和情商。大多数行为科学家都认为，情商对于管理者而言更为重要，而且借助先天的条件，经过后天学习和实践，在形成良好习惯的基础上，情商又是可以改变和提高的。现代理论研究成果认为❷，一个人的情商可以分为两大方面：个体能力（Personal Competence）和社会能力（Social Competence）。个体能力决定我们的自我管理能力，社会能力决定我们处理与他人关系的能力。

（1）个体能力包括三类：
1）自我认知（Self-awareness）。
2）自我调节（Self-regulation）。
3）自我激励（Motivation）。

自我认知包括三方面内涵：
①情绪认知（Emotional Awareness）。
②准确的自我判断（Accurate Self-assessment）。

---

❶ 详细可参阅：斯蒂芬·柯维著．顾淑馨，常青译．高效能人士的七个习惯．北京：中国青年出版社，2002．或英文本：Stephen R. Covey：The 7 Habits of Highly Effective People. New York：Pocket Books, 1999.

❷ 详细可参阅：Daniel Goleman：Working with Emotional Intelligence. New York：Bantam Books, 1999.

③自信（Confidence）。
自我调节包括五方面内涵：
①自我控制力（Self-control）。
②获得信赖（Trustworthiness）。
③内心良知（Conscientiousness）。
④调节适应力（Adaptability）。
⑤创新能力（Innovation）。
自我激励包括四个方面内涵：
①成就动力（Achievement Drive）。
②责任感（Commitment）。
③行为主动（Initiative）。
④乐观（Optimism）。
（2）社会能力包括两类：
1）移情思维（Empathy）。
2）社交技能（Social Skills）。
移情思维包括五个方面内涵：
①理解他人（Understanding Others）。
②发展他人（Developing Others）。
③服务心态（Service Orientation）。
④兼收并蓄（Leveraging Diversity）。
⑤政治敏感（Political Awareness）❶。
社交技能包括八个方面内涵：
①影响能力（Influence）。
②沟通能力（Communication）。
③冲突管理能力（Conflict Management）。
④领导力（Leadership）❷。
⑤变更推动力（Change Catalyst）。
⑥关系培育能力（Building Bonds）。
⑦团结合作能力（Collaboration and Cooperation）。
⑧团队整合能力（Team Capabilities）。

近年来，越来越多的国际工程承包公司认为，"未来承包商的竞争力不在于它有多少施工设备，而是取决于它的创新机制以及优秀的项目管理人才"。（The

---

❶ 指洞察一个团队的情绪状态以及权力关系的能力。
❷ 指感召他人和为他人指引方向的能力。

key to the success of contractors in the future lies in, not how much "hardware" it has, but the quantity and quality of its "software", i. e., innovation orientation and project managers.）

从某种意义上说，优秀的项目经理不仅决定项目的成功、自己的未来，也决定着公司的未来。因此，我们期望我国的国际工程公司为培育出优秀的项目经理提供肥沃的土壤；我们期望在我国出现一大批有志于成为国际工程项目经理的专业人才；我们更期望着在国际工程承包的疆场上出现更多我国优秀项目经理的身影！

12.6 小结

项目经理是国际EPC交钥匙工程项目团队的关键角色。优秀项目经理是国际工程公司的宝贵财富，也是我国国际工程承包事业中的稀有资源。项目经理个体素质、被授予的职权、所承担的责任会在很大程度上影响项目绩效。项目经理应在自我管理和对外管理方面不断地提高自身素质，提升自己驾驭国际EPC项目的能力。

附录1　EPC 合同协议书格式（后附参考译文）

Contract No. _____

CONTRACT AGREEMENT FOR XXX PROJECT

　　This Contract is made on _____ (Date) between _____ (Name of the Employer), having its main office at _____ (Employer's Address), hereinafter called **"the Company"** and _____ (Name of the Contractor) having its main office at _____ (Contractor's Address), hereinafter called **"the Contractor"**.

　　WHEREAS：

　　The Company desires to establish, in the _____ (the Country), facilities which shall comprise New Gathering Centre No. 27 at _____ (the first Site), New Gathering Centre No. 28 at _____ (the second Site) and a Transit/Transmission pipeline network, with all utilities and services, and the Company desires the Contractor to carry out the engineering design, the procurement of equipment and materials, the construction work and the testing, commissioning, training of its personnel, and start-up required to establish these facilities on and subject to the terms of this Contract;

　　and

　　The Contractor represents and declares that it has adequate staff of competent and experienced personnel, all requisite resources and expertise and the ability to procure or otherwise provide all requisite equipment, materials and tools in order to carry out the Work to be undertaken by the Contractor under this Contract satisfactorily and in a timely manner and is willing to carry out such work in accordance with the terms contained in this Contract and for the Contract Price provided for herein.

　　NOW THEREFORE the parties hereto agree as follows:

1. CONTRACT DOCUMENTATION

1.1　Entirety of Agreement

　　The documents listed below comprise the entire agreement (hereinafter **"the con-**

tract") between the Company and the Contractor. The parties hereto shall not be bound or obligated by any statement, representation, promise, inducement or understanding of any nature not set forth herein, all of which (if any) are hereby superseded. No changes, amendments or modifications of any of the terms and conditions hereof shall be valid unless reduced to writing and signed by both parties.

1.1.1 This Contract Agreement (Clauses 1 to 7 inclusive);

1.1.2 Exhibit A-The Particular Conditions of Contract for Turnkey Projects on Lump Sum Basis (hereinafter **"the Particular Conditions"**);

1.1.3 Exhibit B - Scope of Work;

1.1.4 Exhibit C - Technical Specification comprising;

1.1.4.1 Technical Specifications Part 1 to Part 4 inclusive;

1.1.4.2 The Company's General Specifications and Fire and Safety Regulations Part 5;

1.1.5 Exhibit D - Payment Schedule;

1.1.6 Exhibit E - Project Administration and Co-ordination Procedure;

1.1.7 Exhibit F - Performance Guarantees;

1.1.8 Exhibit G - Testing, Commissioning and Start-up;

1.1.9 Exhibit H - Approved Manufacturers' List;

1.1.10 Exhibit I - Performance Bond; and

1.1.11 The Contractor's completed Form of Tender dated, including Attachment Nos. 1, 2, 3, 4, 5, 6, 7, and 8 and Appendix 'A' thereto dated ___ _____ and the Contractor's Technical Proposal and Project Execution Proposal submitted with Contractor' Tender dated _____, modified as agreed by the Company prior to the signing hereof.

1.2 Conflicts and Precedence

Unless otherwise specified herein, in the event of ambiguity or conflict among the constituent parts of the Contract, the order of precedence shall be the order set forth in Clause 1.1 above.

2. SCOPE OF WORK

The work to be carried out by the Contractor shall comprise the complete engineering, design, procurement of equipment and materials, expediting, shipping, project management, construction, inspection, precommissioning, training of Company personnel, commissioning and start-up and all other work to establish New Gathering Centre No. 27 at _____ (the first Site) and New Gathering Centre No. 28 at _____ (the second Site) and Transit/Transmission pipeline network with all utilities and services in the _____ (the Country) together with associated equipments and utilities supply and any other work which could reasonably be deemed as necessary to provide the company with complete, proven and operable facilities all as more particularly described in the detailed Scope of Work, the Technical Specifications and the Drawings (the Work).

3. SCHEDULED TURNOVER DATE

The Scheduled Turnover Date in respect of each Portion shall be the date upon which the contractor shall attain Turnover as defined in Sub-Clause 14. 2 of Exhibit A and shall be, subject to any modifications thereto in accordance with the provisions of the Contract, as follows:

3. 1 For the Portion of the Work comprising the New Gathering Centre No. 27 at _____ (the first Site) twenty seven months from the date of signing the Contract, which is _____ (Date).

3. 2 For the Portion of Work comprising the Gathering Centre No. 28 at _____ (the second Site) thirty four months from the date of signing the Contract, which is _____ (Date).

3. 3 For the Portion of Work comprising the Transit / Transmission Pipelines, twenty seven months from the date of signing the Contract, which is _____ (Date).

4. MATERIALS SUPPLIED BY THE COMPANY

The company shall supply, free of charge, brackish water at each existing Gathering Centre for use by the Contractor in hydrostatic pressure testing. The maximum rate of supply shall not exceed 145 U. S gallons per minute and such supply shall be available at an offtake point on the main incoming brackish water line in the vicinity of each Gathering Centre and the Contractor shall be responsible for making its own arrangements for distribution from that location. While using its best efforts to maintain that rate of supply the Company does not guarantee that it will do so and the Contractor shall be deemed to have made adequate provision in its Construction Schedule for such eventuality, for example by making such testing a sub-critical path operation and by allowing for lower rates of supply. The contractor shall be responsible for the disposal after use of such water in accordance with applicable environmental regulations and in a manner satisfactory to the Superintendent.

5. LIQUIDATED DAMAGES FOR DELAY

With reference to Sub-Clause 23.1 of Exhibit A, the Liquidated Damages to be paid by the Contractor to the Company shall be (amount) per calendar day of delay for each Portion of the work, subject to a maximum of ten percent (10%) of the Contract Price for the whole of the work.

6. LIMITATION OF LIABILITY

6.1   Notwithstanding any other provisions herein to the contrary and exclusive of liabilities mentioned in Sub-Clause 6.2 below the maximum liability, of the Contractor to the Company under this Contract shall be the sum of _____ (amount in figures), (_____) (amount in words) being twenty percent (20%) of the Contract Price.

6.2   The following liabilities of the contractor are excluded from the aforesaid maximum liability:

6.2.1   Liabilities covered by insurers on the Contractor's behalf;

6.2.2   Liabilities covered by or recovered from Sub-Contractors, Vendors or other third parties;

6.2.3   Liquidated damages under Sub-Clause 23.1 of Exhibit A;

6.2.4   Liabilities arising under the provisions of the following Clauses of Exhibit A:

(1) Clause 22—Compliance with Law-Licenses;

(2) Clause 25—Taxes and Duties

(3) Clause 28—Patent Indemnity and Copyright; and

(4) Clause 39—Termination for Default.

7. PAYMENT

Payment shall be in accordance with Clause 24 of Exhibit A of Contract.

IN WITNESS whereof the parties hereto have set their hands the day, month and year first above written.

For and on behalf of: For and on behalf of:
BY: _____   BY: _____
Capacity: _____   Capacity: _____
In the presence of: In the presence of:

_____   _____

附录 1 参考译文：

合同号：_____

某项目合同协议书

本合同于_____（日期）由总部位于_____（业主总部地址）的_____（业主单位名称）（以下简称"公司"）和总部位于_____（承包商总部地址）的_____（承包商单位名称）（以下简称"承包商"）签订。

鉴于：

公司有意在____（工程所在国名称）建造位于_____（第一个施工地点名称）的 27 号新集油站，位于_____（第二个施工地点名称）的 28 号新集油站以及输送管网，包括所有公用设施和附属设备。同时公司愿由承包商承担设计、设备和材料采购、施工及检验、试运行、人员培训以及开车等根据本合同建造上述设施所需的服务。

以及

承包商表示，为顺利而及时地实施合同项下由承包商承担的工程，其拥有足够数量能够胜任工作且经验丰富的员工、所有必需的资源和专业技能，并有能力外购或提供所有必需的设备、材料和工具。并且，承包商愿根据合同规定以及在此确定的合同价格实施此类工作。

因此，双方在此就下列事项达成协议：

1 合同文件

1.1 协议的完整性

公司和承包商之间的整套协议（以下称"合同"）由下列文件组成。因此，合同双方不受在此未列出的任何声明、陈述、允诺、说明性文字或谅解备忘录的约束，上述内容（如果有）在此均被取代。未经书面作出且由双方签字，任何对此处条款的变动、修正或更改无效。

1.1.1 本合同协议（包括第 1 条到第 7 条）；

1.1.2 附件 A—基于总价的交钥匙工程合同专用条件（以下称"专用条件"）；

1.1.3 附件 B—工程范围；

1.1.4 附件 C—技术规范包括：

1.1.4.1 技术规范（包括第一部分到第四部分）；

1.1.4.2 公司的一般规范和防火及安全规定（第五部分）；

1.1.5　附件 D—支付表；

1.1.6　附件 E—项目行政管理和协调程序；

1.1.7　附件 F—履约保函；

1.1.8　附件 G—检验、试运行和开车；

1.1.9　附件 H—经批准的制造商名单；

1.1.10　附件 I—履约担保；以及

1.1.11　承包商填写的投标书格式，签字日期为_____，包括附件 1，2，3，4，5，6，7 和 8，及其签字日期为_____的附录 A；承包商随签字日期为_____投标书（以本合同签字前公司同意修改的为准）一同提交的技术建议书和项目实施建议书。

1.2　矛盾和优先性

除非在此另有规定，一旦出现合同文件的各组成部分之间矛盾或含糊不清的情况，优先级别应与 1.1 款列出的先后顺序一致。

2. 工程范围

由承包商实施的工程应包括全部设计工作、设备材料的采购、催交、运输、项目管理、施工、检验、调试、公司人员培训、试运和开车，以及为在_____（工程所在国）建造位于_____（第一个施工地点）27 号新集油站、位于_____（第二个施工地点）28 号新集油站和输送管网的其他所有工作，及全部公用设施与附属设备；并且承包商还应按照详细工程范围、技术规范和图纸（本工程）中更为详尽的规定，提供凡被合理视为向公司提供完整、可靠、可用的设施所需的相关设备、基础设施及其他工作。

3. 计划移交日期

各部分的计划移交日期应为承包商达到如附件 A 中 14.2 款所定义的移交状态的日期，且考虑根据本合同规定在此基础上的任何更改，如下：

3.1　位于_____（第一个施工地点）27 号新集油站移交日期为合同签订日期之后 27 个月，即_____（日期）。

3.2　位于_____（第二个施工地点）28 号新集油站移交日期为合同签订日期之后 34 个月，即_____（日期）。

3.3　输送管网的移交日期为合同签订日期之后 27 个月，即_____（日期）。

4. 公司提供的材料

公司应免费提供盐渍水，用于承包商在每个已建成集油站进行的静水试压检验。供水的最大流速不超过每分钟 145 美制加仑，且取水点设在每个集油站附近的盐渍水主来水管，承包商应负责安排从取水点分流。公司虽然会尽最大努力保持供水流速，但不保证流速总能满足使用要求，承包商应被视为在其施工计划中充分考虑了此类可能性，例如将此检验作为次关键路线的工作，考虑到低流速供水的情况。承包商应根据适用的环境法规并以监管负责人认可的方式负责处理使用过的废水。

5. 误期损害赔偿费

根据附件 A 中 23.1 款的规定，承包商应就每部分工程向公司支付每延迟日历日_____（金额）的误期损害赔偿费，上限为整个工程合同价格的百分之十（10%）。

6. 责任限度

6.1 不管本条是否有其他相反的规定，以及下述第 6.2 款中除外责任规定的情况下，承包商在本合同项下对公司承担的最高责任限额为_____（小写金额），(_____)（大写金额），相当于合同价格的百分之二十（20%）。

6.2 下述承包商的各项责任为前述最高责任限额的除外责任：

6.2.1 为承包商承保的保险公司的保险责任；

6.2.2 分包商、供货商或其他第三方承担的责任；

6.2.3 附件 A 中 23.1 款中规定的损害赔偿责任；

6.2.4 因下述附件 A 中的规定引起的责任：

(1) 22 条——遵守法律、许可；

(2) 25 条——税费和关税；

(3) 28 条——专利保护和版权；以及

(4) 39 条——因违约而终止。

7. 支付

应依据合同附件 A 中 24 条的规定进行支付。

双方于本协议书开首所书明的日期签字盖章，特立此据。

代表　　　　　　　　　　　　　　代表

_____　　　　　　　_____

签字人：_____　　　　　　　签字人：_____

职务：_____　　　　　　　　职务：_____

见证人：　　　　　　　　　　　见证人：

_____　　　　　　　_____

附录2 联合国工业发展组织交钥匙合同文本

UNIDO Form of Contract

翻译：隋海鑫　梁学光
审校：张水波

2004 年

目　录

1.00　定义

2.00　合同目标

3.00　承包商的责任
    3.01　工程和交付成果说明
    3.02　开工和竣工
    3.03　设备装船前的检验
    3.04　设备试运行和运行的备件；专用维护工具；消耗性材料
    3.05　设备和技术文档的包装，船运和保险
    3.06　对于设施现场条件的调查
    3.07　承包商的技术人员
    3.08　性能保证
    3.09　性能检验
    3.10　未能达到性能保证/补救措施/赔偿
    3.11　机械保证
    3.12　对缺陷工作的修复
    3.13　对设备的调整
    3.14　延误和时间的延长
    3.15　许可、费用通知和法律要求
    3.16　人身和财产保护
    3.17　专利权
    3.18　由承包商提供的其他设施和服务
    3.19　工程标准
    3.20　承包商的团队领导和 UNIDO 代表的联系
    3.21　汇报
    3.22　报告

4.00　政府/项目接收方的责任
    4.01　政府/项目接收方的责任
    4.02　UNIDO 代表的责任

5.00 合同价格和支付条件
    5.01 合同价格
    5.02 合同封顶价
    5.03 不允许涨价
    5.04 付款货币
    5.05 进度付款
    5.06 履约银行保函
    5.07 付款的扣留
    5.08 提交发票
    5.09 支付方式

6.00 罚款

7.00 承包商的索赔和补偿

8.00 保密
    8.01 机密的和私有的信息
    8.02 泄密的责任
    8.03 除外

9.00 保险
    9.01 设备和技术文档的保险
    9.02 责任保险
    9.03 保险凭证
    9.04 未获赔偿的金额的责任
    9.05 承包商未投保的补救措施

10.00 一般规定
    10.01 合同生效
    10.02 合同通用条件
    10.03 通知
    10.04 通知、发票、报告和其他文档的传送
    10.05 承诺没有支付成功酬金
    10.06 承包商的违约
    10.07 工程的临时性暂停

10.08　异议
10.09　权利和责任从 UNIDO 转移到政府/项目接收方
10.10　合同修改
10.11　承包商和项目接收方之间没有合同关系

签字和日期

附件清单

附件 A　联合国工业发展组织　通用条件
附件 B　联合国工业发展组织　特权和豁免权部分
附件 C　联合国工业发展组织　承包商发送报告须知
附件 D　包装和标记
附件 E　图纸、规范和手册
附件 F　履约银行保函
附件 G　UNIDO（填入日期）的工作大纲
附件 H　供应品明细要求＊）
附件 I　合同工程的时间表＊）

＊）目前尚不能提供，但如双方认为有必要可在签署合同前编制

UNIDO 合同号：

项目号：

联合国工业发展组织（UNIDO）

与

_____（承包商）

为

_____（地点）

_____（项目）

之

服务提供及设备、材料和备件供应合同

本合同由总部位于奥地利，维也纳 A－1220，Wagramer Strasse 5 的联合国工业发展组织（以下称"UNIDO"），和总部位于（　　　　）的（　　　　）（以下称"承包商"）签订。

鉴于，UNIDO 回应（　　）政府（以下称"政府"）的要求，同意帮助政府执行名为"　　　"（以下称"项目"），位于（　　）（以下称"项目所在地"）的项目。

鉴于 UNIDO 是由政府指定的实施和管理项目的项目执行机构；

鉴于 UNIDO 按与政府的协议，准备雇佣承包商以提供一套完整的技术服务和供应品，包括：

a) 外观设计、结构设计和监督的服务，以及技术文档的提供；

b) 提供设备、材料和备件；

c) 提供培训服务（包括行业安全）和技术监管人员；

以满足_____示范性试验热电联产电站及其相关设施的建设、安装、调试以及为期_____月的投料试运行的要求，这套设施位于<地点>。

鉴于承包商表明其拥有为此目的所需的技术知识、人员和设施，并且准备、愿意且能够建设、安装、调试和运行上述的示范性试验设施；

鉴于，本项目的技术帮助的接收者是位于<地址>的（　　　）（以下称"项目接收方"）；

鉴于，本合同中提及政府的时候应被视为包括项目接收方；

现在，因此，合同双方在此达成协议如下：

1.00 定义

1.01 在此（如下文中定义的）合同中，下列的单词和表述应具有以下所赋予含义：

a)（Ⅰ）"合同"是指本合同，UNIDO 的通用合同条件（附录 A），便利、特许和豁免部分（附录 B），承包商发送报告须知（附录 C），船运的包装和标记（附录 D），图纸、规范和手册（附录 E），履约银行保函（附录 F），UNIDO（填入日期）的工作大纲（附录 G），供应品明细要求（附录 H），工程的时间表（附录 I），承包商回应 UNIDO 的（填入日期）的（　　）号建议书征求函所提交的（　　）的建议书，以及其他的双方明确表明的合同中包含的文档。

（Ⅱ）"工作大纲"是指合同工程的详细规范以及由 UNIDO 和承包商协议的对它的任何更改或增加。

（Ⅲ）"技术文档"是指所有的有关技术的文档、工程图纸和规范、计算书、范例、样品、模型、操作和维护手册，以及其他类似的由承包商依照合同的要求并经由 UNIDO 批准提交的技术信息。

（Ⅳ）"建议书"是指承包商依照合同规定为实施和完成工程以及修复其中任何缺陷的建议，该建议书被 UNIDO 所接受。

b)（Ⅰ）"工作"指根据合同为履行承包商的义务而做的全部工作，包括：承包商和/或其任何级别的分包商与供货商为建造、试运行以及保修工程设施所做设计、采购、制造、施工、安装、调试，以及提供的劳务、服务、设施、设备、供品以及材料。

（Ⅱ）"设施"是指在工作大纲中描述的，将在设施现场建设的＿＿＿＿＿的示范性试验热电联产电站。

（Ⅲ）"设备"是指所有的设备、备件、器具以及任何种类的承包商为按合同进行设施的建设、安装、调试和投料试运行所需要提供的物品。

（Ⅳ）"设施现场"是指设施所在地，包括设施，以及合同中专门指定的构成设施现场一部分的任何其他地点。

（Ⅴ）"培训"是指承包商按合同规定对项目接收方的雇员/工人和其他当地雇员在设施现场（在职培训）进行的培训（包括行业安全）。

（Ⅵ）"技术人员"是指承包商为工程的实施而指派的承包商的人员，职责包括但不限于按合同在设施现场对设施的建设、安装、检验、移交和投料试运行的监督。

合同双方同意，如果单词和缩略语在上面未被专门定义，但其有公认的技术或商业含义，则当其在合同中使用时是采用此公认的含义。

2.00 合同目标

此合同的目标是对设施进行建设、安装、调试以及为期（ ）的投料试运行。

3.00 承包商的责任

3.01 工程和交付成果说明

按合同的目标，承包商应按下文所提出的规定和条件。

a) 提供为建设、安装、调试和运行设施所必需的技术文档。技术文档应采用英语。

b) 在设施现场由技术人员为以下工作提供服务：

—设施的建设和安装；

—依照合同提供的设备的安装；

—设施的调试和投料试运行以及

—对项目接收方的雇员/工人和其他当地人员的在职培训。在职培训应首先是关于设施的运行、维护和维修的。

c) 用DDU（国际商会国际贸易术语解释通则2000）的方式，按照供应规范（附件H）、工作大纲（在此指附件G）和承包商建议书向设施现场运送设备和技术文档。

就此而言，承包商的工作和交付范围一般包括，但并不一定局限于：

1) 供应规范和（日期）的UNIDO工作大纲，其分别作为附件G和H附于此范本，以及

2) 承包商回应UNIDO的（日期）的（ ）号建议书征求函所提交的（ ）建议书，此后一起称为"建议书"。

承包商的一般责任包括所有为工程的顺利实施和完成所必需的事项。

承包商应仔细研究合同及其附录，以及设施现场的条件。如果承包商发现错误、不一致、遗漏或不清楚，应立即以书面形式通知UNIDO，以取得UNIDO的书面解释或更正。如果承包商未能以此方式通知UNIDO，则承包商应被视为已经放弃与上述的错误、不一致、遗漏或不清楚有关的任何索赔，应被视为已对材料或施工方案做出了最高估价，并应承担由于更正引起的相应费用金额。

如果在合同和其附录之间存在冲突或不一致，则文件的优先顺序如下：

(1) 合同。

(2) 附件A，附件B，附件C，附件D，附件E，附件F。

(3) 工作大纲（附件G）。

(4) 附件 H，附件 I。

(5) 承包商建议书。

3.02 开工和竣工

a) 承包商应按合同不晚于（　）开工。

b) 承包商应在合同中工程开工日期后的三（3）个月内提供准备设施现场所需的技术规范和文档，包括安装计划和设备基础的技术规范。

c) 承包商应在（　）月将设备交付到设施现场。

d) 合同中的全部工程应由承包商在不晚于（　）完成。

e) 承包商认识到时间对于此合同至关重要，并且如果承包商没有在上面的 3.02 段 b) 中所提出的时间内实质性地完成设施建设，UNIDO 和项目接收方将会遭受损失。

3.03 设备装船前的检验

a) 承包商或其分包商和/或供应商在现场或工厂制造和组装设备的期间，UNIDO 应有权在任何合理的时间，在上述现场对设备进行检验，并要求进行双方认可的该类型设备的常规性材料和工艺检验。所有上述检验的费用应由承包商承担。UNIDO 所要求的任何其他检验的费用应由 UNIDO 承担，其中 UNIDO 的人员的费用应由 UNIDO 承担。

b) 如果 UNIDO 有要求，则承包商应提供足够的书面证据以证明制造设备所使用的材料满足规范的要求。只有特殊施工材料需提交检验证书。对于大型的铸件和锻件，承包商应在通常必要的情况下，自费进行 X 光、激光和/或超声波检验。

c) UNIDO 有权参加承包商执行或安排的检验，如果 UNIDO 有要求，样品和样本应归 UNIDO 所有。承包商应通知 UNIDO 设备的制造进度，以使得为确保材料和/或工艺满足合同要求所需的检查和检验可以得到执行。

d) UNIDO 可以，在通知承包商并说明对任何检查或检验过的设备的拒绝理由后，有权拒绝任何不符合相应规范的此类设备。在这种情况下，承包商应自费修复上述缺陷。

3.04 设备试运行和运行的备件；专用维护工具；消耗性材料

a) 试运行备件

承包商应为设备为期（　）天的运行提供足够数量的备件。

b) 正常磨损和维护的备件

（Ⅰ）承包商应按工作大纲（附件 G）中的规定，为设备提供一定数量的足够两（2）年时间运行的正常磨损和维护的备件。

（Ⅱ）承包商应在设备装船前，提交承包商自有的设备的耐磨零件的图纸，以及未由其制造的备件的描述/目录。

（Ⅲ）承包商也承诺，如有需要，其将在设备的生命周期内以合理的价格和条件继续向项目接收方提供正常磨损和备用件。

c）专用维护工具

在设备装船之前，承包商应提交一个设备运行可能需要的专用运行和维护工具的详细项目清单。承包商还承诺在设备的生命周期内继续以合理的价格和条件向项目接收方提供设备的运行和维护可能需要的运行和维护工具。

d）消耗品

承包商应将规范告知 UNIDO，其中包括所有消耗品，如润滑剂、冲洗用油、液压机液体和基于其经验，在试运行和运行检验以及正常的年度运行需要事先填充的化学品的所有可替代的品牌名称以及数量。此信息应即时提供，以使项目接受方能够即时安排此类材料的采购。UNIDO 可以选择要求承包商提供设备试运行和运行检验所需的此类材料，承包商应承诺以合理的价格和条件提供。

3.05　**设备和技术文档的包装，船运和保险**

a）在装船之前，承包商应依照附录 E 对设备和技术文档进行包装和标记。

b）证明设备和/或技术文档装船的提单/运单应标明唛头、所装货物名称和米制单位的尺寸，逐条记载的所装货物的净重量以及每个包裹的总毛重，并且应将收件人标为联合国开发计划署（UNDP）在（）的驻地代表。

c）承包商应，对于任何设备和/或技术文档的每次派遣/装船，提交下列船运单据。

（Ⅰ）符合上面 3.05 段 b）子段要求的清洁的已装船海运提单/货运单；

（Ⅱ）下面的 3.05 段 e）子段中所提及的，保障未完税交货（国际商会国际贸易术语解释通则 2000）至设施现场的保险单；

（Ⅲ）货物原产地证书；

（Ⅳ）商业发票以及

（Ⅴ）装箱单。

至少较设备到达设施现场提前三（3）周，应将两（2）份船运单据（包括一份原件）提交给维也纳的 UNIDO，两（2）份（包括一份原件）提交给上述的 UNDP 的驻现场代表。

d）术语"未完税交货至设施现场"，不论在本合同中何处使用都具有"国际商会国际贸易术语解释通则 2000"中所规定的意义和效力。

e）承包商应对设备和技术文档在海运和运送到设施现场，直至包装箱在承包商代表在场的情况下被打开的过程中由于任何原因引起的一切风险、损失和损害进行投保。此类保险应由 UNIDO 接受的有信誉的保险公司承保，应以承包商和 UNIDO 的名义，就其各自的权利和利益投保。任何赔偿金都应支付给

UNIDO，UNIDO 将根据此合同和下文中双方各自的权力对其进行使用。保险金额应为设备和技术文档未完税交付至设施现场的价格再加上百分之十，并应采用合同价格的货币。

f) 承包商应，就设备和/或技术文档在项目地区的清关事宜，与上述的 UNDP 驻地代表取得联系，由其负责与政府合作按照 4.01 的规定办理清关手续。

g) 承包商应承担与设备和技术文档的出口、运输有关的成本、费用和收费，但项目所在地的进口税费或许可证费则是项目接收方的责任。承包商还应自担风险和费用取得出口设备和技术文档所必需的任何出口许可证或其他政府授权。

h) 按 4.01 段和工作大纲（附录 G）的规定，设备和技术文档到达设施现场后的存放应由项目接收方负责。

i) 如果有设备或技术文档在船运、运输或存放过程中出现损失或损坏，或在设施现场（在承包商代表在场的情况下）打开包装箱时发现损坏、相对于原定的目的不可用或失效，承包商应采用在当时环境下最适宜和合理的任何运输方法或人员服务来立即替换或修理此类设备和/或技术文档。

如果损失或损坏按上面（e）子段中的保险获得了赔偿，保险公司所支付的金额应由 UNIDO 用于支付替换和/或修理的费用。

3.06 对于设施现场条件的调查

承包商应对设施现场进行踏勘并确认与其工作相关的所有条件和信息。

为执行合同，承包商表明其已经查看过设施现场，确定了其自然条件，并将其查看结果与合同的要求联系起来，包括但不限于：

（Ⅰ）其上所有自然或人工构造物和障碍物的条件，以及设施现场地表水的条件；

（Ⅱ）设施现场所在的地区的总体自然环境、位置和条件，包括其气候条件、劳动力和设备的供应能力；

（Ⅲ）依合同要求完成工程所需的所有材料、供应、工具、设备、劳动力和专业服务的数量和质量要求；以及

（Ⅳ）所有相关的国家法律、规则、法令和规定。

承包商一方因未满足以上条件而提出的索赔将不予接受。

3.07 承包商的技术人员

a) 承包商应，通过按 3.01 段 b) 子段提供的技术人员，负责监督依据合同的设施建设，包括设备的安装，设施的试运行和检验，以及启动后的投料试运行。

b) 承包商关键技术人员的姓名和项目职责

承包商将提供的关键技术人员应如下：

姓名   项目职责

c）承包商关键技术人员的替换

在上文 3.07 段 b）子段中所提名的承包商的关键技术人员对于工程按合同实施至关重要，因此：

（Ⅰ）在替换任何此类人员前，承包商应提前适当的时间通知 UNIDO，并应提交详细的理由以及建议的替代人员的简历，以供 UNIDO 评估这样的人员替换可能对工作计划产生的影响；

（Ⅱ）在未得到 UNIDO 按 UNIDO 通用合同条件（附件 A）第 4 条所发出的书面认可的情况下，承包商不得替换关键技术人员。

d）承包商关键技术人员的驻留时间

承包商的技术人员应在适当的时间到达设施的安装和试运行现场。他们在现场驻留的时间应符合要求，以确保设施的运行，从而避免执行下文 3.10 段 b）子段中相应的规定。任何为达到运行保证而进行的时间延长，超过六（6）个月者，须得到 UNIDO 的许可。

e）工作程序

承包商的技术人员留在设施现场的时间和工作计划应由 UNIDO、项目接收方和承包商共同商定。

f）在职培训

设施现场驻留期间，承包商的技术人员应为项目接收方的人员和其他当地人员就设施的维护、修理和运行提供在职培训。此在职培训的计划应经 UNIDO、项目接收方和承包商共同商定。

3.08　性能保证

承包商保证，在工程圆满完工后，设施应满足工作大纲（附件 G）、承包商的建议书和技术文档中列明的规定和要求。

3.09　性能检验

a）设施是否满足 3.08 段中的规定应通过承包商监控下的按照检验程序规定进行的性能检验来确定。该检验程序应由 UNIDO、项目接收方和承包商于设备在设施现场安装前的三个月之前商定。

b）项目接收方应负责提供上述的检验所需的原材料和辅助性材料、工具、人力和其他 4.01 段和工作大纲（附件 G）中要求的必要条件。

c）如果未能达到 3.08 段中提到的技术参数，则性能检验可以根据 3.10 段 b）子段在要求的其他时间继续进行，以达到所需的参数。

d）设施是否满足 3.08 段的要求应由承包商、UNIDO 和项目接收方在事先商定的性能检验中的相应阶段共同执行的检测来确定，此阶段将在上面的 a）子段提到的性能检验程序中定义。

e) 按本段要求完成的试验和检验的结果，以及一份说明设施是否通过性能检验从而达到了 3.08 段和上面的子段 a) 的要求的声明，应由被授权的承包商代表、UNIDO 和项目接收方写入设施的接收证书。接收证书应附于 3.22 段 e) 子段规定的最终报告上。

3.10 未能达到性能保证/补救措施/赔偿

a) 3.08 段中保证的性能未能通过 3.09 段规定的性能检验，则（除非是由于承包商的责任之外的因素造成的）承包商应自负成本和费用，更正、修复或更换其所完成的任何有问题的工作，并为达到上面的保证的性能进行必要的修理或替换，来更正、修复或更换其提供的任何有问题的机械和设备。在执行了这些应由承包商立即进行的更正、修复、更换、修理和/或替换后，应按 3.09 段的要求进行新一组性能检验。

b) 如果按 3.09 段或 3.10 段 a) 子段出现了任何未能达到 3.08 段中的规定的情况，且其不能通过补救措施被修复，也未能在 3.07 段 d) 子段所规定的承包商的技术协助期（包括延长期）内的进一步检验中消除，则除非按 3.07 段 d) 子段双方协商了时间延长，UNIDO 可按 10.06 段认定承包商违约。

3.11 机械保证

承包商保证按照合同由其自身、其分包商和/或供应商所供应的设备、零件、工具和备件是新的，且不存在工艺、材料和设计上的缺陷。在上面 3.08 段中所提到的设施的接收证书中的日期后的 12 个月内，如果证明因上述情况或承包商的任何错误的或不充分的工程图纸、技术规范和/或操作指导而导致出现缺陷，则承包商应自负费用尽快修复或更换任何此类设备、备件或工具。

因违背承包商的指示的不当操作或因项目接收方的疏忽或缺少适当的维护而引起的损坏不在此保证范围内。如未经承包商授权而改动设备和/或其工作条件，则对于改变的部分本保证将不再适用。

3.12 对缺陷工作的修复

a) 如果在设施接收证书日期后的一年之内，或按合同中要求的一个适用的专门保证中的条件规定，发现任何工作中存在缺陷或不合合同要求，承包商应在接到 UNIDO 的书面通知后尽快对其进行修复。在工程依照合同被接收后及合同终止后，此项义务仍将存在。

b) 在此 3.12 段内的任何内容都不应构成对承包商在本合同下可能承担的任何其他义务的时间限制。所规定的在设施接收证书日期后一年或其他日期，或法律或合同要求的任何保证中的条款中可能规定的更长时间，都只是针对承包商修复工程的这一特定责任，与其执行合同义务的时间没有关系，也与用以明确承包商修复工程的义务之外的责任的诉讼提起时间无关。

3.13 对设备的调整

承包商有权在设施的设计、安装、调试期间，在与 UNIDO 和项目接收方磋商后，对设备进行调整，以保证承包商义务的履行。

3.14 延误和时间的延长

a) 如果承包商在工作过程中任何时间的延误是由于 UNIDO 或项目接收方的任何行为或遗漏，或它们的任何雇员，或项目接收方所雇佣的任何单独的承包商，或工作中要求的变更，或承包商所不能合理控制的任何原因，或 UNIDO 认为的可以正当解释延误的其他原因造成的，则工程的竣工时间应按 UNIDO 决定通过合同修正予以合理延长。

b) 任何延长竣工时间的要求应在延误开始后的 20 天之内以书面形式提交给 UNIDO，否则应视为放弃了上述的要求。承包商应在其提交延误通知的同时提供一份关于此延误对工程进度可能造成的影响的评估。

3.15 许可、费用通知和法律要求

a) 除非合同中另有规定，承包商应确保获得并支付为工程的顺利实施和完工所需的所有许可和政府费用、执照和检查，这些通常在合同执行后获得，并作为收取承包商建议书时的法律要求。

b) 承包商应密切关注并遵守任何与工程的实施有关的政府当局的所有的法律、法令、规则、规定和法律指令。

c) 如果承包商发现合同中的工作与适用的法律、条例、建设规范和规定不符，应立即书面通知 UNIDO。

3.16 人身和财产保护

a) 承包商应负责开展、保持和监督与工程相关的所有安全预防措施和计划。

b) 承包商应采取一切合理的预防措施，提供所有合理的保障来防止下述内容出现损害、伤害和损失：

（Ⅰ）设施现场的所有雇员以及所有可能被影响到的其他人员；

（Ⅱ）在承包商或其任何分包商照看、保管或控制下的将包含在工程中的所有工作、所有材料和设备，不论其是正在被存放或不在设施现场；以及

（Ⅲ）在设施现场或其附近的其他财物。

c) 承包商应密切关注并遵守与人员或财产的安全，或保障其不受损害、伤害或损失有关的任何政府当局的所有适用的法律、法令、建设规范、规则、规定和法律指令。

d) 承包商应建立并维护在现有条件和工作进度下所需的所有适当的安全和保障措施，包括设置危险标志和其他危险警告，宣传安全守则和告知项目接收方的人员。

e) 当因工程施工而必须使用或存放易燃、易爆或其他危险材料或设备时，承包商应尽可能小心谨慎，并应在有相应资质的人员的监督下进行上述活动。

f) 承包商应立即修复任何 3.16 段 b) 子段中所提到的部分或全部由承包商、任何分包商或由他们所直接或间接雇佣的任何人员，或他们中任一方应对其行为负责的人员和按 3.16 段 b) 子段承包商应负责的对任何财产的一切损害或损失。除非损害或损失是由于项目接收方或其任何直接或间接雇佣的人员，或项目接收方要对其行为负责的任何人员的行为或遗漏，而非承包商的错误或疏忽造成的。承包商的上述义务被附加在 UNIDO 通用合同条件（附录 A）中第 15 段规定的义务上。

g) 承包商应在其团队中指定一名负责人，其职责是在现场工程实施过程中防止事故。除非承包商书面通知 UNIDO 其指定的其他人选，此人员应为承包商的团队领导。

h) 承包商不得使任何系统或设备或工程的任何部分的负荷影响运行安全。

i) 在任何影响人身或财产安全的紧急情况下，承包商应自主决定采取行动，以防止可能出现的损害、伤害或损失。

3.17 专利权

a) 承包商声明其并不知道设施的建设、安装和调试以及其运行可能会侵犯第三方的任何受保护权利。如果出乎承包商的意料，出现对 UNIDO 或项目接收方因设施建设而侵犯专利的指控及对其的索赔，承包商应保证 UNIDO 和项目接收方不受损害，并应保障他们完全不受任何因此类索赔引起的损害或赔偿费的影响。承包商的此项义务应一直保持完全有效，直到上述专利到期为止。

b) UNIDO 和/或项目接收方应将对 UNIDO 和/或项目接收方提起的任何侵权的指控以及因侵权所引起的任何诉讼的文档书面通知承包商，并应给予承包商对上述诉讼进行自主辩解机会，并且不得在未得到承包商书面许可的情况下，做出可能有损承包商的处境的任何供认或同意任何第三方的任何索赔。

3.18 由承包商提供的其他设施和服务

除非合同另有规定，承包商应向其人员提供为执行合同所需的所有设施和服务。与此类人员相关的各种开支应完全由承包商承担。此类开支包括，但不限于工资、住宿、膳食、差旅、医疗和个人保险的费用。

3.19 工程标准

承包商应尽其所能，为最大程度促进 UNIDO 和项目接收方的利益与 UNIDO 和项目接收方以及 UNIDO 的所有顾问和代理人合作。承包商应进行有效的业务管理和监督，应随时提供足够的工人和材料，并以符合 UNIDO 和项目接收方利益的最好的方法和最迅速、最经济的方式实施工程。

3.20 承包商的团队领导和UNIDO代表的联系

承包商的团队领导应与在（ ）的UNIDO代表和/或其指定的代表保持密切和持续的联系，应就工程的实施与他（他们）进行合作，并应使他/他们即时了解任务的进度以及工程的实施计划。UNIDO的代表和/或其指定的代表应有权随时检查按合同进行的工程的进度，并就工程的实施与承包商的团队领导和其他专业人员进行协商。

3.21 汇报

承包商的团队领导可能被要求在合同执行期间到UNIDO在奥地利维也纳的总部汇报情况。此类访问的日期和持续时间应由UNIDO和承包商共同商定。

3.22 报告

承包商应依据名为"承包商发送报告须知"的附件C，向位于维也纳的UNIDO提供下列的英文报告。

＜报告的时间表应在符合工作大纲要求的情况下经协商确定＞

a) 月报告。

叙述性的月报告，一式（5）份，总结合同工作的状况和取得的进展。（如按下面的规定须提交其他报告，则无须再提交此月报告）

b) 进度报告1。

进度报告1，（ ）份，在（ ）之前。

c) 进度报告2。

进度报告2，（ ）份，在（ ）之前。

d) 进度报告3。

进度报告3，（ ）份，不晚于（ ）。

e) 最终报告。

最终报告，（ ）份，在（ ）之前。

4.00 政府/项目接收方的责任

4.01 政府/项目接收方的责任

UNIDO与承包商签订此合同是基于政府承诺，（在适当的时候通过项目接收方）提供工作大纲（附件G）4.6子段中规定的服务和便利以及下列的补充性的服务和便利，而无需承包商承担费用：

a) 签证、许可等

所有的批准、许可、签证、工作许可、进口许可证以及项目现场履行合同所需要的其他批准手续，以及于此附件A和B中规定的对于项目现场此合同下的服务的所有税收和财政关税的免除。

b）结关

与 UNDP 协力，对于每次船运的设备通过项目所在地海关的结关，以及对与之相关的进口关税和收费的支付或免除。

c）设施现场的装备

必要的设施现场装备，包括起重设备和其他必要的实施工具以及脚手架。

d）安装、试运行和运行的人员

进行设备安装和设施的试运行的人员，要有足够人数，以保证工作适当和即时的完成。设施正常运行所需的所有人员。

e）一般协助

所有可使承包商的人员在设施现场的居留更加舒适的协助。

f）设施现场条件

设施现场的条件应能保证承包商的人员安全无障碍地工作。

g）安全措施

事故预防的安全措施，不论其是否是法律所要求的，以及向承包商的人员就任何必须遵守的当地规则或规定提供明确的信息。

4.02　UNIDO 代表的责任

在项目所在地的 UNIDO 代表，其作为 UNIDO 的代表，应：

a）在与合同相关的一切事宜中充当承包商人员和政府官员的联络官；

b）传真给 UNIDO，采购服务处，确认承包商的人员到达和离开项目所在地；

c）将与此合同实施相关的、不能在项目所在地解决的管理问题提交 UNIDO、采购服务单位/OSS/PSM，以引起其注意。

5.00　合同价格和支付条件

5.01　合同价格

UNIDO 应对承包商完全的和恰当的履行合同义务进行支付，支付数额为（）美元（US$）。

此数额应包含了承包商发生的所有开支，包括但不限于采用未完税交货至设施现场的设备的成本，完整的工程和技术服务以及技术文档、建设和安装费用、承包商人员的报酬以及所有其他报酬、保险和社会负担费用以及其总部管理费、技术支持和监督费用；也应包含与承包商的技术人员往返于居住国和/或工作地和设施现场的差旅费，以及与他们在项目所在地生活相关的费用。

5.02　合同封顶价

在未得到 UNIDO 事先的书面许可以及一份对合同的正式修改之前，承包商不应进行可能使 UNIDO 产生任何高于上述的（）美元（US$）的费用的任何工作、提供任何材料或设备，或进行任何服务。

5.03 不允许涨价

5.01 段中规定的合同价格是固定的和严格的，不允许涨价。

5.04 付款货币

总合同金额（ ）美元（US$）应以此货币支付。

5.05 进度付款

对于 5.01 段中规定的合同价格的进度付款应采用下面的时间表：

＜进度付款将会被调整以反映合同交付的具体情况＞

a) 在双方签署合同，并且 UNIDO 收到 5.06 段中提及的履约银行保函后，金额⋯US$

b) 在 UNIDO 收到并接受上文 3.22 段 b) 子段所提到的承包商的进度报告 1 后，

金额⋯US$

c) 在 UNIDO 收到并接受包含依据合同进行的设备交付的全套船运单据的，在上文 3.22 段 d) 子段中提及的承包商进度报告 3 后，

金额⋯US$

d) 在 UNIDO 收到并接受包含设施的接收证书的，在 3.22 段 e) 子段中提及的承包商的最终报告后，

金额⋯US$

共计⋯US$

UNIDO 在此所进行的任何支付都不构成 UNIDO 对此支付前已完成工作或承包商交付的设备或技术文档的无条件的接受。

5.06 履约银行保函

承包商应在签署合同后的一（1）个月内，向 UNIDO 提交一份由 UNIDO 认可的银行或保险公司所签发的履约银行保函，初始金额为（ ）美元，（US$）。自 UNIDO 和/或其在设施现场的授权代表接收由承包商按合同提供且通过性能检验的全部设备之日，此金额将降为（ ）美元（US$）。履约银行保函将确保承包商恰当和忠实的履行其合同义务，并应采用在此所附的附件 F 中规定的格式。此保函将在承包商的银行账户收到 UNIDO 的首期付款的日期开始生效，并应在经计算的 UNIDO 接受承包商按合同 3.22 段 e) 子段所提交的最终报告的日期后 12 个月内保持完全有效。

5.07 付款的扣留

UNIDO 可以扣留任何向承包商的付款，或根据后续发现的证据，为保护 UNIDO 和/或政府在合同中不受下列事件造成的损失，全部或部分地取消任何此前批准的付款。此类事件包括：

a) 承包商未能执行工作或未能按进度计划施工，除非是由于不可抗力造成的；

b) 承包商未能修复有缺陷的和/或不能令人满意的工作，当 UNIDO 就此情况提醒其注意的时候；

c) 承包商未能按 3.23 段的要求提交报告；

d) 承包商未能恰当地对分包商以及材料、劳工和设备进行支付；

e) 存在 UNIDO 提出的损失索赔，或存在合理的证据表明 UNIDO 可以提出损失索赔；

f) 承包商违反合同。

UNIDO 扣留任何期中付款并不影响承包商继续履行此合同的义务。

对于 UNIDO 按此段的规定最终扣留的付款不应产生任何利息。

5.08 提交发票

承包商应向奥地利维也纳 A－1400，300 号信箱、UNIDO、采购服务单位/OSS/PSM 提交其发票，发票应采用一（1）份原件和两（2）份复件，阐明银行的相关信息，即银行的名称和地址、账号和开户分行的代码、电汇付款的SWIFT（环球同业银行金融电讯协会）。

5.09 支付方式

此合同下的所有付款都应由 UNIDO 基于承包商的发票通过银行电汇至承包商下面的银行账户：

账户：

账户号：

银行名称：

地址：

6.00 罚款

6.01 如果出现承包商因其自身的原因未能按合同 3.02 段中规定的日期/时间期限完成履约和交付，承包商须就每一周的延误支付合同价格百分之零点二五（0.25%）的赔偿，但总赔偿额不超过合同价格的 10%。此罚款应由 UNIDO 从按合同 5.05 段 e) 子段应付给承包商的款额中扣除。

7.00 承包商的索赔和补偿

7.01 在任何情况下，承包商都不能因工程或其中某一部分的进度或完工的任何延误，包括但不限于与管理费和生产率的损失、加速施工的延迟、总成本以及低效率有关的赔偿，不论是由于 UNIDO 还是项目接收方的行为或疏忽引起的，向 UNIDO 提出任何费用索赔，也无权获得任何额外费用或赔偿。在此情况下，对承包商只通过延长竣工时间进行补偿，前提是承包商要另外满足 3.02 段所规定的要求和条件。

8.00 保密

8.01 机密的和私有的信息

合同双方认可所有与对方有关的，可能与其在此合同下履行其义务相关的所需的所有知识和信息，包括但不限于任何与其运行和流程相关的信息，是另一方机密和私有的信息，此类机密和私有的信息的接收，并且除非事先得到另一方的书面许可，不应将此类知识或信息透露或允许透露给任何个人、企业或公司。每份包含此类信息的文件都应清楚地进行标记，以表明其机密的性质。

在未事先取得另一方的书面同意的情况下，任一方不应以任保方式泄露、提供或使用，并应采取一切合法方式防止其雇佣或可以控制的任何其他人员和/或组织泄露、提供或使用任何其无论是否由于本合同的原因所知悉的另一方的机密或私有的信息。任何一方都应尽最大努力并采取所有必要的合理步骤，包括在其雇员、代理、项目接收方和分包商之中订立保密协议，以保证其雇员、代理、类似人员和分包商完全遵守此 8.01 段。

8.02 泄密的责任

合同任何一方应对其主管、官员、代理、类似人员、雇员或分包商违反 8.01 段对机密和私有信息的任何泄露承担责任。双方都承认对于 8.01 段的违反或企图违反可能会对另一方造成短期内不可挽回的损害，另一方有权对此行为获得法定赔偿，此赔偿并不会影响另一方有权获得的任何所有其他补偿，只作为其额外部分。

8.03 除外

8.01 段中提到的限制不适用于下面的信息：

a）目前已为公共所知；

b）合同成立后非因另一方的过错而成为公共所知；

c）在泄露的时候已为另一方所有，且有书面证据证明；

d）合同成立后经第三方透露给合同另一方。

9.00 保险

9.01 设备和技术文档的保险

承包商应在不减少其或 UNIDO 在合同下的责任和义务的情况下，对以下内容在 UNIDO 接受的保险公司投保：

a）对将要包含在设施中的设备和技术文档，以全部重置成本以及

b）占全部重置成本的 15% 的附加金额，用以补偿任何为弥补损失或损害而

造成的或附带的额外费用，包括专业服务费以及拆除和移走设备的任何部分或移走任何残余物的费用。

c) 9.01 段 a) 和 b) 子段所提及的保险应以承包商和 UNIDO 共同的名义，并应保障 UNIDO 和承包商在设施现场开始工作之日到最终支付的日期之间免受因任何原因引起的损失或损害。

9.02 责任保险

承包商应提供并保持适当金额的保险，用于防范由于承包商为履行其合同义务而进行的任何行为引发的任何人身伤亡或财产损害的公共或第三方责任。

9.03 保险凭证

9.01 段 a) 和 b) 子段所提及的，UNIDO 接受的保险凭证的一份原件和两份副件，应在设施的建设和安装前由 UNIDO 归档。凭证应由保险人的授权代表签署。本 9.03 段所要求的凭证和保险单的不应被取消或到期，必须提前至少 30 天书面通知 UNIDO。对于缩小承保范围的相关信息，承包商应即时通知 UNIDO。

9.04 未获赔偿的金额的责任

任何未投保或未从保险人处获得赔偿的金额应由承包商承担。

9.05 承包商未投保的补救措施

如果承包商未能使得合同要求的保险生效并保持其有效，或未能按上面 9.03 段向 UNIDO 提供保险凭证，则在任何此类情况下，UNIDO 可以自主选择，可以依据下面 10.06 段认定承包商违约，也可以使上述保险凭证生效并保持有效，支付为此目地所需的任何保险费，并随时从应付给承包商的金额中扣减所支付的费用，或将其视为承包商应付的债务以获得偿付。

10.00 一般规定

10.01 合同生效

此合同应在双方签署后开始生效。

10.02 合同通用条件

合同双方在此同意接受附于此作为附录 A 的 UNIDO 通用合同条件。

10.03 通知

合同各方此后的任何通知都应采用书面形式。

10.04 通知、发票、报告和其他文档的传送

除非合同另有规定，承包商需提交的指令、手册、报告、发票、通知和船运单据的寄送地址应为奥地利维也纳 A－1400，300 号信箱、UNIDO、采购服务单位/OSS/PSM。

10.05 承诺没有支付成功酬金

承包商保证：

a) 本合同的获取，未曾以签订佣金、回扣、成功酬金或聘金的协议或协定的方式雇用任何人员或销售代理，但正式雇员或承包商为获得业务正式成立且真实存在的商业或销售代理机构不在此列。

b) 没有也不会吸纳承包商的正常雇员以外的任何 UNIDO、执行委员会、联合国、UNDP 和 UNDP 的参与和执行机构或政府和/或其合作机构的官员、雇员或退休人员，从合同获得任何直接或间接的利益。

如违反这些保证，UNIDO 有权从合同价格中扣除，或以其他方式从承包商那里取得上述任何佣金、回扣、成功酬金或聘金的全部金额。

10.06 承包商的违约

如承包商未能完成其在此合同下的责任和义务，并且在 UNIDO 就此违约的性质给予明确的书面通知后的 30 天之内，承包商未能改正此违约行为，UNIDO 可以，由其自主决定，并且不影响上面所提到的扣留付款的权力，认定承包商在此合同中构成违约。当承包商如此违约的时候，UNIDO 可以在给予承包商书面通知之后终止整个合同或其中与承包商的违约有关的一部分或几部分。在此通知之后，UNIDO 应有权要求承包商完成此与承包商的违约有关的合同的部分工作并承担费用。在此情况下，承包商应独自承担完工所需的任何合理费用，包括那些 UNIDO 引起的、超出上文中规定的最初协议的合同价格的费用。

10.07 工程的临时性暂停

UNIDO 可以在任何时候，通过给予承包商书面通知暂停承包商在此合同下正在进行的工作。所有这样停止的工作应由承包商在更新的时间表和由双方共同协议的规定和条件的基础上重新开始。

10.08 异议

如果承包商认为政府/项目接收方要求的任何工作超出了合同的要求，或认为政府/项目接收方的任何裁定不公正或与合同的规定不符，其应在此类工作要求提出时或此类裁定做出后立即要求采购服务单位/OSS/PSM 负责人做出书面的指示或决定。

10.09 权利和责任从 UNIDO 转移到政府/项目接收方

承包商了解对于设备和技术文档的所有权将会由 UNIDO 经适当的程序转移到政府/项目接收方手中，并承认，从那时起，此合同下 UNIDO 所有的权利和义务都应转移给政府/项目接收方。

10.10 合同修改

对于此合同的任何修订、改动，或放弃其中任何规定，或与承包商之间附加的合同关系都是无效的，除非其以对合同书面修改的形式获得许可，并由

UNIDO 和承包商的全权授权代表签署。

10.11　承包商和项目接收方之间没有合同关系

除非有专门的其他规定，此合同中的任何内容均不构成项目接收方和承包商之间任何合同关系。

特立此据，由合同双方签署此合同。

由_____　　　　　　　　　　　联合国工业发展组织
　　　　　　　　　　　　　　　　　由_____
　　　　　　　　　　　　　　　　　负责人
　　　　　　　　　　　　　　　　　采购服务单位
　　　　　　　　　　　　　　　　　运行支持服务部门
　　　　　　　　　　　　　　　　　程序开发和技术合作部门
　　　　　　　　　　　　　　　　　奥地利
　　　　　　　　　　　　　　　　　维也纳 A－1400
　　　　　　　　　　　　　　　　　300 号信箱

日期_____　　　　　　　　　　日期_____

附件 A 联合国工业发展组织

通用条件

1. 文件的机密性

在此合同下,承包商所编制或收到的所有地图、图纸、照片、组合图、计划、报告、建议、评估、文件和所有其他数据都应是 UNIDO 的财产,应注意保密并且只能在工程按合同完工后提交给 UNIDO 授权的官员;在未获得 UNIDO 的书面同意的情况下,承包商不应将其内容透露给除按此合同提供服务的承包商人员之外的人。

2. 独立的承包商

承包商应具有独立承包商的法律地位。由承包商指定的依此合同提供服务的人员为承包商的雇员。除非合同中另有规定,UNIDO 不应为与此类服务的提供有关的任何索赔承担责任。承包商及其人员应遵守由合法成立的政府机构所颁布的所有适用法律、法规和法令。

3. 承包商对雇员的责任

承包商应对其雇员的专业和技术能力负责,并应为此合同下的工作挑选可靠的人员,他们应能在合同执行的过程中有效地工作,遵守政府的法律,尊重当地习惯并应遵守高标准的伦理道德规范。

4. 人员的指派

在未取得 UNIDO 的书面许可的情况下,除在合同中提及的人员外,承包商不得指派任何其他人员在现场进行工作。在指派任何其他人员在现场进行工作之前,承包商应将任何准备指派进行上述服务的人员的简历提交给 UNIDO 供其考虑。

5. 人员的免职

在收到 UNIDO 的书面要求的情况下,承包商应从现场撤回按合同提供的任何人员,如果 UNIDO 要求,应用 UNIDO 接受的人员进行替换。由于此替换而引起的任何成本或附加费用,不论其为何原因,对承包商的任何人员,都应由承包商承担。此类撤回不应被视为依据下文的 12 段"终止"的规定对此合同部分或全部的终止。

6. 转让

除非事先得到 UNIDO 的书面许可，承包商不应对此合同或其一部分，或承包商在此合同下的任何权利、索赔或义务进行转让、转移、抵押或进行其他处理。

7. 分包

在承包商需要分包商的服务的情况下，承包商应事先获得 UNIDO 对所有分包商的书面批准和许可。UNIDO 对于分包商的许可不应解除承包商在此合同下的任何义务，并且任何分包合同的条款应服从此合同的规定。

8. UNIDO 的特权和豁免

此合同内或与之相关的任何内容都不应被看做 UNIDO 对任何特权和豁免的放弃。

9. 不应雇佣 UNIDO 的雇员

在此合同有效期内，除非事先获得 UNIDO 的书面批准，承包商不应雇佣或试图雇佣 UNIDO 的雇员。

10. 语言、度量衡

除非合同另有规定，承包商与 UNIDO 之间就将要提供的服务而进行的所有书面联络以及承包商取得或编制的与工程相关所有文件都应采用英语。承包商应采用米制度量衡系统，相关的对工程量的估算和记录工作也应采用米制度量衡系统，除非合同中另有规定。

11. 不可抗力

在此采用的不可抗力是指天灾、法律或规定、行业波动、公敌的行为、国内动乱、爆炸或其他相似的等价事件，其不是由于合同任一方的行为所引起的，也不在任一方的控制之下且任一方无法克服。在发生任何构成不可抗力的事件，且承包商因此部分或完全不能履行其在合同下的义务和责任后，承包商应尽快书面通知 UNIDO 并提供详细情况。在此情况下适用下列规定：

（a）承包商在此合同下的义务和责任在其无履行能力的时候应暂停，且在其无履行能力的过程中应一直保持暂停状态。在上述暂停期间，就被暂停的工作，承包商仅在有适当凭证的情况下，有权从 UNIDO 那里获得对于承包商的任何设备的基本维护费用以及由于上述暂停而窝工的承包商人员计日工工资的赔偿。

（b）承包商应在不可抗力发生后 15 天内，向 UNIDO 提交一份暂停期间的估计支出的报告。

（c）合同的期限应延长一段与暂停的时间相同的时间，但同时也要考虑任何可能使工程竣工时间的改变与暂停时间不符的特殊条件。

（d）如果由于不可抗力，使得承包商永久性的全部或部分的失去在此合同下履行其义务和完成其责任的能力，UNIDO 有权按第 12 段"终止"规定的相同的条款和条件终止合同，但通知的期限应提前 7 天而非 30 天通知。

（e）对于前面的（d）子段，如果暂停的时间超过 90 天，UNIDO 可以认定承包商永久性的不能履约。任何不超过 90 天的上述时间应被视为是暂时性的不能履约。

12. 终止

UNIDO 可以在任何时候，在提前 30 天向承包商发出通知的情况下全部或部分终止此合同。如果此终止不是由承包商的疏忽或过失造成的，UNIDO 应有责任向承包商就已完成的工作进行支付，并承担承包商人员回国的费用、承包商必要的终止费用以及必要的或 UNIDO 要求承包商完成的紧急工作的费用。承包商应尽可能降低费用，并从收到 UNIDO 的终止通知之日后不应进行更多的工作。

13. 破产

如果承包商被判为破产，承包商进行了总转付，或由于承包商无力清偿而指定了接收人，UNIDO 可以在不影响其在此合同条款下的任何其他权力或补救措施的情况下，向承包商发出终止的书面通知并立即终止此合同。

14. 工人的赔偿和其他保险

（a）对于在政府所在国之外受雇于本合同的所有非该国公民，在其赴海外受雇之前，承包商应提供相应的工人赔偿险和责任险，并在此后维持保险有效。

（b）承包商应提供并在此后保持适当金额的保险以应对由于在工程所在国使用承包商所有或租赁的机动车、船或飞机按合同作业所造成的公共责任，如死亡、人身伤害或财产损失。

承包商保证还应提供和维持类似的、用于承包商的国外人员所拥有或租赁并在合同工程所在国使用的所有车辆、船或飞机的保险。

（c）承包商应遵守政府的劳动法，对雇佣过程中出现的伤亡提供补助金。

(d) 承包商承诺与此段的规定相同效力的规定将会被加入所有在此合同实施过程中制定的分包合同或附属合同中，那些单纯为提供材料或供应品的分包合同或附属合同除外。

15. 保障

承包商应自负费用保障、保护以及保证 UNIDO，其官员、代理、服务人员和雇员不受任何性质或种类的任何诉讼、索赔、要求和责任的影响，包括由于承包商或其雇员或分包商在合同的执行过程中的任何行为或疏忽而引起的成本或费用。此要求同样适用于对工人的赔偿性质的索赔或责任，或由于使用有专利权的发明或装置而引起的索赔或责任。

16. 仲裁

由于对合同条款的解释或应用或对其的任何违反而引起的任何争端，除非通过直接谈判解决，应依据联合国国际贸易法委员会（UNCITRAL）制定的现行的仲裁规则解决。合同双方应视上述仲裁所得出的仲裁结果作为此争端的最终裁定。当然应清楚，此段中的规定不表明或暗示 UNIDO 放弃其任何特权和豁免权。

17. 利益冲突

承包商指派的执行此合同下工作的任何雇员都不应，不论是直接的或间接的，以自己或通过其他人的代理，在政府所在国涉足任何商业、从事任何职业或担当任何职务，也不应对上述国家的任何商业、职业或职务放贷或投资。

18. 责任

就在此合同下履行其服务，承包商不应寻求或接受 UNIDO 以外的当局的指示。承包商应避免任何可能对 UNIDO 造成负面影响的行为，并应在全力维护 UNIDO 利益的情况下完成自己的职责。除非获得 UNIDO 的书面授权，承包商不应宣传或通过其他方式公开其正在或曾经为 UNIDO 提供服务。同样，承包商不应以任何方式在其业务或其他活动中使用联合国、UNIDO 的名称、徽章或公章，或联合国名称的任何缩写。承包商要在与合同相关的一切事务中尽可能的谨慎。除非是执行其在此合同下的工作所需，或得到 UNIDO 的特别授权，承包商在任何时候都不应向 UNIDO 以外的任何个人、政府或当局透露任何未经公开的，由于其与 UNIDO 的联系而获得的信息。承包商在任何时候都不应使用此类信息为自身谋利。这些责任并不因工程按合同全部完工或 UNIDO 终止合同而失效。

19. 产权

（a）联合国或 UNIDO，视情况而定，应拥有所有的财产权，包括但不限于与承包商按合同向联合国或 UNIDO 提供的服务直接相关或由其引起的材料的专利权、版权和商标权。在 UNIDO 的要求下，承包商应采取任何必要措施，编制并处理所有必要的文档并协助保护此类财产权，并按照适用法律的要求将其传送给联合国和 UNIDO。

（b）对 UNIDO 可能提供的任何设备和供应品的所有权归联合国或 UNIDO（视情况而定），此类设备和供应品应在合同结束或承包商不再需要时归还给 UNIDO。此类设备和供应品，当其被归还给 UNIDO 时，除正常的磨损和损耗外，应与 UNIDO 交付给承包商时处于相同的状态。

20. 承包商和承包商人员的便利、特权和豁免权

UNIDO 同意尽自身的最大努力为承包商及其人员（除在当地雇佣的政府所在国国民），在政府对 UNIDO 雇员许可的范围内，取得政府同意授予承包商及其在该国内为联合国开发计划提供服务的人员的便利、特权和豁免权。此类便利、特权和豁免权应包括对任何在国内可能对于承包商的与此合同下的工程的实施相关的国外人员所赚取的薪金或工资，以及对于承包商可能运入国内的与此合同下的工程相关的任何设备、材料和供应或那些在运入国内后可能会随后运出的任何设备、材料和供应的税金、关税、收费或征税的费用的减免或补偿。与 UNIDO 应寻求提供的便利、特权和豁免权相关的条款的副本已附于此合同上（附录 B）并成为其一部分。

21. 放弃便利、权利和豁免权

任何条款，不管是协议、运行计划或任何其他文书中，其中接收方政府是一方，接收方政府因其在此合同下为 UNIDO 提供服务而以便利、权利、豁免权或免税的形式授予承包商和其人员的利益，如果在其看来，此便利、权利或豁免权将妨碍司法公正，并且放弃该权利不会影响此合同下工程的顺利完成，也无损于联合国开发计划或 UNIDO 的利益，UNIDO 可以放弃。

附件 B　联合国工业发展组织

特权和豁免权部分

1. 承包商的人员（除当地雇佣的政府所在国国民）应享有以下权利：

（Ⅰ）就他们执行此合同下的工作所进行的所有行为免于法律诉讼；

（Ⅱ）免于国民服务的义务；

（Ⅲ）免受移民限制；

（Ⅳ）为此合同下的工程的目的或此类人员的个人使用而带入此国合理金额的外汇的权利，以及取回带入此国的任何此类金额或根照相关的外汇管理规定，任何此类人员在实施此合同下的工程中赚取的金额的权利，以及

（Ⅴ）在国际危机的情况下，与外交使节相同的归国便利。

2. 承包商的所有人员都享有对于所有与此合同下的工作有关的文件和文档的不可侵犯权。

3. 政府应免除或自行承担任何其可能向 UNIDO 雇佣的任何外国公司或机构，以及任何上述公司或机构的外国人员就以下方面征收的税金、关税、收费或税收的费用。

（Ⅰ）此类人员在此合同下的工程实施过程中所赚取的工资或薪金，以及

（Ⅱ）与此合同下的工程相关的，运入此国境内的任何设备、材料和供应，在运入此国境内后随后可能还会运出。

4. 承包商和其人员可能享有的便利、权利和豁免权，如果在 UNIDO 看来，此类便利、权利和豁免权将会妨碍司法公正，并且放弃该权利不影响对此合同下工程的顺利完成，也不影响联合国开发计划或 UNIDO 的利益，可将其放弃。

附件 C 联合国工业发展组织

承包商发送报告须知

承包商应以空运包裹或空运将所有<u>期中</u>、<u>期初</u>、<u>最终报告草表</u>和<u>最终报告</u>的副本寄往合同中规定的地址。如果报告由若干册组成，且体积和重量较大，承包商在将其海运前应从 UNIDO 处得到相应的指示。

在任何情况下，报告都应装在合适的箱子中，并在箱子上仔细注明下列信息：

－合同中规定的收件人的名称和地址；
－内容的描述（如：期中，期初，最终报告草表或最终报告）；
－项目号和名称；
－UNIDO 合同号。

在箱子的外面应牢固贴附一个信封，其中应包含内容的一个详细的清单，说明：

－在此包裹中包含的报告的份数；
－册数（如果报告不只一册）；
－报告的语言。

承包商应确保报告的接收人事先经航空信件得到船运的通知，随信还应提供上面所述清单的副本以及船运单据（如果有）。

如果承包商被要求将报告寄给一个 UNIDO 总部以外的接收人，应保证将与此船运相关的通信的副本以及船运单据发送给 UNIDO 总部以提供信息。

必须遵守上述指示。

上述指示不适用于月进度报告。

附件 D　包装和标记

a) 设备的包装

货物应按最佳方式进行保护和包装，以保证其在从生产地点到达设备现场的运输过程中，在可能包括多次装卸，船舶、公路和铁路运输，重新装船，储存，暴露于热、潮湿、雨以及在有偷窃可能的条件下不被损坏。所有的包装都应便于剥离和在现场进行检查。

b) 设备清理、砂洗和上漆

货物应适当清理和/或喷砂清洗，并在适当的情况下，在外面涂一层防锈剂以及一层油漆的铺面，那些已经完成了上漆表面处理的设备除外。

c) 起重滑轮、导轨和其他起重设备及保护措施

对重型设备应提供适用的起重滑轮，并应安装和固定到有足够强度，能支持并防止出现变形的导轨上。所有管道和大型阀门的开口都应由木盖或木塞保护，机械加工的螺纹必须用罩包裹，以保护其在运输过程中不被损坏。

d) 特殊包装说明

对所有暴露在潮湿环境下而易腐蚀的设备和零件和所有电气设备都应进行彻底的保护，以防运输和储存过程中的损坏。机械处理过的表面应涂上合格防锈剂，所有未经机械处理的表面应涂上一层防锈漆。除正常包装外，所有的电气设备都由聚乙烯和聚丙烯塑料片包裹，所有电气设备的开口处都应用防水胶带包裹。在电动机和发电机的电枢和电刷间应插入保护性防油纸。

e) 需单独包装的项目

承包商应以分别的单独包装交付下列设备，并进行适当的标记。

—试运行备件；

—专用焊条和熔剂，如果其提供的设备需要；

—专用的安装工具和索具，设备和用具，如果其提供的设备需要；

—备件和附属品。

f) 易碎项目的包装

易碎项目应用绉纱纤维填塞物或其他等效缓冲材料包裹，并用结实的木箱包装。

g) 由于包装不当造成的损坏的责任

不受在附录中任何内容的限制，承包商应对直到 C.I.F（目的地）的由于不当的、有缺陷的或不安全的包装，或保护措施不当或不足所引起的损失、损坏或变质承担全部的责任。

h) 标签

每台设备或零件都应在船运、铁路运输或以其他方式发送时，标记上相应的部分编号。

i) 标记

—包装侧面 1 的标记

下列唛头应用高质量的不褪色油漆清楚地印于容器的一侧（包装箱、板条箱、包裹等），如果容器的尺寸允许，字符应至少 150mm 高。

联合国工业发展组织

UNIDO _____ 设备   包装号：

项目号：

UNIDO 合同号：

包装号不得重复

—包装顶部和底部的标记

在顶部和底部应标记上下列符号：

项目号：   UNIDO ____ 设备

UNIDO 合同号：   包装号：

—包装侧面 3 标记

在一端应标注下列信息：

项目号：   UNIDO ____ 设备

UNIDO 合同号：

毛重_____（千克）

净重_____（千克）

长度_____（米）

宽度_____（米）

高度_____（米）

（原产地）制造

—包装侧面 4 的标记

在与侧面 3 相对的另一侧，应清楚地标明承包商名称、UNIDO 合同号和其他辨识信息。

—对捆扎或金属底座的特殊标记

对于捆扎或金属底座的情况，上面指定的适当的标记应置于金属标签上，并将其安全地、尽可能明显地附于捆扎或底座之上。

—包装不得倒置的说明

如有需要，包装须在全部四个侧面上标明向上的箭头。

—易碎项目的标记

易碎材料应在全部四个侧面标记上适当的提醒标志。

—重量不平衡的标志

当容器或设备的零件在长度方向上重量不平衡时，应标明绳索或吊钩的位置以及重心。

附件 E　图纸、规范和手册

工艺机械流程图
设备的图纸和技术特征
主要设备管道布局图
设备组装图
民用建筑的建筑规范和设备地基图
配电单线图和组装图；由电池供电的设施详图
运行和维护手册
化学成分分析手册

这些应包含和包括所有必要的基本的工程规范以及一般意义上详细的工程规范，运行和维护手册以及说明书，并应遵守以下要求：

a) 图纸的度量衡和文本

所有的图纸的尺寸标注都应采用米制。当图纸通常采用英制（或其他）时，它们也应在圆括号内或尺寸线下标出米制尺寸。标题和书面的注解应采用英语。通常，所有的图纸都应采用同样的尺寸。所有的设计图纸的方向应与设备布置图相同，并应有一个总体平面图以标明它们对应的设备区域。设备布置图上应标注指北针。在图纸上应有详细的文字注解以便于快速的辨认和正确的理解。

b) 设备管道图

此类图纸应包括温度和压力，所有的泵、阀门和仪器。管道图和单线管道平面图中应包含总体管道/管线路线以避免设备和电气干扰，并保证当单位需要服务和维护时的方便性。管道图和单线管道平面图应标明相互交叉的管道/管线以及承包商的管道/管线的终端。如有必要，承包商还应提供说明废物处理系统的图示和图纸。

c) 设备电路图

此类型的图纸应包括标明电气设备（包括电机、控制器）位置的布局图，承包商提供项目中的电机列表，单线图、交互图和序列图。承包商所提供的详情应包括电缆主要路线。

d) 设备仪器图

此类型的图纸应包括控制方案和仪表设备流程图，以及仪器和控制面板的总体布置。

附件 F　履约银行保函

致：联合国工业发展组织（UNIDO）

奥地利维也纳 A－1220，Wagramer Strasse 5

鉴于（…承包商的名称和地址…）（以下称"承包商"）承诺，按编号为（…）日期为（…）签订（…合同名称和工程的简单描述…）的合同（以下称为"合同"）；

鉴于 UNIDO 在上述合同中规定承包商应向 UNIDO 提供一个认可银行的银行保函，采用在此规定的金额，作为其遵守合同义务的保证；

以及鉴于我方同意向承包商出具上述银行保函；

因此，我方在此确认我方作为保证人，代表承包商向你方负责：

a) 总金额为（…保函金额…）（…用文字表示…），从合同签署直到 UNIDO 对承包商依据合同 5.05 段（e）子段所提交的承包商的船运单据的接收之日，以及

b) 总金额为（…保函金额…）（…用文字表示…），在从 UNIDO 接收上面 2) 子段所提及的承包商船运单据之日，直到合同工程的接收证书注明日期后 12 个月。

上述金额按支付合同价格的货币类型和比例进行支付，我方承诺，在收到 UNIDO 的第一次书面要求，并不提出任何挑剔和争辩，向 UNIDO 支付任何在（…保函金额…）以内的金额，如前所述，不需贵方提供或出示任何要求上述金额的理由或原因。

我方在此允许 UNIDO 在向我方提出要求之前，不必首先向承包商对上述债务提出要求。

我方还同意，对于合同条款或将要实施的工程，或 UNIDO 和承包商之间可能制定的任何合同文件的任可更改、增加或其他修改，在任何情况下都不解除我方在此保函下的任何义务，我方在此放弃获得任何此类更改、增加或修改的通知的权利。

此保函将在承包商在我行的账户收到来自 UNIDO 的首笔付款的日期开始生效，并应在合同下工程的接收证书的日期后 12 个月之前保持完全有效。

保证人的签字和盖章　　_____
银行名称　　_____
地址　　_____
日期　　_____

附录3　国际EPC交钥匙工程管理文件清单

EPC承包商投标管理

序号	文件名称	序号	文件名称
1	EPC承包商投标管理系统	9	保留金保函
2	投标申请与资格预审规定	10	雇主支付保函
3	项目投标工作程序	11	报价估算基础资料与数据
4	项目投标计划编制规定	12	技术建议书的编制规定
5	项目分包计划	13	商务建议书的编制规定
6	投标保函	14	合同谈判管理规定
7	履约保函	15	风险备忘录编制规定
8	预付款保函	16	项目合同签署和授权规定

EPC交钥匙工程项目组织机构及职责

序号	文件名称	序号	文件名称
1	项目管理计划编制规定	9	施工部职能管理
2	项目执行计划编制规定	10	控制部职能管理
3	协调程序	11	质量部职能管理
4	项目组织机构设置	12	HSE部职能管理
5	项目组织分解结构	13	财务部职能管理
6	行政管理部职能管理	14	试运行部职能管理
7	设计部职能管理	15	信息文控中心职能管理
8	采购部职能管理		

EPC交钥匙工程项目设计管理

序号	文件名称	序号	文件名称
1	设计部的岗位设置	7	审核人的职责和主要任务
2	项目设计经理的职责和主要任务	8	校对人的职责和主要任务
3	专家组的职责和主要任务	9	设计人的职责和主要任务
4	审查人的职责和主要任务	10	现场设计代表的职责和主要任务
5	专业负责人的职责和主要任务	11	设计部与控制部的协调管理
6	审定人的职责和主要任务	12	设计部与采购部的协调管理

续表

序号	文件名称	序号	文件名称
13	设计部与施工部的协调管理	25	项目设计统一规定
14	设计部与试运行部的协调管理	26	设计进度控制管理规定
15	设计部与HSE部的协调管理	27	设计费用控制管理规定
16	项目设计协调程序	28	设计文件会签管理规定
17	项目设计计划编制规定	29	设计评审管理
18	设计开工会议	30	设计验证管理
19	设计开工报告	31	设计确认管理
20	设计输入管理	32	设计成品放行、交付和交付后的服务
21	设计输出管理	33	设计变更管理
22	设计基础资料的管理	34	设计材料请购文件编制规定
23	设计数据的管理	35	设计文件控制程序
24	设计标准、规范的管理	36	设计完工报告编制规定

EPC交钥匙工程项目采购管理

序号	文件名称	序号	文件名称
1	采购部的岗位设置	18	询价文件编制规定
2	项目采购经理的职责和主要任务	19	报价文件评审管理规定
3	采买工程师的职责和主要任务	20	供应商协调会议
4	催交工程师的职责和主要任务	21	采购合同格式和签约授权规定
5	检验工程师的职责和主要任务	22	供应商图纸资料管理规定
6	运输工程师的职责和主要任务	23	采买工作管理规定
7	中转站站长的职责和主要任务	24	当地采购管理规定
8	采购部与控制部的协调管理	25	催交工作管理规定
9	采购部与施工部的协调管理	26	检验工作管理规定
10	采购部与试运行部的协调管理	27	驻厂监造管理规定
11	采购部与中心调度室的协调管理	28	运输工作管理规定
12	采购部与HSE部的协调管理	29	中转站管理规定
13	采购工作基本程序	30	不合格品控制管理规定
14	项目采购计划编制规定	31	剩余材料的管理规定
15	供应商选择的管理规定	32	甲方供材的管理规定
16	合格供应商管理规定	33	采购文件控制程序
17	采购说明书编制规定	34	采购完工报告编制规定

EPC 交钥匙工程项目施工管理

序号	文件名称	序号	文件名称
1	施工部的岗位设置	12	现场施工前的准备工作管理规定
2	项目施工经理的职责和主要任务	13	施工进度管理规定
3	工程管理工程师的职责和主要任务	14	施工费用管理规定
4	施工技术管理工程师的职责和主要任务	15	施工质量管理规定
5	现场材料管理工程师的职责和主要任务	16	施工 HSE 管理规定
6	施工部与控制部的协调管理	17	施工分包管理规定
7	施工部与试运行部的协调管理	18	现场设备材料管理规定
8	施工部与 HSE 部的协调管理	19	施工变更管理规定
9	各阶段施工管理内容	20	施工文件控制程序
10	项目施工计划编制规定	21	施工完工报告编制规定
11	施工组织设计编制规定		

EPC 交钥匙工程项目试运行与验收管理

序号	文件名称	序号	文件名称
1	试运行部的岗位设置	10	试运行准备工作规定
2	项目试运行经理的职责和主要任务	11	单机试运行管理规定
3	试运行工程师的职责和主要任务	12	中间交接管理规定
4	试运行培训工程师的职责和主要任务	13	联动试运行管理规定
5	试运行安全工程师的职责和主要任务	14	投料试运行管理规定
6	试运行服务管理规定	15	试运行文件控制程序
7	试运行计划编制规定	16	试运行完工报告编制规定
8	试运行方案编制规定	17	项目验收管理规定
9	培训服务管理规定		

EPC 交钥匙工程项目进度管理

序号	文件名称	序号	文件名称
1	进度管理组织系统	11	施工进度测量程序
2	项目控制经理的职责和主要任务	12	进度趋势预测方法规定
3	进度控制工程师的职责和主要任务	13	项目进度偏差分析方法规定
4	项目工作分解结构程序	14	总体进度控制程序
5	进度计划分类规定	15	设计进度控制程序
6	进度计划汇总表	16	采购进度控制程序
7	进度计划管理程序	17	施工进度控制程序
8	进度计划编制规定	18	进度变更控制程序
9	设计进度测量程序	19	进度报告编制程序
10	采购进度测量程序	20	进度计划交叉历史数据

EPC 交钥匙工程项目费用管理

序号	文件名称	序号	文件名称
1	费用管理组织系统	13	项目执行效果趋势预测方法规定
2	项目控制经理的职责和主要任务	14	费用趋势预测方法规定
3	费用控制工程师的职责和主要任务	15	项目费用偏差（CV）分析方法规定
4	项目估算编制规定	16	费用控制程序
5	费用估算组成规定	17	费用变更控制程序
6	估算评审程序和管理规定	18	费用报告编制程序
7	费用计划编制规定	19	结算管理程序
8	费用预算管理程序	20	预付款的申领程序
9	资金管理程序	21	工程进度款的申领程序
10	项目计划值（PV）编制规定	22	决算管理程序
11	项目赢得值（EV）测量规定	23	费用管理历史数据
12	项目实际费用（AC）记录规定		

EPC 交钥匙工程项目质量管理

序号	文件名称	序号	文件名称
1	质量管理组织系统	9	监视和测量装置控制程序
2	项目 HSE 经理的职责和主要任务	10	不合格品控制规定
3	质量管理工程师的职责和主要任务	11	质量事故处理规定
4	质量计划编制规定	12	纠正措施控制程序
5	质量文件控制规定	13	预防措施控制程序
6	数据分析控制程序	14	内部审核控制程序
7	物资采购控制程序	15	质量报告编制规定
8	产品的监视和测量控制程序		

EPC 交钥匙工程项目 HSE 管理

序号	文件名称	序号	文件名称
1	HSE 管理组织系统	10	试运行与验收阶段 HSE 管理规定
2	项目 HSE 经理的职责和主要任务	11	HSE 能力评价管理与培训规定
3	安全管理工程师的职责和主要任务	12	HSE 教育培训管理规定
4	健康管理工程师的职责和主要任务	13	HSE 风险评价规定
5	环保管理工程师的职责和主要任务	14	HSE 应急管理规定
6	HSE 专业常用标准及法规清单	15	HSE 事故处理规定
7	设计阶段 HSE 管理规定	16	HSE 纠正和预防措施管理规定
8	采购阶段 HSE 管理规定	17	HSE 文件控制规定
9	施工阶段 HSE 管理规定	18	HSE 报告编制规定

EPC 交钥匙工程项目分包管理

序号	文件名称	序号	文件名称
1	分包管理组织系统	6	采购分包管理程序
2	分包管理程序	7	施工分包管理程序
3	分包战略和规划	8	驻厂监造分包管理程序
4	分包合同管理	9	无损检测分包管理程序
5	设计分包管理程序	10	分包信息文控管理规定

EPC 交钥匙工程项目风险管理

序号	文件名称	序号	文件名称
1	风险管理组织系统	9	风险目录摘要
2	项目控制经理的职责和主要任务	10	风险评价程序
3	风险管理工程师的职责和主要任务	11	风险评价报告编制规定
4	风险管理工作程序	12	风险响应程序
5	风险管理计划编制规定	13	风险监控程序
6	风险识别程序	14	重要风险排序表
7	风险源排查表	15	保险管理工作程序
8	初步风险清单		

EPC 交钥匙工程项目信息文控管理

序号	文件名称	序号	文件名称
1	信息文控管理组织系统	8	管理信息系统建立与维护程序
2	信息文控中心岗位设置	9	IT 管理工作程序
3	信息文控工程师的职责和主要任务	10	文件控制程序
4	IT 工程师的职责和主要任务	11	记录控制程序
5	信息文控管理程序	12	信函报告管理规定
6	信息文控管理计划编制规定	13	资料整理、归档管理规定
7	信息文控编码程序		

EPC 交钥匙工程项目团队文化

序号	文件名称	序号	文件名称
1	团队文化建设组织系统	4	项目经理部中、高级管理人员手册
2	团队文化建设工作程序	5	项目经理部办公手册
3	项目经理部文化手册	6	项目经理部员工手册

附录4 国际知名工程总承包合同范本清单

FIDIC (International Federation of Consulting Engineers) 国际咨询师工程师联合会范本	
	Silver Book- Conditions of Contract for EPC Turnkey Projects 1999 EPC交钥匙项目合同条件　（99版银皮书）
	Yellow Book-Conditions of Contract for the Plant and Design-Build 1999 工程设备、设计和施工合同条件　（99版黄皮书）
	Orange Book-Conditions of Contract for Design-Build and Turnkey 1995 设计—建造与交钥匙工程合同条件　（95版橘皮书）
NEC (New Engineering Contract) 英国土木工程师协会新合同条件	
	The Engineering and Construction Contract (ECC) 设计—建造合同
	The Engineering and Construction Short Contract 设计—建造简明合同
	The Engineering and Construction Subcontract Contract 设计—建造分包合同
EIC (European International Contractors) 欧洲国际承包商会合同范本	
	EIC White Book on BOT / PPP 2003 BOT / PPP项目合同（03版白皮书）
	EIC Turnkey Contract 1994 交钥匙合同（94版）
JCT (Joint Contract Tribunal) 英国联合合同审理委员会合同条件	
	Design and Build Contract (DB) 2005 设计—建造合同（05版）
AGC (The Associated General Contractors of America) 美国承包商联合会合同范本	
	AGC 400 Series for Design-Build AGC 400系列设计—建造合同

续表

DBIA (The Design-Build Institute of America) 美国设计建造学会合同范本	
	520-Standard Form of Preliminary Agreement Between Owner and Design-Builder 业主与 DB 承包商前期合约标准格式
	525-Standard Form of Agreement Between Owner and Design-Builder 业主与 DB 承包商合约标准格式
	535-Standard Form of General Conditions of Contract Between Owner and Design-Builder 业主与 DB 承包商一般合同条件
	540-Standard Form of Agreement Between Design-Builder and Designer DB 承包商与设计商合约标准格式
	550-Standard Form of Agreement Between Design-Builder and General Contractor DB 承包商与一般承包商合约标准格式
	560-Standard Form of Agreement Between Design-Builder and Design-Builder Subcontractor DB 承包商与 DB 分包商合约标准格式
	570-Standard Form of Agreement Between Design-Builder and Subcontractor (Where Subcontractor Does Not Provide Design Services) DB 承包商与分包商（不提供设计服务）合约标准格式
AIA (The American Institute of Architects) 美国建筑师学会合同范本	
	AIA A Series A 系列发包人与承包人之间的合约文件
ENAA (The Engineering Advancement Association of Japan) 日本工程学会合同范本	
	ENAA Model Form-International Contract for Process Plant Construction 1992 工艺厂房建设国际合同范本（92 版）
	ENAA Model Form-International Contract for Power Plant Construction 1996 电厂建设国际合同范本（96 版）
World Bank 世界银行合同范本	
	Supply and Installation of Plant and Equipment under Turnkey Contract (2005) 装置设备供货与安装交钥匙合同（05 版）

附录5 国际工程常用技术标准

标准名称	网络链接
ISO 标准（国际标准化组织）	www.iso.com
IEC 标准（国际电工委员会）	www.iec.ch
EN 标准（欧洲标准）	www.en.w3j.com
DIN 标准（德国标准）	www.din.de
VDI 标准（德国工程师协会标准）	www.vdi.de
BSI 标准（英国标准）	www.bsi-global.com
UNI 标准（意大利标准）	www.uni.com
NF 标准（法国标准）	www.afnor.org
DS 标准（丹麦标准）	www.ds.dk
ELOT 标准（希腊标准）	www.elot.gr
BC 标准（保加利亚标准）	www.bds-bg.org
UNE 标准（西班牙标准）	www.aenor.es
NP 标准（葡萄牙标准）	www.ipq.pt
TS 标准（土耳其标准）	www.tse.org.tr
STAS 标准（罗马尼亚标准）	www.asro.ro
SNV 标准（瑞士标准）	www.snv.ch
SIS 标准（瑞典标准）	www.sis.se
NEN 标准（荷兰标准）	www.nen.nl
NS 标准（挪威标准）	www.standard.no
NBN 标准（波兰标准）	www.nbn.be
MSZ 标准（匈牙利标准）	www.mszt.hu
GOST 标准（俄罗斯标准）	www.gost.ru
ANSI 标准（美国国家标准）	www.ansi.org
ASTM 标准（美国材料和试验协会标准）	www.astm.org
ASI 标准（美国混凝土协会标准）	www.concrete.org
ASME 标准（美国机械工程师协会标准）	www.asme.org/Codes
AWS 标准（美国焊接协会标准）	www.aws.org
SAE 标准（美国机动工程师协会标准）	www.sae.org/standards
API 标准（美国石油标准）	www.api.org/Standards

续表

标准名称	网络链接
MSS 标准（美国阀门标准）	www.mss-hq.com
AGMA 标准（美国齿轮制造商协会）	www.agma.org
JIS 标准（日本工业标准）	www.jsa.org
JWWA 标准（日本给水协会标准）	www.jwwa.org
AS 标准（澳大利亚标准）	www.standards.org.au
CSA 标准（加拿大标准）	www.csa.ca
备注：上述部分标准的中文目录可以在世界各国标准文献服务中心获取	www.bxkj-standards.org

主要参考文献

[1] 成虎. 工程合同管理. 北京：中国建筑工业出版社，2005.
[2] 邱闯. 国际工程合同原理与实务. 北京：中国建筑工业出版社，2002.
[3] 仇道仁. 国际投资工程咨询实务. 北京：中国建筑工业出版社，2002.
[4] 何伯森. 国际工程合同管理. 北京：中国建筑工业出版社，1999.
[5] 中国化学工程（集团）总公司. 工程项目管理实用手册. 北京：化学工业出版社，1999.
[6] The World Bank (2005). Supply and Installation of Plant and Equipment under Turnkey Contract.
[7] 卫建良，王晓阳，吴戈. EPC 项目中的设计控制. 化工建设工程，2004，26（3）：21～22.
[8] 蔡强华. 成套技术出口工程项目设计经理职能探讨. 化学工程，2007，17（1）：37～40.
[9] 蒋良，罗建红. 工程建设项目的采购管理. 化工设计，2000，10（6）：37～40.
[10] 夏志宏. 国际工程承包风险与规避. 北京：中国建筑工业出版社，2004.
[11] 姚长斌. EPC 总承包工程的进度计划管理. 国际经济合作，2002（7）：47～51.
[12] 胡德银. 应用赢得值评估原理实行项目费用/进度综合控制. 化工设计，1994，4（2）：46～51.
[13] 中国对外承包工程商会. 国际工程承包实用手册. 北京：中国铁道出版社，2007.
[14] Li Bing, A. Akintoye, P. J. Edwards, C. Hardcastle. The allocation of risk in PPP/PFI construction projects in the UK. *International Journal of Project Management*，2005，23（1）：25～35.
[15] Zhang Shuibo, Zhang Le, Gao Yuan. Risk Allocations in Construction Contracts. *Surveyors Times*，2006，15（5）：135～141.
[16] Cheung, Sai-On. Risk Allocation "An Essential Tool for Construction Project", *Journal of Construction Procurement*，1997，13（4）：231～237.
[17] Daniel Goleman. *Working with Emotional Intelligence*. New York：Bantam Books，1998.
[18] Stephen R. Covey. *The Seven Habits of High Effective People*. New York：Pocket Books，1999.
[19] Nael G. Bunni. *Risk and Insurance in Construction*. Second Edition. London：Spon Press，2003.
[20] Jimmie Hinze. *Construction Contract*. New York：Mc Graw-Hill，2001.
[21] David Chappell, Vincent Powell-Smith. *The JCT Design and Build Contract*. Oxford：Blackwell Science，1999.
[22] Joseph A. Huse. *Understanding and Negotiating Turnkey and EPC Contracts*. Second Edition. London：Sweet & Maxwell，2002.

[23] G. William Quatman. *The Architect's Guide to Design-Build Services*. Hoboken: John Wiley & Sons, Inc, 2002.

[24] John Bennett. *International Construction Project Management: General Theory and Practice*. Oxford: Butterworth-Heinemann, Ltd., 1991.

[25] Thomas J. Keller, Jr. *Common Sense Construction Law*. Hoboken: John Wiley & Sons, Inc., 2005.

[26] Robert F. Cushman, Michael C. Loulakis. *Design-Build Contracting Handbook*. New York: Aspen Law & Business, 2001.

[27] FIDIC. *The FIDIC Contracts Guide*. Lausanne: FIDIC, 2000.

[28] FIDIC. *Conditions of Contract for EPC Turnkey Projects*. Lausanne: FIDIC, 2000.

[29] FIDIC. *The Plant and Design-Build Contract*. Lausanne: FIDIC, 2000.

[30] Nael G. Bunni. *The FIDIC Forms of Contract*. Oxford: Blackwell Publishing Ltd., 2005.

[31] 国际咨询工程师联合会. 设计—建造与交钥匙工程合同条件. 北京：中国建筑工业出版社，1996.

[32] 张水波，何伯森. FIDIC新版合同条件导读与解析. 北京：中国建筑工业出版社，2003.

[33] 雷胜强. 国际工程风险管理与保险（第二版）. 北京：中国建筑工业出版社，2002.

[34] FIDIC系列工程合同——原理与应用指南. 张水波，王佳伟译. 北京：中国建筑工业出版社，2008.

[35] 陈勇强，张水波. 国际工程索赔. 北京：中国建筑工业出版社，2008.

[36] 国际咨询工程师联合会. 职业责任保险入门. 中国工程咨询协会编译. 北京：中国计划工业出版社，2001.

[37] 国际咨询工程师联合会. 大型土木工程项目保险. 中国工程咨询协会编译. 北京：中国计划工业出版社，2001.

[38] CIOB (1996). *Code of Practice for Project Management (Second Edition)*. Harlow: Longman.

[39] Michael C. Loulakis, et al (1995). *Construction Management: Law and Practice*. New York: Wiley Law Publications.

[40] David Mosey (1998). *Design and Build in Action*. England: Chandos Publishing.